通村公路安全设施设置技术研究

刘　勇　杨宏志　董　强　著

中国水利水电出版社
www.waterpub.com.cn

·北京·

内 容 提 要

通村公路是我国公路网的重要组成部分，当前通村公路普遍存在着技术等级较低、设计标准不符合规范要求、交通安全设施不完善、管理力度相对不足等问题。通村公路的交通安全对整个公路网的安全水平有着重大影响。

本书基于陕西省通村公路存在的安全问题，以通村公路安全保障工程分析为主，通过调查分析的手段研究通村公路道路环境条件与交通安全的关系，分析通村公路交通事故发生机理，通过对通村公路安全性进行合理评价，确定重点防控路段，进而提出适合西部地区通村公路的安全保障措施。

本书共分为 9 章，包括：通村公路交通特征与安全现状、陕西省通村公路交通特征与安全现状、通村公路重点防控路段判别方法、通村公路路侧经济型护栏安全评价与设置方法研究、通村公路主动安全设施设置方法、通村公路减速设施效能分析与评价、通村公路交通安全重点防控路段分级处治对策、蓝关古道交通安全改善工程、结论与建议。

本书可作为土木工程道路方向高年级本科生和研究生的教材，也可供相关领域的技术人员和科研工作者阅读参考。

图书在版编目（CIP）数据

通村公路安全设施设置技术研究 / 刘勇，杨宏志，
董强著. -- 北京：中国水利水电出版社，2020.11
　　ISBN 978-7-5170-8930-8

　　Ⅰ．①通… Ⅱ．①刘… ②杨… ③董… Ⅲ．①农村道
路－交通运输安全－研究－陕西 Ⅳ．①U412.36
②U491.5

中国版本图书馆CIP数据核字（2020）第186436号

策划编辑：杜　威　　　责任编辑：王玉梅　　　封面设计：梁　燕

书　名	通村公路安全设施设置技术研究 TONGCUN GONGLU ANQUAN SHESHI SHEZHI JISHU YANJIU
作　者	刘　勇　杨宏志　董　强　著
出版发行	中国水利水电出版社 （北京市海淀区玉渊潭南路 1 号 D 座　100038） 网址：www.waterpub.com.cn E-mail: mchannel@263.net（万水） 　　　　sales@waterpub.com.cn 电话：（010）68367658（营销中心）、82562819（万水）
经　售	全国各地新华书店和相关出版物销售网点
排　版	北京万水电子信息有限公司
印　刷	三河市华晨印务有限公司
规　格	184mm×260mm　16 开本　16 印张　392 千字
版　次	2020 年 11 月第 1 版　2020 年 11 月第 1 次印刷
定　价	78.00 元

前　　言

近年来，陕西省加大了农村公路的建设力度，到 2019 年年底，全省农村公路总里程达到 16 万公里，比"十二五"末增长 1.79 万公里，其中县道 17577 公里，乡道 24973 公里，村道 117881 公里。然而，当前农村公路普遍存在着技术等级较低、设计标准不能完全符合规范要求、交通安全设施不完善、管理力度相对不足等问题。

作为我国公路网的重要组成部分，通村公路事故多发，不仅阻碍了通村经济的发展，而且社会影响恶劣，通村公路的交通安全对整个公路网的安全水平有着重大影响。因而，针对西部省份通村公路的现状，以路基宽度为 4.5 米的通村公路为主要研究对象，通过分析通村公路交通事故发生的特征和机理，结合通村公路实际线形、路侧特征、路面特性等情况，研究适合通村公路的简易实用的交通安全设施设置方法，对于提高我国西部地区省份通村公路的交通安全水平具有重要意义。

本书内容依托陕西省交通科研项目"陕西省通村公路安全设施设置技术研究"（项目编号：12-30K）的部分科研成果，并结合了许多科研工作者的研究结论，书中所涉及的安全保障工程在陕西建立的区划方法在实际建设项目中进行了应用。

本书共分为 9 章，包括：通村公路交通特征与安全现状、陕西省通村公路交通特征与安全现状、通村公路重点防控路段判别方法、通村公路路侧经济型护栏安全评价与设置方法研究、通村公路主动安全设施设置方法、通村公路减速设施效能分析与评价、通村公路交通安全重点防控路段分级处治对策、蓝关古道交通安全改善工程、结论与建议。

全书由山东交通学院刘勇策划和定稿。第 1 章由山东交通学院董强负责；第 2～6 章由刘勇负责；第 7～9 章由长安大学杨宏志负责。

由于作者水平有限，书中难免出现不足之处，恳请使用本书的广大师生、读者和同行专家批评指正。

作　者
2020 年 5 月

目　　录

第1章　通村公路交通特征与安全现状

1.1　研究的背景及意义

农村公路是我国公路网的重要组成部分，规模大、覆盖面积广，其通车里程占全国公路通车总里程的四分之三以上，连接广大的县、乡（镇）和村，直接服务于农业、牧业、渔业等通村经济发展产业和农民出行，是解决"三农"问题的基本条件之一。交通部于2006年1月颁布了《农村公路建设管理办法》，提出21世纪前20年农村公路建设总体目标是"全面完成'通达''通畅'工程，使农民群众出行更便捷、更安全、更舒适，基本适应全面建设小康社会的总体要求"。截至2019年底，全国农村公路（含县道、乡道、村道）里程已经达到404万公里。

然而，当前农村公路普遍存在着技术等级较低、设计标准不能完全符合规范要求、交通安全设施不完善、管理力度相对不足等问题。近几年随着国内通村社会经济的发展，农用机动车和通村驾驶员数量迅猛增加，一定程度上加剧了人、车、路的矛盾。据统计，2019年，全国共发生道路交通事故378781起，造成89455人死亡、431139人受伤，直接财产损失14.9亿元。其中二、三级公路造成33009人死亡，占总数的36.9%；县道、乡道等农村公路上发生交通事故79768起，造成20116人死亡，分别占总数的21.05%和22.49%。

农村公路交通事故频发与通村公路机非混行、通村驾驶员安全素质较低、违章驾驶等有一定的关系，但不可忽视的是，农村公路尤其是通村公路交通安全环境与事故频发也存在着较大的关系，特别是我国西部地区的通村公路大都是路基宽度为4.5米、路面宽度为3.5米的等外公路，且多处山区，矛盾尤为突出，主要表现在：

（1）随着通村公路的快速发展，路面状况得到了改善，通行条件得到了提高。随着经济的发展，农民机动车拥有率得到了提高，交通量明显增加，车辆运行速度明显提高。因而，在以前通村公路路况相对较差、车辆拥有率不高的情况下没有出现的安全问题也集中暴露出来，通村交通事故不断攀升。

（2）通村公路的发展思路在于"以通为主"，强调路面状况的改善，而对影响交通安全的公路线形、公路路侧环境、安全设施等方面重视不足。由于通村公路路基、路面、路肩窄，以及路基压实不足，因此在会车、超车时，车辆压路肩容易侧倾侧翻。受资金限制，对交通安全设施的投入往往不足，影响了通村公路的安全水平。

（3）我国现行公路交通安全设施规范针对的是高等级公路和干线公路，并不适合通村公路交通量较小、运行车速相对较低等情况。同时标准规范所推荐的安全设施造价较高，并不适合通村公路建设和养护资金匮乏的实际情况。

在通村公路交通安全设施设置方面主要存在的问题为：

（1）护栏设置方面。通村公路路侧空间不足，路肩较窄或没有路肩，给护栏的设置和安装带来了很多困难，或护栏外侧路基保护宽度不够，或路肩低于路面过多护栏埋深不足，导致基础不稳或基础不牢，使护栏出现松动现象，防止越出路外的能力较弱。

通村公路存在盲目、随意设置护栏的现象，设置不合理的情况也十分普遍。有的路段路侧危险性较低，设置了护栏；但一些车辆冲出路外的概率较高或者路侧危险性较高的路段，却没有设置护栏。另外，受资金限制，有的路段护栏设置不能满足使用要求，如路侧护栏设置长度过短、高度不足等。

（2）标志设置方面。通村公路上设置标志比较随意，不规范。通村公路资金有限，交通标志标线没有设置或者设置很少。随着路面的改善和线形标准的提高，交通标志标线也没有得到相应的配套设置。许多通村公路没有设置交叉路口警告标志或指路标志，导致外地驾驶员不能很好地了解指路信息；部分指路标志牌被树冠遮挡；在路面宽度变化处无交通标志；长下坡路段缺乏警告标志；一些交通标志设置方法和位置达不到使用要求等。

通村公路建设和养护资金匮乏，要到达高等级公路交通标志的设置标准存在诸多困难，有必要结合通村公路交通标志特点及交通状况，研究经济型交通标志设置方法。

（3）减速措施。在通村公路上，在一些必须限速的地方没有设置限速设施，导致车辆速度太快，容易发生追尾、碰撞事故。例如，在通村公路与支路相交处，因为通村驾驶员的整体安全素质不高，加上本身在相交处没有设置停车让行标志或者减速带等强制减速设施，驾驶员往往很快地将车辆驶入主路，这样就很容易发生事故。

通村公路是我国公路网的重要组成部分。通村公路事故多发不仅阻碍通村经济发展，而且社会影响恶劣，通村公路的交通安全对整个公路网的安全水平有重大影响。因而，针对国内特别是西部地区通村公路的现状，以路基宽度为 4.5m 的通村公路为研究对象，通过分析通村公路交通事故发生的特征和机理，结合通村公路实际线形、路侧特征、路面特性等情况，研究适合通村公路的简易实用的交通安全设施设置方法，对于提高西部地区通村公路的交通安全水平具有重要意义。

1.2　国内外研究现状

1.2.1　国外研究现状

国外称通村公路为乡村公路，它的内涵和我国有很大区别，并且关于通村公路在国际上目前还没有一个公认的定义。根据我国通村公路的基本特征，国外公路分类中的"地方公路（local road）"与我国通村公路概念较为接近。

发达国家的公路发展史上均有类似于安保工程的强化公路交通安全设施设置、保障公路交通安全的过程。英国、日本、澳大利亚、西欧、北欧、北美等国家和地区在 20 世纪六七十年代交通事故高发阶段，先后在其公路网上推动了大规模的标志、标线、护栏等基础交通安全设施的配套设置及改造工程，在持续了几个五年计划，约二十多年之后才逐步完善。

世界各国尤其是工业发达国家对交通安全设施的开发研究及其应用非常重视。例如，美国从 1920 年起就开始了护栏的研究与使用，在理论分析和模拟实验的基础上，通过实车足尺护栏碰撞实验和公路上的应用实践，积累了大量的资料和丰富的经验。欧洲于 20 世纪 50 年代中期就开发成功了热熔标线涂料，并在 80 年代达到了其市场发展的最高峰。随着经济的发展和安全需求的变化，各国不断推出形式多样、经济美观、性能优良和安全适用的新产品，以满足交通运输发展对安全设施的需求。

除交通安全设施的研究外，国外为提高公路安全性能而采用的工程应用技术还包括强制减速、路侧安全设计、交通宁静措施等，并且这些技术不是完全独立的，而是根据道路具体的安全问题综合应用。例如，澳大利亚提高道路安全性的措施包括限速、事故黑点整治、道路安全评价、改善道路设计和采取交通工程措施等。新西兰改善道路安全的具体工程措施包括抗滑路面铺装、路侧安全设计、设置中央分隔带、提高标志标线的可视性等。德国为降低交通事故采取的工程技术措施包括设置各种减速措施、实施道路安全审计、提高路面铺设的质量和性能、识别事故黑点、减少标志的过多设置等。

国外对于通村公路交通安全问题的研究较为深入。2004 年，美国审计总署在一份写给国会的报告中指出，2002 年发生在通村公路上的交通事故所导致的死亡人数占死亡总人数的 60%以上，平均每天死亡约 70 人。同时，通村公路上每英里（1 英里=1609.34 米）的事故率是城市的 2 倍多。报告指出，导致通村公路交通事故的原因主要包括：人的行为、道路环境、车辆以及对事故中伤员的救援。人的因素在通村公路交通事故中起到重要作用，如 2000—2002 年间不使用安全带的事故中 70%发生在通村公路，大多数与酒后驾驶和超速驾驶相关的事故也发生在通村公路。路的因素主要有道路狭窄、急弯路段、路边树木、动物等。车的因素源于车辆的设计，而对事故中伤员的救援因素是指伤员不能及时得到医疗救护，并且通村的救护水平也比较低。

在乡村公路交通安全保障的工程措施方面，一项针对加拿大各省和地区政府的调查结果显示，被应用得最广泛的工程措施包括改善道路线形、改善视距、完善或增加交通标志和标线、设置危险路段和平交路口警示灯，其次为增设专门的转弯车道、增加公路照明、设置或改善防护设施。震动带也是一种成本低、效果明显的乡村公路交通安全保障措施。例如，对于单车驶出路外事故，路肩震动带的效益成本比为 30:1～60:1，能够使驶出路外事故率降低 20%～50%。此外，平交路口的环岛也是一种交通安全保障效果较好的工程设施，可使平交路口的交通事故率降低 58%。交通安全保障工程措施的实施有赖于全面和可靠的数据支持，以及基于相关数据的安全评价。加拿大交通部构建了一个基于网络的"交通和犯罪软件系统"，这套系统可以现场收集交通事故数据，并准备与驾驶员和机动车注册数据库关联，推出统一的数据自动采集标准。同时，加拿大交通部还与卫生信息研究所合作，探索共用交通事故数据和交通伤害医疗数据的途径，以便掌握交通事故类型与交通伤害之间的关联。在这些数据的基础上，加拿大交通部对交通安全保障工程措施进行了研究和评价，如安全视距设计研究、环岛综合实验、"避开车辙"标志的开发、《乡村公路平交路口交通安全手册》等。

总体来说，西方工业发达国家对交通安全设施的研究起步较早，在选用与设置上也比较成熟，尤其是在与我国通村公路相对应的一些地方公路或乡村道路上，路侧防撞设施、交通标志、标线等交通安全设施的设置情况较我国同等级公路更加完善。例如路侧护栏往往采用造价较高、安全性较好的半刚性护栏；交通标志齐全、易懂；交通标线也较为完善，而且通常是全线设置。另外在国外一些地方公路的车辆失控多发路段常常能看到避险车道和减速带的设置。但是这些交通安全设施在选用与设置上往往也是沿袭一般公路，针对地方公路或乡村道路如何科学、合理地使用交通安全设施，国外也没有专门的研究和成形的理论。

1.2.2 国内研究现状

我国对交通安全设施的研究始于 20 世纪 80 年代，初期主要结合我国国情和道路交通特点，对交通安全设施的材料、结构形式和设置原则等展开了全面的研究。我国道路交通安全设施设置规模及技术标准的确定等主要是参照国外标准，借鉴了美国、欧洲、日本等国家和地区的有关技术规范。

（1）标志标线。中华人民共和国行业标准《公路交通安全设施设计及施工技术规范》道路标志中规定了道路交通标志的设计和设置原则，但没有规定在怎样性质的平面与纵断面组成部分条件下设置道路交通标志。路段危险性的标准取决于道路的等级、当地的地形及路线组成部分的相互配合，在一定程度上还取决于道路上使用的运输工具的类型。

1996 年，国内结合设计车速和道路平纵线形等条件之间的关系，阐述了高等级公路限速标志的设计原则，并对高等级公路分车型限速标志的设置提出了建议。

李峰和李令举分别根据我国现行的规范阐述了各种公路标志尺寸大小、文字数目多少、标志的位置设计、结构设计等；吴文静的"交通警告标志设置有效性研究"基于驾驶员行为模型，运用计算机模拟的方法，探讨了警告标志对驾驶员心理和行为的影响，分析了警告标志的设置依据和判定方法，对道路警告标志的设置进行了优化。

（2）公路路侧安全防护。1992 年，交通部公路科学研究所在总结全国护栏实际应用经验的基础上，推出了新型的变截面波形梁护栏结构形式。

1994 年，中国交通部制定了《高速公路交通安全设施设计及施工技术规范》（JTJ 074—1994），对路侧护栏、中央分隔带护栏、桥梁护栏、隔离设施、防眩设施和视线诱导设施的设置原则、设置条件、设计和施工要求作了比较详尽的规定。

2001 年，中国交通部西部交通建设科技项目"公路陡崖峭壁护栏的开发研究"，开发出了我国第一个专门针对山区一般公路危险路段的座椅式护栏形式。

2004 年，中国交通部颁布了《高速公路护栏安全性能评价标准》（JTG/T F83—2001），对护栏实车碰撞试验的各项具体内容进行了详细规定，并给出了护栏标准段的安全性能评价标准。《公路安全保障工程实施技术指南》将路侧险要路段列为 5 种基本危险路段之一，并给出了判定标准；将路侧危险程度划分为 4 级，为路侧安全隐患的识别和整治提供了基本的方法和对策。

2005 年，中国交通部公路所唐铮铮的《标志设置的路侧安全性考虑及对策》一文详细阐述了解体消能设施的分类、作用原理，以及相关的设置影响因素和性能评价方法。

2006 年，中国交通部发布了《公路交通安全设施设计规范》（JTG/T D81—2006），新规范全面总结了 1994 年以来我国公路交通安全设施的使用经验，在借鉴和吸收国外相关标准规范和先进技术经验的基础上完成编制，体现了"以人为本，安全至上"的指导思想，引入了路侧安全净区、宽容设计等理念。

2007 年，中国交通部西部交通建设科技项目"公路交通安全应用技术研究"子课题"公路路侧安全评估及防护方法研究"和"公路交通工程检测标准及计量检定规程的研究"在北京通过交通部鉴定验收，首次开发路侧安全等级评估模型及辅助计算机应用软件，编制了"公路路侧设计指南"，开发了可解体消能的交通标志支撑结构并获得实用型专利。"公路路况视频里程定位及信息采集软件 V1.0"，首次针对一般路段路侧事故采用定路段长方式建立路侧事故预测模型。项目成果丰富了公路安全评价体系，有效提高了我国公路路侧安全性评价、安全设计与安全改善水平。

2008 年，中国交通部出版了《路侧安全设计指南》，对路侧事故多发段的识别、安全等级的评估方法以及路侧事故的预防和防护技术都做了较全面的阐述。

（3）强制减速设施。随着实践探索，我国逐步形成了自己的标准体系，先后编制了高速公路安全设施施工技术规范、道路交通标志标线标准。《公路工程技术标准》对道路交通安全设施实施条件也进行了部分规定和要求，如道路交通标线质量要求和检测方法、公路交通标志反光膜、公路交通标志板、LDE 车道控制标志、临时性公路标志、路面标线涂料、高速公路波形梁钢护栏、公路防眩设施技术条件、隔离栅技术条件、突起路标、轮廓标技术条件等与交通安全设施相关的标准和规范，有效地推进了我国道路交通安全设施的设计、施工、验收和产品质量的标准化管理工作。以上标准和规范的制定和出台，对我国道路交通安全设施建设起到了积极的促进作用。

（4）农村公路交通安全设施的研究。长安大学蒋枫基于农村公路的交通安全现状及交通安全设施设置状况，在系统分析了影响农村公路交通安全的人、车、路、自然条件等各类因素的基础上，对各种交通安全设施的功能、形式及规格在造价和技术要求上进行了综合比较，结合农村公路实际情况，以最小的投入获得最佳的使用效果为原则，得出了适用于农村公路的路侧防撞设施、交通标志、标线、视线诱导设施、避险车道、减速带以及错车道等交通安全设施的选用形式与设置方法。

长安大学许金良教授等人对陕西咸阳地区农村公路进行了实地调查，应用层次分析法和灰色理论进行了相关分析，得出影响山区农村公路路侧安全的因素有交通量、交通组成、路侧特征及线形特征的结果，提出了适用于山区农村公路路侧安全评价的 10 个指标。

1.2.3　研究现状评述

（1）国外对交通安全设施进行了系统的研究，形成了适合国外各种交通状况的交通安全设施设置标准及规范。同时值得注意的是，欧美等国家针对乡村道路交通量较小、运行车速较低等情况，进行了低造价交通安全设施设置方法的研究，值得我们借鉴。

（2）国内对交通安全设施的研究主要集中在高速公路、干线公路交通安全设施设置方法、实施效果评估的研究，对于通村公路交通安全设施的研究，多是借鉴干线公路交通安全设施的设置方法，进行适应性研究和部分改造，并未形成系统的理论和方法。同时，我国东西部差距较大，东部地区经济发达，交通基础设施投入较大，因而干线公路的交通安全设施比较适合东部地区通村公路，而对于西部地区则明显不适应。

1.3　主要研究内容和技术路线

1.3.1　主要研究内容

本项目基于陕西省通村公路存在的安全问题，通过调查分析的手段研究通村公路道路环境条件与交通安全的关系，分析通村公路交通事故发生机理，通过对通村公路安全性进行合理评价，确定重点防控路段，进而提出适合西部地区通村公路的安全保障措施。为实现上述目的，主要研究以下内容：

（1）通村公路交通安全环境分析及事故发生机理研究。

1）通村公路道路环境特征调查与分析。

2）通村公路交通环境特征调查与分析。

3）通村公路交通事故调查及特征分析。

（2）通村公路重点防控路段判别方法研究。

1）通村公路重点防控路段与路段位置关系的研究。

2）利用仿真软件对通村公路急弯、连续急弯路段进行分析与标准定义。

3）通过刹车毂温度预测模型进行通村公路连续长大下坡路段分析与界定。

4）通村公路路侧安全等级划分研究。

（3）通村公路路侧经济型护栏设置方法研究。通过建立碰撞仿真实验，研究通村公路路侧经济型护栏设置方法。包括：

1）通村公路防护设施安全性能评价标准研究。

2）通村公路汽车—护栏碰撞仿真系统模型的建立。

3）通村公路汽车—护栏碰撞仿真实验分析与评价。

4）通村公路简易护栏设置建议。

（4）通村公路主动安全设施设置方法研究。

1）通村公路主动安全设施设置指导思想及原则的研究。

2）交通标志、标线、视线诱导设施、视线改善设施、限速设施、车道隔离设施的尺寸、材料、设置方法的研究。

3）增加路面有效宽度以及设置避险车道的研究。

（5）通村公路减速设施效能评价与设置方法研究。通过现场调查和观测，对通村公路常见减速设施进行评价分析，提出经济型减速设施的设置方法。

（6）通村公路交通安全重点防控路段分级处治对策研究。通村公路安全保障工程分级处治对策是指根据相关技术指标，对安全保障工程重点实施路段按照危险程度进行分级，进而提出综合处治方案。

1）单个急弯及连续急弯路段分级处治对策。

2）陡坡、陡坡急弯及连续下坡路段分级处治对策。

3）桥头接小半径平曲线路段分级处治对策。

4）路侧险要路段及平面交叉口分级处治对策。

5）行人集中路段分级处治对策。

（7）蓝关古道交通安全改善工程。依托蓝关古道项目，将项目研究提出的原则、方法、对策在蓝关古道交通安全改善工程中实施和验证。

1.3.2 技术路线

本项目采用图 1-1 所示的技术路线达到研究目标。

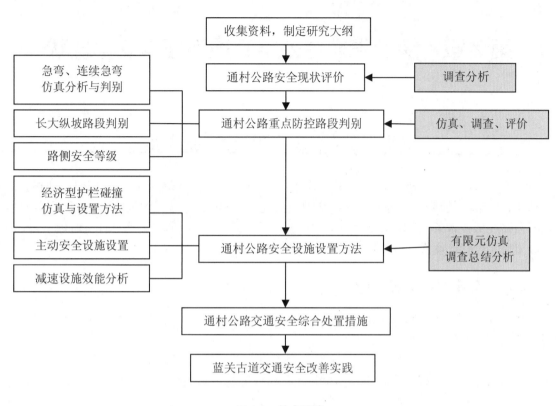

图 1-1　技术路线

第2章　陕西省通村公路交通特征与安全现状

2.1　通村公路交通运行特征分析

本章通过对通村公路的调查，在通村公路交通运行特征、线形状况实地调研和通村公路交通事故收集的基础上，对通村公路的交通量情况、交通组成情况、运行速度特征等交通特性，通村公路线形技术条件，以及交通安全现状进行了分析，总结出通村公路具有交通量小、交通组成复杂、运行速度低、技术等级低等交通特点。

2.1.1　交通量及交通组成分析

由于陕西省山区通村公路交通量较小，调查数据不具备参考价值，因此本项目选择了农村公路及平原区通村公路进行了调查分析。

（1）交通量分析。总体而言，通村公路交通量较小，由于道路功能的不同，不同通村公路交通量差异较大，高峰时段差异也较大，部分通村公路高峰时段不明显。研究人员在进行交通量调查时不固定调查时间，尽量选取交通量较大的时段，采用了 15min 或 30min 的间断式交通调查方式，并换算成小时交通量进行比较分析。各地区典型调查路段平均小时交通量见表 2-1。

表 2-1　各地区典型调查路段平均小时交通量

城市	平均小时交通量/（辆/h）	分车型平均小时交通量/（辆/h）						
		小客	大客	小货	大货	摩托	三轮	其他
汉中	52.86	31.43	2.57	3.71	4.57	8.0	2.29	0
渭南	104.8	23.6	6.8	1.2	14.4	58.8	0	0
延安	52.9	25.5	3.8	5.6	3.5	14.5	0	0
咸阳	100.8	43.6	8.0	10.0	21.6	17.6	0	0

由表 2-1 可知，汉中市、延安市平均小时交通量明显小于咸阳市、渭南市，这主要是由于汉中市、延安市调研路段包含几条交通量极小、偏僻的路段，而咸阳市、渭南市调研路段选取了交通量较大的具有干线性质的路段，但总的来说交通量不大，最大不超过 110 辆/h。

（2）交通组成分析。各市通村公路调查路段交通组成如图 2-1 所示。由图 2-1 可以看出，小客车和摩托车为通村公路的主要车型，此外，货车也占较大比例，主要是大货车，但不同路段其所占比例相差较大，主要与该路段沿线是否存在厂矿有关，这一点是通村公路交通组成的主要差异。

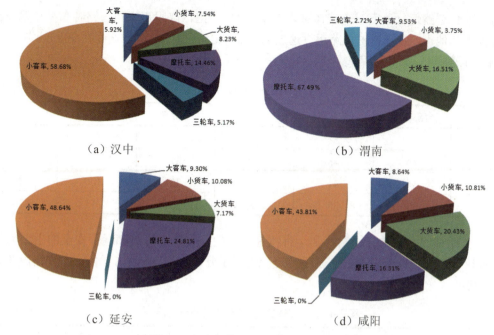

（a）汉中　　　　　　　　　　（b）渭南

（c）延安　　　　　　　　　　（d）咸阳

图 2-1　各市通村公路调查路段交通组成

2.1.2　运行速度特征

各市调查通村公路车速分布见表 2-2 和图 2-2。可以看出，调查得到通村公路上大部分车辆速度为 20~40km/h，50%以上车辆的速度位于 20~30km/h 之间。

表 2-2　各市调查通村公路车速分布　　　　　　　　　　　　　单位：%

城市	[10,20)km/h	[20,30)km/h	[30,40)km/h	[40,50)km/h	[50,60)km/h	≥60km/h
汉中	13.2	27.8	31.6	17.9	7.7	1.8
渭南	22.1	40.6	28.7	7.4	1.2	0.0
咸阳	12.1	32.0	24.0	20.1	10.2	1.6
延安	15.5	51.3	28.0	5.0	0.2	0.0

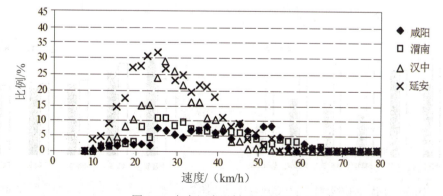

图 2-2　各市调查通村公路车速分布

各市通村公路运行速度调查统计见表 2-3，可以看出，咸阳市通村公路各车型车辆 V_{85} 运行速度高于其他市，咸阳通村公路运行速度为 52km/h，其他 3 市运行速度在 40km/h 左右。各市车辆运行速度 V_{85} 都具有 $V_{85 小客}>V_{85 大客}>V_{85 小货}>V_{85 大货}$ 的特点。

表 2-3　各市调通村公路运行速度统计　　　　　　　　　　单位：km/h

城市	全部车型	小客车	大客车	小货车	大货车	摩托车
咸阳	52	51	44	45	43	43
渭南	40	48	39	37	36	37
汉中	36	41	37	35	30	34
延安	37	38	38	33	31	29

由于公路曲线路段的技术指标和运行特征是制约公路技术等级和运行安全的主要因素之一，因此研究人员对曲线路段的车辆运行速度进行了分析。表 2-4 给出了各市曲线路段各车种的运行速度。

表 2-4　各市曲线路段各车种的运行速度　　　　　　　　单位：km/h

城市	小客车	大客车	小货车	大货车	摩托车	机动三轮	农用车
汉中	41	37	44	21	27	29	16
延安	38	39	30	30	30	——	——
咸阳	53	43	37	35	37	——	——
渭南	44	40	35	31	35	——	24

由表 2-4 可以看出，汉中、延安、咸阳、渭南 4 市的通村公路曲线路段的运行速度相差不大，都存在 $V_{85 小客}>V_{85 大客}>V_{85 小货}>V_{85 大货}$ 的趋势。总体来看，各市 $V_{85 小客}$ 在 45km/h 左右，$V_{85 大客}$、$V_{85 小货}$ 在 40 km/h 左右。

直线路段与曲线路段之间的速度差是表征公路运行安全性的主要指标之一，由于受采集数据量的限制，研究人员仅对汉中和延安两市进行了曲线路段和直线路段速度差的对比，如图 2-3 及图 2-4 所示。可以看出，汉中和延安两市直线路段运行速度一般高于曲线路段运行速度，除汉中小货车、大货车和摩托车直线、曲线路段运行速度差较大（分别约为 27km/h、24km/h 和 15km/h）之外，大部分车型两路段运行速度差均较小，为 5~13km/h。

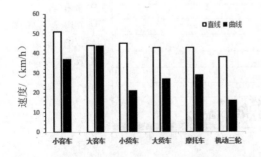

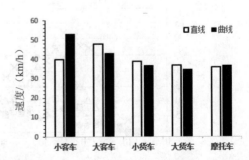

图 2-3　汉中直线路段和曲线路段运行速度对比　　　图 2-4　延安直线路段和曲线路段运行速度对比

调查数据表明，53.65%的车辆行驶速度小于 30km/h，81.73%的车辆行驶速度小于 40km/h，各市通村公路运行速度在 30～50km/h 之间，存在 $V_{85小客}>V_{85大客}>V_{85小货}>V_{85大货}$ 的趋势。直线路段运行速度一般高于曲线路段运行速度，但大部分车型两路段运行速度差值在 10km/h 左右。

2.2 通村公路技术特征

2.2.1 平面线形指标

统计发现，通村公路圆曲线半径多小于 250m，曲线半径为 80m 左右的曲线所占比例最大，如图 2-5 所示。

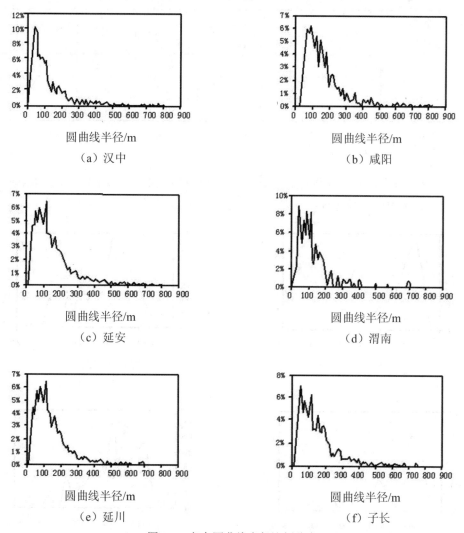

图 2-5 各市圆曲线半径比例分布

针对调研路段的通村公路线形数据，并与《公路路线设计规范》（JTG D20—2006）（以下简称《规范》）中要求的各设计速度曲线半径值对比，可以看出，各市通村公路绝大部分曲线路段基本可以达到设计速度 20km/h 的标准，过半路段可以达到 40km/h 的标准，见表 2-5 和表 2-6。

表 2-5　圆曲线半径达到特定设计速度标准（极限值）的曲线路段比例

设计速度/（km/h）	规范一般限值/m	汉中/%	延安/%			咸阳/%	渭南/%	全部/%
			市区/%	延川/%	子长/%			
20	15	99.3	98.1	98.2	99.3	100.0	99.2	98.8
30	30	89.1	93.1	92.5	94.4	99.6	95.1	92.7
40	60	64.5	78.6	78.8	78.1	87.6	76.6	77.3

表 2-6　圆曲线半径达到特定设计速度标准（一般值）的曲线路段比例

设计速度/（km/h）	规范一般限值/m	汉中/%	延安/%			咸阳/%	渭南/%	全部/%
			市区/%	延川/%	子长/%			
20	30	89.0	93.3	92.5	94.5	99.4	95.1	92.7
30	65	62.2	75.6	75.6	74.4	85.5	73.8	73.6
40	100	41.3	58.9	57.5	59.8	65.6	52.6	55.6

2.2.2　纵断面线形指标

（1）凸形竖曲线。统计发现，汉中和延安两市通村公路凸形竖曲线半径为 1000m 的路段较多，而渭南和咸阳凸形竖曲线半径则主要集中在 2000m 左右，如图 2-6 所示。

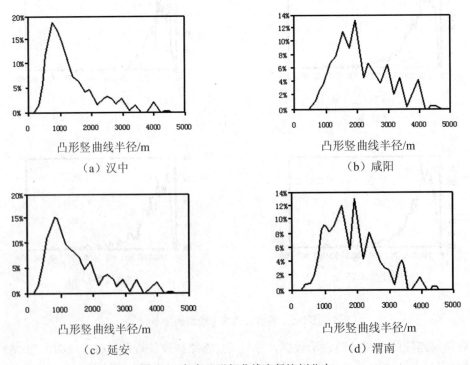

凸形竖曲线半径/m
（a）汉中

凸形竖曲线半径/m
（b）咸阳

凸形竖曲线半径/m
（c）延安

凸形竖曲线半径/m
（d）渭南

图 2-6　各市凸形竖曲线半径比例分布

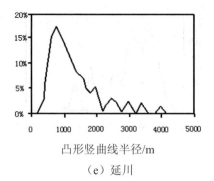

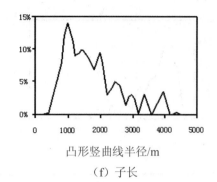

（e）延川　　　　　　　　　　　　　　（f）子长

图2-6　各市凸形竖曲线半径比例分布（续图）

将调研路段的通村公路线形数据与《规范》要求值相比，可知，凸形竖曲线路段基本能满足《规范》设计速度30km/h的要求，见表2-7和表2-8。

表2-7　通村公路达到特定设计速度（极限值）的凸形竖曲线路段比例

设计速度/（km/h）	规范一般限值/m	汉中/%	延安/%			咸阳/%	渭南/%	全部/%
			市区/%	延川/%	子长/%			
20	100	100.0	100.0	100.0	100.0	100.0	100.0	100.0
30	250	99.7	100.0	99.8	100.0	100.0	100.0	100.0
40	450	94.5	96.2	94.8	99.8	100.0	99.8	96.3

表2-8　通村公路达到特定设计速度（一般值）的凸形竖曲线路段比例

设计速度/（km/h）	规范一般限值/m	汉中/%	延安/%			咸阳/%	渭南/%	全部/%
			市区/%	延川/%	子长/%			
20	200	100.0	100.0	100.0	100.0	100.0	100.0	100.0
30	400	96.5	97.8	97.0	99.9	100.0	99.6	97.8
40	700	74.2	79.1	73.8	92.5	98.4	97.5	79.1

（2）凹形竖曲线半径。与凸形竖曲线分布比例类似，汉中和延安通村公路凹形竖曲线半径为1000m的路段较多，且比较集中。半径超过2000m凹形竖曲线的路段相对较少。渭南和咸阳凹形竖曲线半径值较分散，在0～4000m以内均有不同比例分布，如图2-7所示。

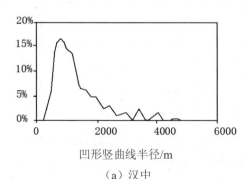

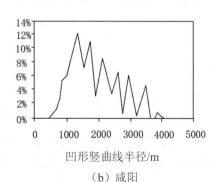

（a）汉中　　　　　　　　　　　　　　（b）咸阳

图2-7　各地凹形竖曲线半径比例分布

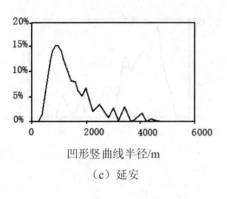

（c）延安

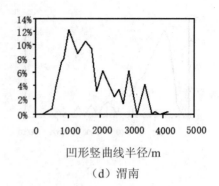

（d）渭南

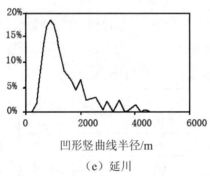

（e）延川

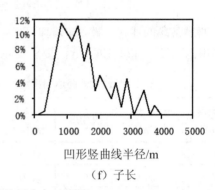

（f）子长

图 2-7　各地凹形竖曲线半径比例分布（续图）

　　将调研路段的通村公路线形数据与《规范》要求值相比，可知，各地大部分凹形竖曲线半径也能满足设计速度为 40km/h 的要求值，部分可以达到 60km/h 的标准，见表 2-9 和表 2-10。

表 2-9　达到特定设计速度（极限值）的凹形竖曲线路段比例

设计速度/ （km/h）	规范一般 限值/m	汉中/%	延安/%			咸阳/%	渭南/%	全部/%
			市区/%	延川/%	子长/%			
20	100	100.0	100.0	100.0	100.0	100.0	100.0	100.0
30	250	99.8	100.0	99.9	100.0	100.0	100.0	100.0
40	450	92.1	96.2	95.7	98.6	99.8	100.0	96.3

表 2-10　达到特定设计速度（一般值）的凹形竖曲线路段比例

设计速度/ （km/h）	规范一般 限值/m	汉中/%	延安/%			咸阳/%	渭南/%	全部/%
			市区/%	延川/%	子长/%			
20	200	100.0	100.0	100.0	100.0	100.0	100.0	100.0
30	400	95.3	98.4	97.8	99.5	99.9	100.0	97.7
40	700	72.5	80.0	75.8	90.6	98.7	97.2	81.8

　　（3）纵坡。从总体来说，调研通村公路上大部分路段坡度较小，陡坡路段所占比例较小，延安、咸阳、汉中则以 5% 左右的纵坡居多，如图 2-8 所示。

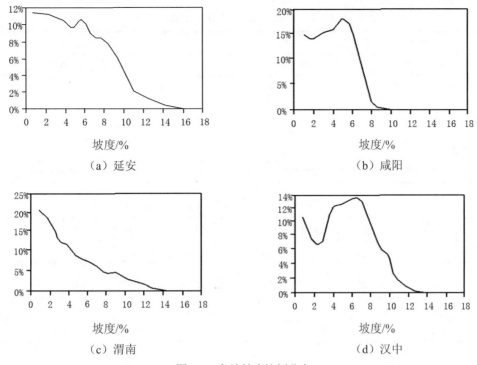

图 2-8　各地坡度比例分布

将调研路段的通村公路线形数据与《规范》要求值相比，可知，各地很大部分纵坡路段都能满足设计时速 20km/h 的要求。咸阳、延安纵坡指标相对较高，渭南、汉中则相对较低，见表 2-11。

表 2-11　纵坡达到特定设计速度标准的路段比例

设计速度/（km/h）	规范最大纵坡/m	汉中/%	延安/%	咸阳/%	渭南/%	全部/%
40	7	81.7	73.4	98.4	74.4	92.5
30	8	86.1	81.7	99.9	84.8	95.0
20	9	90.6	88.8	100.0	91.6	97.0

2.2.3　平纵组合分析

为分析公路线形平纵组合的情况，根据《道路交通事故现场信息代码第 2 部分：道路线形代码》（GA 17.2—2003）以及通村公路实际情况，将通村公路平面线形情况分为急弯路段、一般弯路段、平直路段（直线及大半径曲线路段），将通村公路的纵断面线形分为缓坡路段、一般坡路段、陡坡路段，划分方法见表 2-12。

按照上述划分标准，项目组分别统计并分析了各类型平纵线形组合情况的路段里程和路段数量的比例分布，无论从路程还是路段数量来看，都是平直、一般坡和一般弯路段占比最多，分别占到调查路段总里程的 31%、24.1% 和 14.8%，占到调查路段总数量的 28.3%，23.4% 和 15.8%。与急弯、陡坡相关的不利行车安全路段占调查路段总量的 17.3%，见表 2-13。农村（通村）公路设计指标不能满足《规范》要求值的线形比例调查汇总见表 2-14。

表 2-12 农村（通村）公路路段划分标准

路段类型		划分标准
平面	平直路段	半径大于 1000m
	一般弯路段	半径在 60～1000m 之间
	急弯路段	半径小于 60m
纵断面	缓坡路段	纵坡度小于等于 3%的路段
	一般坡路段	纵坡度小于 8%且大于 3%的路段
	陡坡路段	纵坡度大于 8%的路段

表 2-13 不利行车安全路段占调查路段总量的比例

不利行车安全路段	急弯	急弯陡坡	急弯一般坡	陡坡	一般弯陡坡	合计
所占比例	2%	1.7%	2.9%	6.8%	3.9%	17.3%

表 2-14 农村（通村）公路设计指标不能满足《规范》要求值的线形比例调查汇总

线形指标		三级公路		通村公路
		按设计速度 40km/h 统计	按设计速度 30km/h 统计	
圆曲线半径	一般值	1.01%	0.00%	1.07%
	极限值	10.55%	1.51%	7.18%
凸形竖曲线半径	一般值	0.00%	0.00%	0.00%
	极限值	2.33%	0.00%	0.00%
凹形竖曲线半径	一般值	0.28%	0.00%	0.00%
	极限值	4.55%	0.00%	0.00%
最大纵坡度		1.86%	0.86%	9.10%

从上述分析可以看出，在平纵组合条件下，急弯陡坡等不利行车安全的路段比例远高于单个线形指标不满足设计标准的路段比例。可见，虽然从单个指标来看，调查路段规范符合性较好，但在公路平纵线形组合下，不利于行车安全路段却具有较高的比例。

2.3 通村公路交通事故特征

研究人员采集得到 2004—2010 年延安、咸阳、渭南等多个市部分农村（通村）公路交通事故资料，并在此基础上开展通村公路安全现状分析，为研究人员研究提供依据，统计分析以《道路交通事故现场信息代码》（GA 15—2003）以及《中华人民共和国道路交通事故统计年报》中的划分标准为分类依据。

2.3.1 事故形态分析

（1）全部事故。经统计分析得出，正面相撞和侧面相撞事故是农村（通村）公路事故的主要形态，分别占事故总数的 28.50%和 25.60%，其次是剐撞行人和尾随相撞事故，分别占12.30%和 9.50%，如图 2-9 所示。

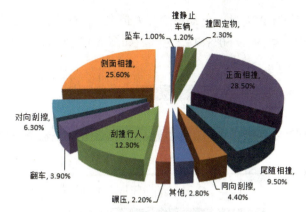

图 2-9　农村（通村）公路事故形态

（2）重大事故。在重大事故中，刮撞行人事故最多，占重大事故总数的 27.20%，其次是正面相撞事故，占死亡事故的 23.90%，如图 2-10 所示。可以看出，刮撞行人、正面相撞为主要事故形态，这反映出农村（通村）公路交通环境复杂、行人交通安全意识薄弱等问题。

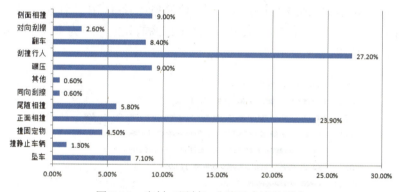

图 2-10　农村（通村）公路重大事故形态

（3）一次死亡 10 人以上特大交通事故。对 2005—2010 年死亡 10 人以上特大交通事故进行分析发现，坠车是造成群死群伤的主要事故类型，其比例占到事故总量的 75.00%，如图 2-11 所示。

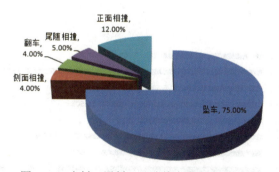

图 2-11　农村（通村）公路特大交通事故形态

2.3.2　死亡人员特征分析

死亡人员特征分析的对象为通村公路重特大交通事故。从农村（通村）公路重特大交通事故死亡人员特征来看，死亡人员中机动车驾驶人最多，占死亡总人数的 43.7%，其次是行人和乘车人，分别占死亡人数的 29.60% 和 22.50%，如图 2-12 所示。

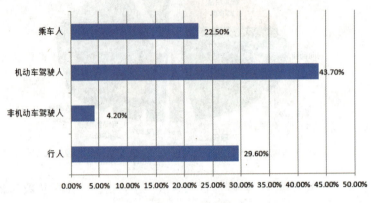

图 2-12　死亡人员特征

　　从死亡人员年龄统计来看，除成年人交通事故死亡比例较高外，学龄前儿童、未成年青少年群体及高龄群体在通村公路交通事故中死亡比例也比较高。在统计死亡事故时，共计死亡 165 人，其中剐撞行人的事故致死 42 人，而其中 62.7% 的死亡人员为未成年人及 60 岁以上的高龄人，如图 2-13 和图 2-14 所示。

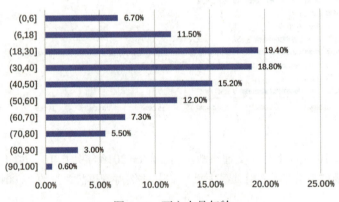

图 2-13　死亡人员年龄

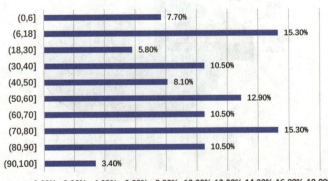

图 2-14　剐撞行人事故死亡人员年龄

2.3.3　事故车型分析

（1）全部事故。对事故数据进行分析后结果如图 2-15 所示，二轮摩托车占到 37.28%，其次是农用车，占到 17.90%。摩托车事故已经成为通村公路事故的主要部分，对摩托车的使用的监管需要引起重视。

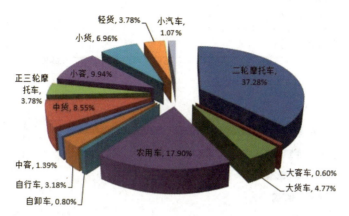

图 2-15　农村（通村）公路全部事故车型分布

（2）农村（通村）公路重特大事故。在农村（通村）公路重特大事故中，二轮摩托车事故仍然最多，约占肇事车辆总数的 36.40%，小型货车事故则达到 18.60%，如图 2-16 所示。

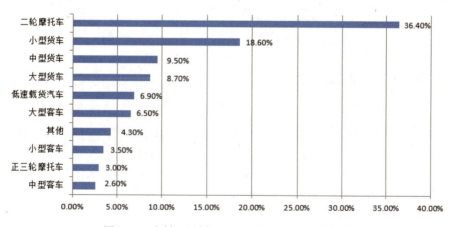

图 2-16　农村（通村）公路重特大事故车型分布

2.3.4　发生路段线形分析

（1）全部事故。对农村（通村）公路所有事故数据进行路段线形分析，如图 2-17 所示。可以看出，74.83% 的通村公路事故发生在平直路段，发生在一般弯和一般坡的事故分别占 10.50% 和 5.21%。

（2）重大事故。在农村（通村）公路重大事故中，一般弯和一般坡事故比例也分别达到 17.50% 和 13.00%，如图 2-18 所示。与所有事故分布情况相比，平直路段重大事故发生率明显下降，而弯坡路段上的事故率明显上升。

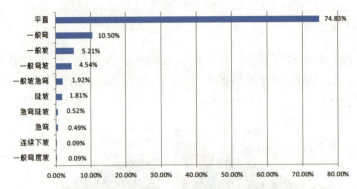

图 2-17　农村（通村）公路所有事故路段线形分布

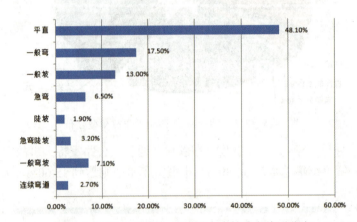

图 2-18　农村（通村）公路重大事故路段线形分布

2.3.5　事故发生路段位置分析

事故发生路段位置分析以重特大事故为依据。为区别事故在路段上的发生位置，研究人员将路段定性划分为普通路段、交叉口、穿村路段三种。通过对重大事故资料的分析，发现约 52.30% 的通村公路重大事故发生在普通路段，交叉口和穿村路段交通事故则占到近一半。从死亡人数来看，普通路段死亡人数最多，达到 90 人。穿村路段和交叉口事故死亡人数也分别达到 43 人和 36 人，如图 2-19 所示。

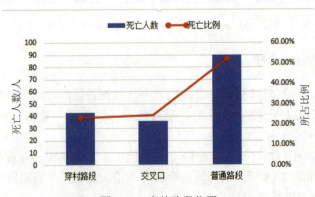

图 2-19　事故路段位置

2.3.6 事故致因分析

（1）一次死亡 10 人以上特大事故。2007—2010 年，一次死亡 10 人以上通村公路事故中近 22.50% 的事故与违法载客相关，从事故资料的分析可以看出，在通村集市、聚会等群体性聚集出行中，由于交通安全意识淡薄，群众往往需要搭乘货车、低速载货汽车、三轮汽车等农用运输车辆，由此往往导致农用车辆人货混装、超员超载等情况。此外，与车辆故障相关的事故也占到很大比例，约有 8.30% 的事故与车辆制动不良有关，约 10.00% 的事故则与制动不良以外的车辆故障有关，如图 2-20 所示。

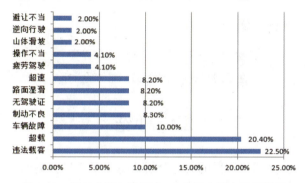

图 2-20　通村公路一次死亡 10 人以上特大事故致因

（2）重特大事故。根据获取事故资料的质量，研究人员选择调查得到的 156 起通村公路重大事故进行详细的事故致因分析。

从人与事故致因的关系来看，违法占道行驶和未戴头盔造成的重特大事故最多，与其相关的事故均约占重特大事故总量的 21.80%。其次是由于行人违法和超速行驶造成的重大事故，分别约占事故总量的 12.80% 和 16.00%。此外，酒后驾车、超限超载等也是造成重特大事故的主要致因，如图 2-21 所示。

图 2-21　农村（通村）公路重特大事故致因中人的因素

从车与事故致因的关系来看，约有 18.9%的重特大事故与车辆制动不良相关，车辆转向失灵、改装车辆、报废车辆上路也均造成约 1.0%的重特大事故，如图 2-22 所示。

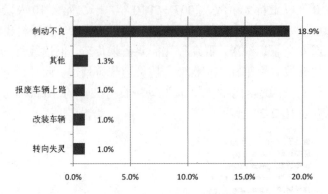

图 2-22 重特大事故致因与车的关系

2.4 小结

通过对陕西省通村公路调研数据的具体分析，得出了通村公路的交通特征与安全现状。

（1）通村公路交通运行特征。通村公路交通量较小，由于道路功能的不同，不同通村公路交通量差异较大，高峰时段差异也较大，部分通村公路高峰时段不明显。但总的来说交通量不大，其中，小客车和摩托车为通村公路的主要车型，大部分车辆速度为 20～40km/h。总的来说，通村公路具有交通量小、交通组成复杂、运行速度低等交通特性。

（2）通村公路技术特征。从平面线形指标或纵断面线形指标的单独分析来看，调查路段规范符合性较好，但在公路平纵线形组合下，道路不利行车安全路段具有较高比例。

（3）通村公路交通事故特征。经统计分析得出，正面相撞和侧面相撞事故是通村公路事故的主要形态。从死亡人员特征来看，死亡人员中机动车驾驶人最多；从死亡人员年龄统计来看，除成年人比例较高外，学龄前儿童、未成年青少年群体及高龄群体也比较突出。在全部事故中，摩托车事故占主要部分，有必要加大对摩托车使用的监管力度。通村公路事故多发生在平直路段，一般弯和一陡坡路段事故也占有一定比例。从事故资料分析可以得出，通村公路事故多数由违法载客、农用车辆人货混装以及超员超载等引起，反映出人们的交通意识淡薄。

第3章　通村公路重点防控路段判别方法

通村公路存在诸多安全隐患，为了进一步改善通村公路的安全状况，需要对重点防控路段进行科学判定。目前技术标准与规范并没有对通村公路重点防控路段做出明确规定，且各个省市对不同重点防控路段的判定标准不一。本研究通过建立仿真模型定量判定急弯路段和连续下坡路段；根据道路线形、交通量、路侧历史事故和路侧特征四个因素确定路侧安全等级；最终确定出通村公路重点防控路段，以便于采取相应的安全防治措施。

3.1　通村公路重点防控路段的确定

重点防控路段是在考虑交通安全的条件下，从线形或者路段特征等方面所确定的事故易发路段或易发严重事故的路段。以调研交通事故资料的分析数据为依据，从公路线形、路段位置、路段形式等角度分析交通事故发生的地点特征，确定通村公路重点防控路段。

3.1.1　事故与公路平面线形的关系

根据通村公路安全现状分析结论，由于平直路段所占比例较大，通村公路交通事故大部分分布在平直路段，但随着事故严重程度的增加，呈现出向急弯、急弯陡坡等路段聚集的特征。

道路的平曲线半径越小，曲率越大，弯道越急；反之，道路的平曲线半径越大，曲率越小，弯道越缓。车辆在曲线上行驶，由于受到离心力的作用容易向外侧侧滑和倾翻，降低了车辆的稳定和安全程度。车速越高，离心力越大，这种危险就越大，发生的事故也越严重。

在急弯路段，由于视距条件受限，驾驶员不能清楚地看到曲线另一侧的道路和车辆，对于前方道路的走向和对向来车不能很好地预判。在这种情况下，允许驾驶员进行判断、反应和操作的时间比较短，如果车速过快，就有可能出现因避让不及导致的对撞事故，另外，过快的车速有可能导致车辆驶出路外，进而导致较严重的侧翻、坠坡等事故。在夜间行车时，因灯光照射不是顺着曲线的，更难发现前方的情况，增加了发生事故的潜在危险。

所以急弯存在的主要安全隐患一般是由视距不良造成的，在车速过快的情况下，会发生事故，事故形态主要有以下几种：

（1）与对面驶来的车辆或路面的其他障碍物发生碰撞。

（2）单车碰撞弯道外侧的山体或驶出路外。

（3）发生侧翻事故。

通过对通村公路样本调研路段资料的统计分析，在所调研的通村公路中，各线形组合路段占通村公路总长度比例见表 3-1。在此基础上，分析各类线形组合路段死亡事故率，如图 3-1 所示，可见通村公路急弯、急弯陡坡路段事故率明显高于普通路段。

表 3-1　各类线形组合路段占通村公路总长度比例统计

不利安全路段组合	急弯	急弯陡坡	一般坡	陡坡	一般弯	一般弯坡	平直
所占比例/%	1.60	1.40	27.20	6.80	18.30	13.70	31.00

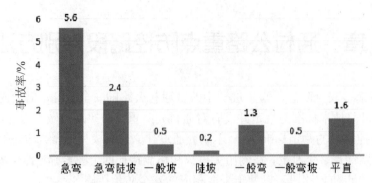

图 3-1　通村公路各类线形路段死亡事故率

注：事故率=路段事故百分比/路段里程百分比。

从通村公路现阶段重点防控重大交通事故、优先改善安全隐患严重路段的原则出发，应该将急弯陡坡、急弯路段作为重点防控路段。

3.1.2　陡坡路段事故分析

调查表明在平原地区、丘陵地区和道路上，发生于坡道上的交通事故分别占 17%、18% 和 25%。坡道上交通事故率高的原因主要是下坡时，驾驶员为节油常采取熄火滑行的操作方法，一旦遇到紧急情况来不及采取应急措施，此类事故约占坡道事故的 24%。车辆下长坡时，由于重力作用，行驶速度过高，制动非安全区过长，频繁使用制动器致使制动器产生热衰减，遇到紧急情况不能及时停车，此种原因引起的事故占坡道事故的 40%；车辆上坡行驶时，由于超越停放或后备功率较小的低速行驶车辆所造成的坡道事故占 18%；由于其他原因引起的坡道事故占 18%左右。

总之，陡下坡路段存在的主要安全隐患一般与车速过快或连续刹车导致车辆制动失效有关。陡下坡路段存在的主要事故形态如下：

（1）与对面驶来的车辆或路面的其他障碍物发生碰撞。

（2）与同向行驶慢车发生追尾。

（3）在下坡途中的急弯处碰撞弯道外侧的山体或驶出路外。

（4）在下坡途中的急弯处发生侧翻事故。

陡上坡路段存在的主要安全隐患一般与货车行驶速度过慢、货车占道行驶或客车违章强行超车有关。陡上坡路段存在的主要事故形态如下：

（1）车辆强行超车时与下坡驶来的车辆或路面的其他障碍物发生碰撞。

（2）车辆与同向行驶慢车发生追尾。

一般来说，陡下坡的危险性要大于陡上坡。因此，从防控重大交通事故角度出发可将长大下坡路段作为通村公路重点防控路段。

3.1.3　路侧安全现状分析

路侧（Road Side）是指位于道路的路肩外边缘与道路红线之间的区域。近年来，路侧安全逐渐成为低等级公路安全的首要问题。

我国群死群伤的路侧翻车事故和碰撞路侧障碍物引起的事故危险性很高，交通运输部公路科学研究院发布的《2015 年中国道路交通安全蓝皮书》对历年路侧事故（翻车、坠车和撞固定物 3 种形态的事故）进行统计，结果显示路侧事故约占总数的 8%，但却造成了约 12%的死亡人数，另据不完全统计，在一次死亡 3 人以上的重特大恶性事故中，由于车辆冲出路外坠落陡崖或高桥的路侧事故约占重特大恶性交通事故的一半。

我国 70%的事故发生在二级以下的公路。其中由于路侧设计不良而造成的交通事故占到了交通事故总数的 30%。尤其是 30 万公里山岭重丘区二级以下的低等级公路路侧安全问题极为突出，诱发大量事故。这类交通事故数量多、危害大，严重威胁了人们的生命财产安全。只有改善路侧安全设计和路侧安全设施，才能从根本上遏制群死群伤的路侧交通事故，减轻事故的严重程度。

以农村（通村）公路路侧安全为例进行统计和分析，可以发现路侧事故具有以下特点：

（1）据国内部分农村公路的统计，路侧事故数约占总事故数的1/4，路侧事故与其他类事故相比，更具严重性，如图 3-2 所示。路侧事故数虽然仅占总事故数的 1/4，但其中的死亡事故数占到了总死亡事故数的四成，重伤事故数比重超过了 50%。

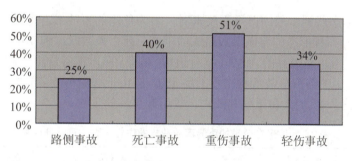

图 3-2　路侧事故总体情况统计

（2）从路侧事故的肇事车型分析，结果体现出小客车和大货车比重高的特点，通常小客车约占 60%~70%，大货车约占 10%~20%。其原因是：小客车速度快，驾驶员在超车、会车或避险过程中，容易发生措施不当的事故，如方向打过头；另外，小车以较高的速度通过湿滑路面时，也容易引起侧滑的事故，尤其是在弯道处车辆转弯需要更大的横向力时。大车重心高，在弯道处易发生侧翻事故；另一方面，制动距离增大或制动失效也是重载或超载货车发生此类事故的主要原因。

（3）而对于事故等级分类统计结果，就总体情况而言，路侧事故中轻微事故所占比重超过 80%，可见路侧事故主体仍是轻微事故。不同程度路侧事故所占比重如图 3-3 所示。

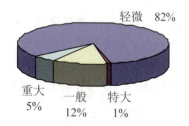

图 3-3　不同程度路侧事故所占比重

（4）从不同事故形态的路侧事故数来看，排在前三位的依次是撞行人、撞静止车辆和驶入边沟，比重均超过 10%，累积约占路侧事故总数的一半，此外，撞行道树、侧翻、撞挡墙（也包括路墩、路桩、隔离栅）的路侧事故比重也较高，均超过 5%。各种路侧事故形态之事故数比重柱状对比图如图 3-4 所示。

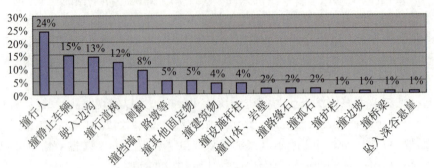

图 3-4　各种路侧事故形态之事故数比重柱状对比图

从不同事故形态路侧事故的严重程度来看，最为危险的事故形态是撞行人、驶入边沟和撞静止车辆，仅此 3 种形态的路侧事故造成的重伤、死亡人数就占到 70% 左右，同时，它们所占的路侧事故比重也是最高的。此外，撞行道树、侧翻、坠入深谷悬崖造成的伤亡也较多（表3-2）。坠入深谷悬崖的路侧事故虽然比重不足 1%，但由于这类事故多为群死群伤的重大、特大恶性事故，造成了 4% 的人员重伤和死亡，需引起足够的重视。

表 3-2　按形态分类的路侧事故造成的伤亡人数比重统计结果

路侧事故形态	重伤+死亡	轻伤	路侧事故形态	重伤+死亡	轻伤
撞行人	45%	48%	驶入边沟	15%	12%
撞静止车辆	12%	9%	撞行道树	10%	15%
侧翻	8%	6%	坠入深谷悬崖	4%	1%
撞护栏	2%	0%	撞挡墙、路墩、路桩、隔离栅	1%	1%
撞其他固定物	1%	1%	撞桥梁	1%	1%
撞设施杆柱	1%	1%	撞边坡	0	0
撞孤石	0%	1%	撞建筑物	0	1%
撞路缘石	0%	1%	撞山体、岩壁	0	2%
坠入水体	0%	0%	合计	100%	100%

路侧事故形态分析结果显示：不论是从路侧事故数比重，还是从路侧事故造成的伤亡人数来看，虽然路侧事故形态具有多样性，但通常某种或少数几种形态的路侧事故会占有绝大部分的比重（通常不多于 3 种形态的路侧事故其比重就会占到 70%~80%）。

因此，根据路侧事故形态分析将路侧危险路段作为通村公路重点防控路段。

3.1.4　事故与路段位置的关系

通过对农村（通村）公路调研路段资料的统计分析，在所调研的农村（通村）公路中，穿村路段长度约占通村公路总长度的 14.6%，交叉口约占农村（通村）公路总长度的 7.6%。分析不同路段事故率后，可知通村公路交叉口、穿村路段事故率明显高于普通路段。事故现场位置与事故形态的关系见表 3-3。

表 3-3　事故现场位置与事故形态的关系

事故现场位置		侧面相撞	对向刮擦	翻车	剐撞行人	碾压	其他	同向刮擦	尾随相撞	正面相撞	撞固定物	撞静止车辆	坠车
穿村路段	事故量	1	0	4	15	7	1	0	2	6	0	0	0
	比例/%	2.8	0.0	11.1	41.7	19.4	2.8	0.0	5.6	16.6	0.0	0.0	0.0
交叉口	事故量	11	0	0	12	1	0	0	3	7	3	0	0
	比例/%	29.7	0.0	0.0	32.4	2.7	0.0	0.0	8.1	18.9	8.2	0.0	0.0
普通路段	事故量	2	4	9	15	6	0	1	3	24	4	2	11
	比例/%	2.5	4.9	11.1	18.5	7.4	0.0	1.2	3.7	29.6	4.9	2.5	13.7

从表 3-3 的分析可以看出，穿村路段和交叉口主要为剐撞行人事故，普通路段则主要为正面相撞事故，兼有一定比例的剐撞行人事故；穿村路段碾压事故也有较高的比例；交叉口路段侧面相撞事故比例突出。

鉴于表 3-3 总结出的农村（通村）公路穿村路段和交叉口路段的事故形态较为集中，主要为剐撞行人、侧面相撞、碾压类事故。农村（通村）公路由于本身道路条件受限，在道路使用者安全意识没有全面提升的前提下，此类事故的多发对道路行人造成的危害较大，经统计剐撞行人事故的致死率达 73.13%，侧面相撞事故的致死率达 60.87%，碾压事故的致死率达 70%。

道路穿越村庄的路段，一般情况下村民的房屋距离路边比较近，有些甚至就在路边，虽然在乡村行人的集中程度比城镇路段要低得多，但是由于村庄中人少，汽车、摩托车会保持较高的运行速度，如果自行车（电动自行车）、行人，特别是村里的老人和小孩突然从路口出现在道路上，车辆往往无法及时制动，容易导致比较严重的侧撞事故。

因此，可据此将穿村路段以及交叉口路段作为通村公路重点防控路段。

3.1.5　重点防控路段的确定

在现阶段，通村公路防控范围广、防控需求迫切、防控需求量大，而防护投入有限的实际情况下，通村公路的防控重点应确定在致死率高、平均致死人数高的存在重特大交通事故隐患的路段。

在对以上事故与线形和路段的关系进行分析时，路段是按照交警系统标准进行划分的，未涉及连续下坡特征路段。由于交警部门在勘察现场时大部分情况都局限于局部线形，但根据研究人员的现场调研及实际经验，易发事故的急弯陡坡路段大多数位于连续下坡路段的下半部分，实际实施改造工程时也应该着眼于连续下坡路段的整体才能发挥出较好的效果。

另外，在通村公路上，群死群伤事故中坠车事故占到一次死亡 10 人以上特大交通事故的76%，而坠车事故多发生在路侧险要而没有设置必要防护的路段。因此，从重点防控群死群伤特大恶性交通事故的角度出发，应将路侧险要路段纳入通村公路重点防控路段。

综上，将急弯路段、连续下坡路段、路侧危险路段、穿村路段、交叉口路段作为重点防控路段。

3.2　急弯、连续急弯的定义及仿真分析

3.2.1　急弯、连续急弯的定义及判别标准

（1）急弯的定义及判别标准。

定义：平曲线半径 R 小于某一半径数值的路段。

综合国内资料，通村公路对急弯路段的判别标准主要有：

1）《公路安全保障工程实施技术指南》对急弯的判别规定如下：

- 设计速度 40km/h，$R \leqslant 125m$
- 设计速度 30km/h，$R \leqslant 60m$
- 设计速度 20km/h，$R \leqslant 30m$

2）《济源市农村公路安全保障工程实施意见》对急弯的判别规定如下：

- 设计速度 40km/h，$R \leqslant 60m$
- 设计速度 30km/h，$R \leqslant 30m$
- 设计速度 20km/h，$R \leqslant 15m$

3）《农村公路安全保障工程实施技术指南》对急弯的判别规定如下：

- 设计速度 40km/h，$R \leqslant 60m$
- 设计速度 30km/h，$R \leqslant 30m$
- 设计速度 20km/h，$R \leqslant 20m$

（2）连续急弯的定义及判别标准。

定义：连续急弯一般指连续有三个或三个以上小于某一半径 R 的平曲线，且各圆曲线之间的距离 L 小于某一长度的路段。

综合国内资料，通村公路对连续急弯路段的判别标准主要有：

1）《农村公路安全保障工程实施技术指南》对连续急弯的判别规定如下：

- 运行速度 40km/h，$R \leqslant 60m$，$L \leqslant 80m$
- 运行速度 30km/h，$R \leqslant 30m$，$L \leqslant 60m$
- 运行速度 20km/h，$R \leqslant 15m$，$L \leqslant 40m$

2）《济源市农村公路安全保障工程实施意见》对连续急弯的判别规定如下：

- 设计速度 40km/h，$R \leqslant 125m$，$L \leqslant 80m$
- 设计速度 30km/h，$R \leqslant 60m$，$L \leqslant 60m$
- 设计速度 20km/h，$R \leqslant 30m$，$L \leqslant 40m$

3）《公路安全保障工程实施技术指南》对连续急弯的判别规定如下：

- 设计速度 40km/h，$R \leqslant 60m$，$L \leqslant 50m$
- 设计速度 30km/h，$R \leqslant 30m$，$L \leqslant 35m$
- 设计速度 20km/h，$R \leqslant 20m$，$L \leqslant 25m$

鉴于目前规范并没有对急弯、连续急弯进行明确的定义，且各个省市的判别标准不同，

判别标准的制定依赖于经验，有必要研究急弯、连续急弯的判别标准。

本项目基于 Trucksim/Carsim 道路安全仿真软件，研究急弯、连续急弯条件下汽车的行驶状态，从而为制定急弯和连续急弯判别标准提供依据，为交通安全设施设置提供参考。

3.2.2　基于 Trucksim/Carsim 的道路安全仿真建模

3.2.2.1　Trucksim/Carsim 的功能特点

Trucksim/Carsim 是 Mechanical Simulation Corporation 专门针对车辆动力学（Trucksim 针对卡车、大客车，Carsim 针对小轿车）研究开发的仿真软件。Trucksim/Carsim 软件模型能够快速设置仿真车型、驾驶员模型、道路模型、周围环境、仿真时间等参数。

Trucksim/Carsim 软件的主要功能如下：

（1）Trucksim 主要用于中型和重型卡车、客车、挂车的仿真分析，Carsim 主要用于小轿车、轻型运输车和 SUV 等车型的仿真分析。

（2）仿真汽车在道路上的行驶稳定性、制动性、舒适性等。

（3）运用 MATLAB、Excel 等软件方便地进行绘图和分析。

（4）通过输出三维动画视频观察仿真过程。

（5）自定义需要输出的仿真结果。

Trucksim/Carsim 软件的特点如下：

（1）使用方便。Trucksim/Carsim 软件由图形用户界面来控制其软件组成部分，可以方便地进行车辆动力学仿真、查看车辆三维动画仿真过程、输出用户所需要的仿真曲线。软件包含了多种仿真车型、道路模型、驾驶员模型等，可快速修改控制仿真参数与车辆特性来实现用户所希望的仿真过程。

（2）仿真结果真实可靠。Trucksim/Carsim 软件中的车辆动力学仿真模型是建立在多位研究学者几十年的研究经验上开发和编制的，通过实车验证发现实际的测试结果与 Trucksim/Carsim 仿真结果比较吻合。Trucksim/Carsim 软件中包含多种车型，能够满足不同用户的不同需求，由于 Trucksim/Carsim 软件中的轮速、轮胎力的变化等许多关键参数都是通过实车实验实际获取的，能够真实地反映车辆的行驶状态。

（3）仿真曲线输出便利。Trucksim/Carsim 软件仿真结果可以以 Excel、txt 等文件格式输出，仿真结果的修改处理较为便利，同时，Trucksim/Carsim 软件还设置了高/低通滤波器等，使得仿真结果能够被简单地处理。

（4）快速性。研究学者使用 VehicleSim Lisp 程序生成车辆模型方程，该程序对车辆模型进行了高度优化，Trucksim/Carsim 模型处理速度为 3GHz，所以能够快速地计算以得到仿真结果，这种较高的处理速度对于不同仿真之间的切换、重复计算等都比较有利。

（5）扩展性好。Trucksim/Carsim 软件模型包含了车辆模型、道路模型、驾驶员模型等，这些模型可以通过使用 VehicleSim、LabVIEW、MATLAB、Simulink 等程序扩展已有组件模型，便于进一步的研究对比。

由于 Trucksim/Carsim 软件能够通过三维动画的形式将设置的道路、驾驶员、车辆、环境等模型形象、逼真地展现在使用者面前，目前被广泛应用于预测和仿真汽车的行驶稳定性、制动性、舒适性等方面，也被许多科学研究机构用于车辆控制系统的研究开发。

Trucksim/Carsim 软件仿真界面主要由三部分组成，如图 3-5 所示。

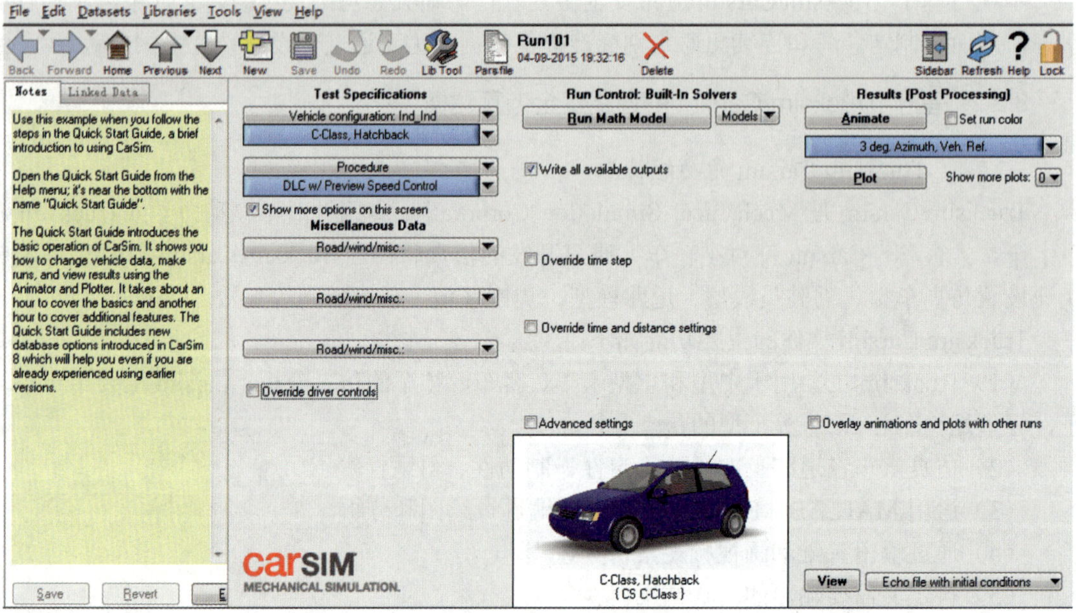

图 3-5　软件仿真界面

图 3-5 左侧（Test Specifications）为软件模型的设置，包括道路、车辆、驾驶员、环境等模型参数的设置；中间部分（Run Control）为软件的运行程序，可以通过控制仿真的开始、结束时间或者起点、终点桩号对运行参数进行设置，通常仿真的开始时间或起点桩号设为 0，结束时间或终点桩号根据实际情况设置；右边（Results）表示仿真的结果的输出，可以通过仿真三维动画和仿真曲线的方式查看仿真结果。

3.2.2.2　基于 Trucksim/Carsim 的仿真基本流程

（1）根据软件功能特性建立仿真模型，其中包括汽车仿真模型、道路仿真模型和驾驶员仿真模型。

1）汽车仿真模型包括卡车模型和小轿车模型，具体车型参数参照通村公路上调查的数据选用。

2）结合其他省市对通村公路急弯、连续急弯的研究，确定道路的平纵横组合参数，建立道路仿真模型。

3）由于实验的目的是模拟驾驶员在通村公路急弯、连续急弯上的驾驶状态，故驾驶员仿真模型选择转向控制模型。

（2）将汽车模型、道路模型和驾驶员模型导入 Trucksim/Carsim 软件，进行道路急弯、连续急弯仿真，输出数据图。

（3）对仿真结果进行分析、汇总，参照规范确定通村公路急弯、连续急弯的判别标准。

3.2.2.3　汽车仿真模型的建立

Trucksim/Carsim 软件可选择的车辆类型众多，每种车辆的车体参数、制动系统、转向系统、轮胎模型等都可以自定义设置。仿真基本流程如图 3-6 所示。

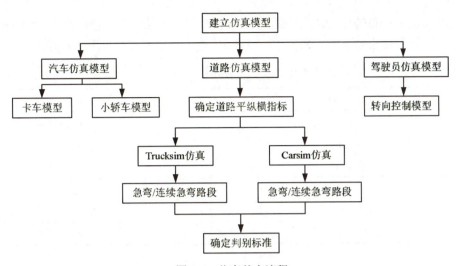

图 3-6　仿真基本流程

本仿真实验 Trucksim 软件选用通村公路上较常见的类似轻型解放车的卡车车型，通过车体实测和查阅资料，卡车的主要参数见表 3-4。卡车模型参数如图 3-7 所示。

表 3-4　卡车的主要参数

试验车参数	参数值
长×宽×高/（mm×mm×mm）	5820×1907×2151
轴距/mm	3260
前轮距/mm	1414
后轮距/mm	1370
整备质量/kg	2160
最大功率/kW	79

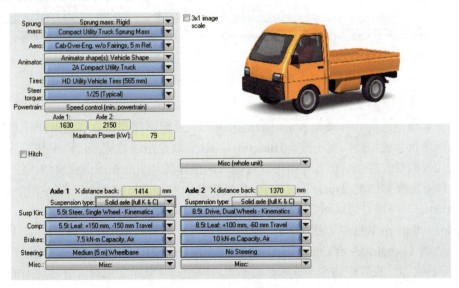

图 3-7　卡车模型参数

本仿真实验 Carsim 软件选用通村公路上较常见的类似桑塔纳 3000 的小轿车车型，通过车体实测和查阅资料，小轿车的主要参数见表 3-5。小轿车模型参数如图 3-8 所示。

表 3-5 小轿车的主要参数

试验车参数	参数值
长×宽×高/（mm×mm×mm）	4687×1700×1450
轴距/mm	2656
前轮距/mm	1414
后轮距/mm	1422
整备质量/kg	1220
最大功率/kW	74

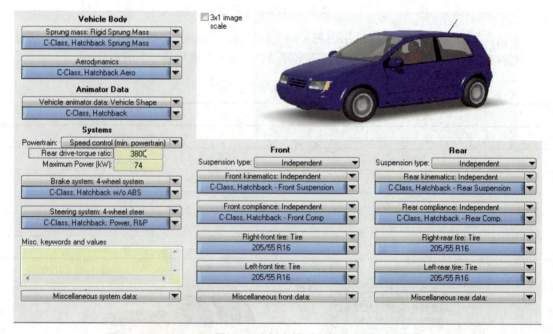

图 3-8 小轿车模型参数

3.2.2.4 道路仿真模型的建立

道路仿真模型应能够保证输入道路数据生成的三维道路模型与真实道路间几乎无差异，在路线几何形状上应保持高度一致。Trucksim/Carsim 软件是通过输入道路中线的三维坐标来实现路线几何模型的建立，仿真界面可以将输入的坐标自动生成三维动画模型，便于更形象、直观地了解道路模型情况。Trucksim/Carsim 仿真软件中 Ground and Roads 模块中的 3D Surface（All Properties）可进行道路仿真建模，道路建模界面如图 3-9 所示。

Trucksim/Carsim 软件中有四种方法可以对道路几何线形模型进行准确定义，具体如下：

（1）X-Y Coordinates of Centerline。X-Y Coordinates of Centerline 方法是仅设置道路中线的 X、Y 坐标，即只设置道路平面线形，而不考虑纵断面，纵断面的设置通过后面的模块单独进行。

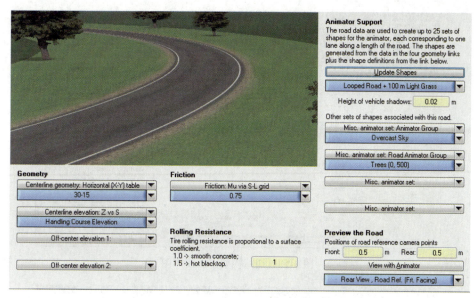

图 3-9　Trucksim/Carsim 软件道路建模界面

（2）X-Y-Z Coordinates of Centerline。X-Y-Z Coordinates of Centerline 方法是对道路中线的 X、Y、Z 坐标一起设置，同时考虑了道路的平纵面线形，对纵断面不再需要后面的模块单独设置。

（3）X-Y-Z Coordinates of Edges。X-Y-Z Coordinates of Edges 方法是对道路左、右边线的 X、Y、Z 坐标一起设置，同时考虑了道路的平纵面线形。

（4）第四种方法与前三种不同，它是直接对路线平面、高程、横向坡度、摩阻系数等参数进行定义。

X-Y Coordinates of Centerline 方法仅考虑了道路平面，而没有对其纵断面进行设置，Trucksim/Carsim 软件中有一个专门针对高程设置的模块——Centerline elevation:ZvsS（中心线上不同桩号所对应的高程数据），将道路的纵断面数据导入此模块可以得到道路的纵断面线形。

由于纬地软件得到的道路平、纵面线形数据是分开的，因此选取 Trucksim/Carsim 软件中的 X-Y Coordinates of Centerline 模式对道路的平纵面线形分别进行建模。道路几何线形的建模过程如下：

1）建立道路平面线形模型：将纬地软件生成的道路平面线形数据-逐桩坐标表转化成可导入 Trucksim/Carsim 软件的格式，将转换后的数据导入软件中，系统会采用内插法计算道路中线上任意一点的 X、Y 坐标，生成道路模型平面线形图，如图 3-10 所示。逐桩坐标表中 X、Y 坐标越密集，道路平面线形的误差越小，所以应该根据其精度要求，合理地确定道路中线的桩号间距。

2）建立道路纵断面模型：将道路纵断面线形数据-竖曲线表转化成可导入 Trucksim/Carsim 软件的格式，将转换后的数据导入 Trucksim/Carsim 软件中的 Centerline elevation:ZvsS 模块，系统会自动生成道路仿真模型纵断面线形图，如图 3-11 所示。

3）建立道路横断面模型：首先在 Trucksim/Carsim 软件横断面界面中定义路面宽度，然后将道路超高表转化成可导入 Trucksim/Carsim 软件的格式，输入到 Off-center elevation 模块，生成道路模型超高图，如图 3-12 所示。

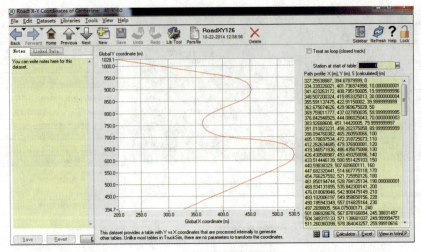

图 3-10　道路模型平面线形图

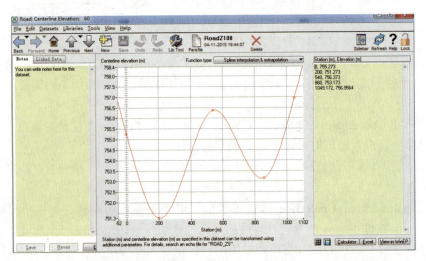

图 3-11　道路模型纵断面线形图

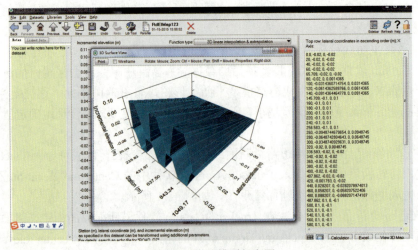

图 3-12　道路模型超高图

3.2.2.5 驾驶员仿真模型的建立

Trucksim/Carsim 软件驾驶员模型主要包括两部分：转向控制模型和速度控制模型。

（1）驾驶员转向控制模型。驾驶员转向控制模型是基于最优控制理论建立的，通过输入一些基本信息包括车辆行驶轨迹、行驶速度以及行驶位置等，使驾驶员可根据这些信息判断前方道路情况以及车辆的行驶状态，并以轨迹跟随偏移误差最小为原则确定方向盘的转向角度，输出给驾驶员模型以及车辆模型。

打开 Trucksim/Carsim 软件中的 Control 模块，选择 Steering by the Closed-loop Driver Model 驾驶员转向控制模型，其参数界面如图 3-13 所示。

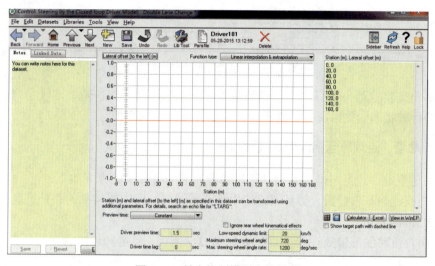

图 3-13　转向控制模型参数界面

此模块可对驾驶员的预瞄轨迹、预瞄时间、延迟时间和方向盘的最大转向角速度和最大转角进行设置。

1）预瞄轨迹。预瞄轨迹为驾驶员驾驶车辆所行驶的轨迹路线，图 3-13 上半部分为车辆以一定的速度行驶时行车轨迹偏离道路中线的距离，X 轴为道路桩号，Y 轴为车辆轨迹偏移距离。

2）预瞄时间。驾驶员在实际道路上行驶时，会时刻注意汽车前方的一定区域，即提前知道道路前方的信息，在 Trucksim/Carsim 仿真软件中，用预瞄时间来反应驾驶员的这种提前感知的特性。预瞄时间的长短应该适中，一般选取 1.5s 为宜。

3）延迟时间。真人驾驶员从感受到外部信息变化到做出反应都会存在着时间上的延迟，延迟时间参数的设置就是为了反应驾驶员的时间延迟特性。一般取 0.15s 为宜。

4）方向盘的最大转向角速度和最大转角。驾驶员在弯道上行驶或者变道行驶时，都要转动方向盘，而影响转向操作的两个主要参数分别为方向盘的最大转向角速度和最大转角。

（2）驾驶员速度控制模型。仿真软件中，驾驶员速度控制模型建立在预瞄跟随理论基础上，这个理论的原则是尽量使车辆实际运行速度与预期运行速度的误差最小，一个合格的驾驶员的驾驶行为都较为符合预瞄跟随理论，通常都是驾驶员根据道路情况预瞄一个轨迹点，然后再通过跟随该轨迹点的位置来控制车辆的行驶速度。

打开 Trucksim/Carsim 软件中的 Control 模块，选择 Speed(Closed Loop) Using Path Preview 驾驶员速度控制模型，其参数界面如图 3-14 所示。

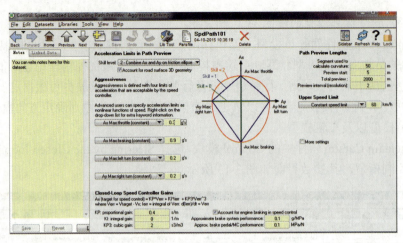

图 3-14　速度控制模型参数界面

由于本仿真实验是为了真实模拟驾驶员驾驶车辆在通村公路急弯、连续急弯上行驶，而得到汽车的行驶状态变化情况，故驾驶员模型选择转向控制模型。

3.2.3　急弯、连续急弯路段仿真实验方案

综合上述规定、意见，确定急弯、连续急弯路段的仿真实验方案如下：

（1）仿真道路基本参数。仿真道路选用陕西省通村公路中较常见的路基宽度为 4.5m、路面宽度为 3.5m 的公路。

（2）仿真道路线形参数设定。如表 3-6、表 3-7 所列，急弯和连续急弯的仿真半径都是以该设计速度下圆曲线一般最小半径、极限最小半径为参考，在两个半径范围内进行插值选取。对于连续急弯，考虑到曲线间的直线段长度可能会对仿真结果有影响，故仿真时直线段长度取 2 倍的设计速度、1 倍的设计速度、曲线间无直线段，缓和曲线长度参照规范选取。

表 3-6　单个急弯半径实验方案

设计速度/（km/h）	圆曲线半径 R/m					缓和曲线长度/m	路线平均纵坡度
	一般最小半径			极限最小半径			
40	100	80	65	60	40	35	
30	65	50	35	30	25	25	3%
20	30	25	20	15	-	-	

表 3-7　连续急弯半径组合实验方案

设计速度/（km/h）	圆曲线半径 R/m					缓和曲线长度/m	曲线间直线段长度 L/m	路线平均纵坡度
	一般最小半径			极限最小半径				
40	100	35	65	60	40	35	80、40、0	
30	65	25	35	30	25	25	60、30、0	3%
20	30	25	20	15	-	-	40、20、0	

注　考虑到连续急弯反向曲线组合比同向曲线组合对驾驶员的影响更大，故在实验时选取的半径组合都为反向曲线组合。

3.2.4 单个急弯、连续急弯仿真结果及分析

1. 单个急弯仿真结果及分析

（1）单个急弯卡车仿真结果。

1）设计速度为 40km/h 的卡车仿真结果如图 3-15 至图 3-17 所示。

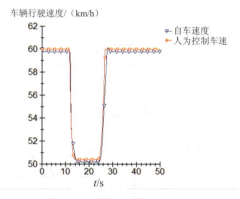

图 3-15　半径 R 等于 100m

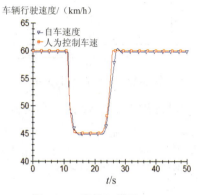

图 3-16　半径 R 等于 80m

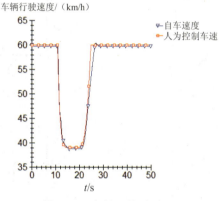

图 3-17　半径 R 等于 60m

2）设计速度为 30km/h 的卡车仿真结果如图 3-18 至图 3-21 所示。

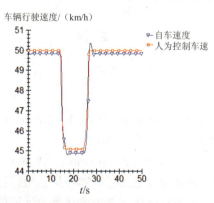

图 3-18　半径 R 等于 80m

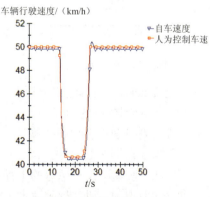

图 3-19　半径 R 等于 65m

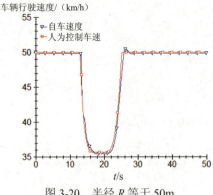

图 3-20 半径 R 等于 50m

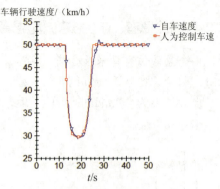

图 3-21 半径 R 等于 35m

3）设计速度为 20km/h 的卡车仿真结果如图 3-22 至图 3-25 所示。

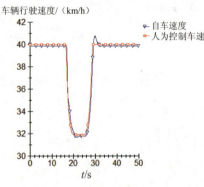

图 3-22 半径 R 等于 45m

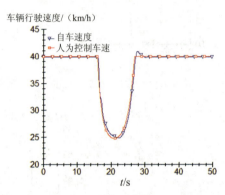

图 3-23 半径 R 等于 30m

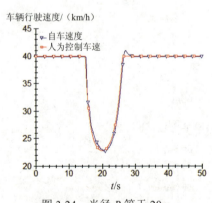

图 3-24 半径 R 等于 20m

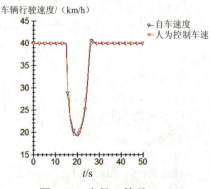

图 3-25 半径 R 等于 15m

单个急弯 Trucksim 仿真结果分析及结论：

1）由图 3-15 至图 3-25 可见，卡车在某一设计速度（40km/h、30km/h、20km/h）的道路上行驶时，在急弯处速度会出现"减速—速度降至最低—加速"的过程。

2）由图 3-15 至图 3-25 可见，卡车在某一设计速度（40km/h、30km/h、20km/h）的道路上行驶时，最低行驶速度仅与急弯的半径有关；由于设计速度定义了道路线形的最低标准，故汽车在圆曲线上行驶时，通常行驶速度大于设计速度，当行驶速度接近或达到设计速度时，即认为达到极限状态，考虑该半径为急弯半径。

A．由图 3-17 可见，卡车在半径为 60m 的急弯上行驶时，最低行驶速度为 39km/h，最为接近设计速度，故 40km/h 的公路上单个急弯的判别半径取 60m。

B．由图 3-21 可见，卡车在半径为 35m 的急弯上行驶时，最低行驶速度为 30km/h，与设计速度相符，故 30km/h 的公路上单个急弯的判别半径取 35m。

C．由图 3-25 可见，卡车在半径为 15m 的急弯上行驶时，最低行驶速度为 20km/h，与设计速度相符，故 20km/h 的公路上单个急弯的判别半径取 15m。

3）基于运行速度的线形连续性考虑：

A．当道路的设计速度为 40km/h 时，由图 3-15 至图 3-17 可见，当急弯的半径大小接近或小于 60m 时，速度差会接近或大于 20km/h，表明线形连续性差，故 40km/h 的公路上单个急弯的判别半径取 60m 合理。

B．当道路的设计速度为 30km/h 时，由图 3-18 至图 3-21 可见，当急弯的半径大小接近或小于 35m 时，速度差会接近或大于 20km/h，表明线形连续性差，故 30km/h 的公路上单个急弯的判定半径取 35m 合理。

C．当道路的设计速度为 20km/h 时，由图 3-22 至图 3-25 可见，当急弯的半径大小接近或小于 15m 时，速度差会接近或大于 20km/h，表明线形连续性差，故 40km/h 的公路上单个急弯的判别半径取 15m 合理。

（2）单个急弯小轿车仿真结果。

1）设计速度为 40km/h 的小轿车仿真结果如图 3-26 至图 3-29 所示。

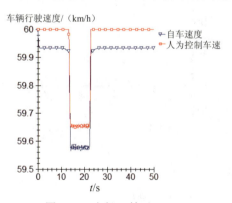

图 3-26　半径 R 等于 100m

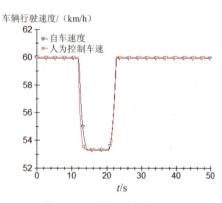

图 3-27　半径 R 等于 80m

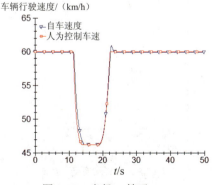

图 3-28　半径 R 等于 60m

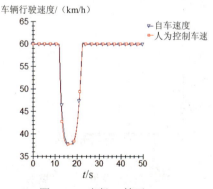

图 3-29　半径 R 等于 40m

2）设计速度为30km/h的小轿车仿真结果如图3-30至图3-33所示。

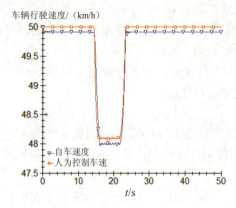

图 3-30　半径 R 等于 65m

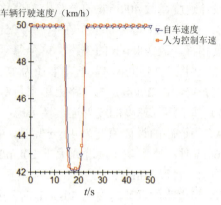

图 3-31　半径 R 等于 50m

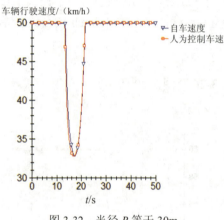

图 3-32　半径 R 等于 30m

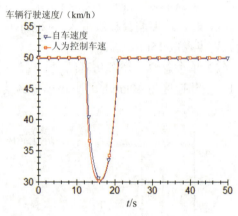

图 3-33　半径 R 等于 20m

3）设计速度为20km/h的小轿车仿真结果如图3-34至图3-37所示。

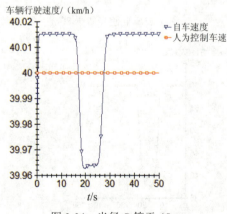

图 3-34　半径 R 等于 45m

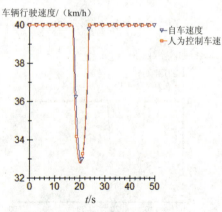

图 3-35　半径 R 等于 30m

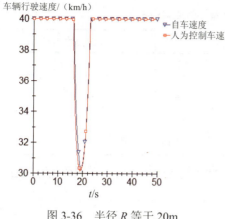

图 3-36 半径 R 等于 20m

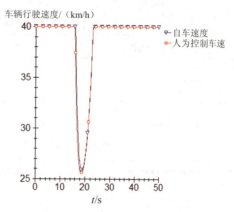

图 3-37 半径 R 等于 15m

单个急弯 Carsim 仿真结果分析及结论：

1）由图 3-26 至图 3-37 可见，小轿车在某一设计速度（40km/h、30km/h、20km/h）的道路上行驶时，在急弯处速度会出现"减速－速度降至最低－加速"的过程，最低行驶速度仅与急弯的半径有关；由于设计速度定义了道路线形的最低标准，故汽车在圆曲线上行驶时，通常行驶速度大于设计速度，当行驶速度接近或达到设计速度时，即认为达到极限状态，考虑该半径为急弯半径。

A．由图 3-29 可见，小轿车在半径为 40m 的急弯上行驶时，最低行驶速度为 38km/h，最为接近设计速度，考虑到取整原则，故 40km/h 的公路上单个急弯的判别半径取 60m。

B．由图 3-33 可见，小轿车在半径为 20m 的急弯上行驶时，最低行驶速度为 30km/h，与设计速度相符，故 30km/h 的公路上单个急弯的判别半径取 35m。

C．由图 3-37 可见，小轿车在半径为 15m 的急弯上行驶时，最低行驶速度为 20km/h，与设计速度相符，故 20km/h 的公路上单个急弯的判别半径取 15m。

2）基于运行速度的线形连续性考虑：

A．当道路的设计速度为 40km/h 时，由图 3-26 至图 3-29 可见，当急弯的半径大小接近或小于 40m 时，速度差会接近或大于 20km/h，表明线形连续性差，故 40km/h 的公路上单个急弯的判别半径取 40m 合理。

B．当道路的设计速度为 30km/h 时，由图 3-30 至图 3-33 可见，当急弯的半径大小接近或小于 25m 时，速度差会接近或大于 20km/h，表明线形连续性差，故 30km/h 的公路上单个急弯的判别半径取 25m 合理。

C．当道路的设计速度为 20km/h 时，由图 3-34 至图 3-37 可见，当急弯的半径大小接近或小于 15m 时，速度差在 10～20km/h 之间，表明线形连续性较好，故 20km/h 的公路上单个急弯的判别半径取 15m 合理。

（3）单个急弯判别标准。基于 Trucksim 和 Carsim 的仿真结果，通村公路的单个急弯判别标准见表 3-8 和表 3-9。

表3-8 以卡车为代表车型的单个急弯判别标准

设计速度/（km/h）	缓和曲线长度/m	圆曲线半径/m
40	35	60
30	25	35
20	-	15

表3-9 以小轿车为代表车型的单个急弯判别标准

设计速度/（km/h）	缓和曲线长度/m	圆曲线半径/m
40	35	40
30	25	25
20	-	15

由上表可以看出仿真结论小于或等于规范规定的该设计速度下的极限最小半径，当仿真结论小于该设计速度下的极限最小半径时，说明规范在制定上考虑偏安全的设计原则。

2. 连续急弯仿真结果及分析

（1）连续急弯卡车仿真结果。

1）设计速度为40km/h的卡车仿真结果。

A. 不同连续急弯半径组合，曲线间直线段长度为2倍设计速度的情况下，卡车运行速度仿真结果如图3-38至图3-40所示。

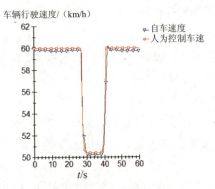

图3-38 组合半径R等于100m

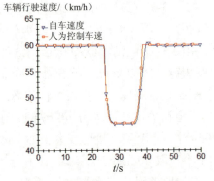

图3-39 组合半径R等于80m

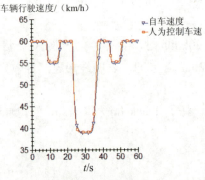

图3-40 组合半径R等于60m

B. 不同连续急弯半径组合，曲线间直线段长度为 1 倍设计速度的情况下，卡车运行速度仿真结果如图 3-41 至图 3-43 所示。

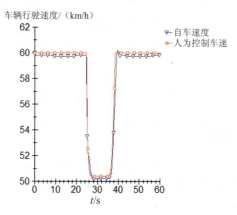

图 3-41　组合半径 R 等于 100m

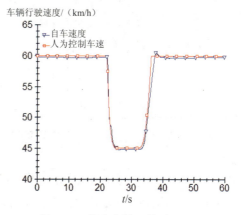

图 3-42　组合半径 R 等于 80m

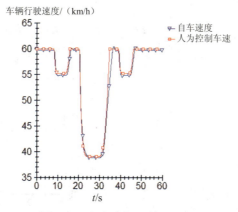

图 3-43　组合半径 R 等于 60m

C. 不同连续急弯半径组合，曲线间直线段长度为 0 的情况下，卡车运行速度仿真结果如图 3-44 至图 3-46 所示。

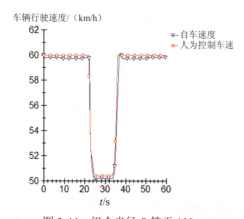

图 3-44　组合半径 R 等于 100m

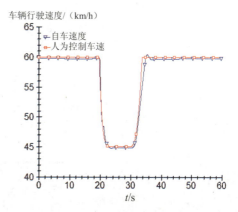

图 3-45　组合半径 R 等于 80m

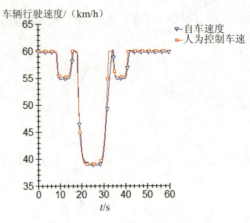

图 3-46　组合半径 R 等于 60m

2）设计速度为 30 km/h 的卡车仿真结果。

A. 不同连续急弯半径组合，曲线间直线段长度为 2 倍设计速度的情况下，卡车运行速度仿真结果如图 3-47 至图 3-49 所示。

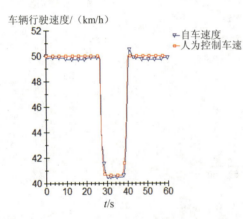

图 3-47　组合半径 R 等于 65m

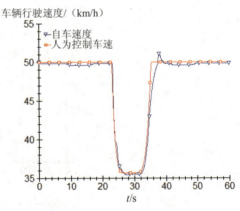

图 3-48　组合半径 R 等于 50m

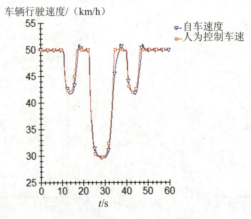

图 3-49　组合半径 R 等于 35m

B. 不同连续急弯半径组合，曲线间直线段长度为 1 倍设计速度的情况下，卡车运行速度仿真结果如图 3-50 至图 3-52 所示。

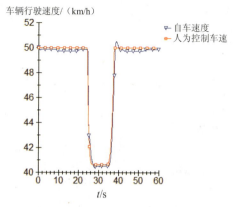

图 3-50　组合半径 R 等于 65m

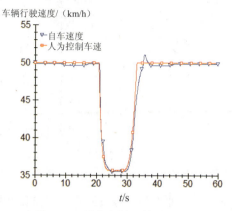

图 3-51　组合半径 R 等于 50m

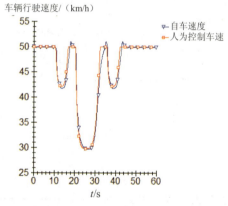

图 3-52　组合半径 R 等于 35m

C. 不同连续急弯半径组合，曲线间直线段长度为 0 的情况下，卡车运行速度仿真结果如图 3-53 至图 3-55 所示。

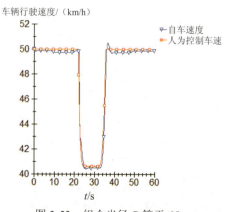

图 3-53　组合半径 R 等于 65m

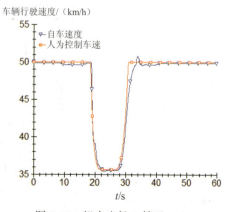

图 3-54　组合半径 R 等于 50m

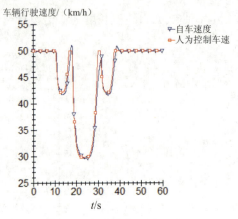

图 3-55　组合半径 R 等于 35m

3）设计速度为 20 km/h 的卡车仿真结果。

A．不同连续急弯半径组合，曲线间直线段长度为 2 倍设计速度的情况下，卡车运行速度仿真结果如图 3-56 至图 3-58 所示。

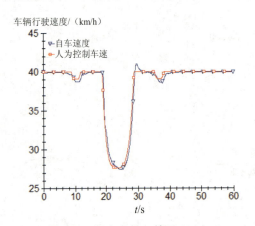

图 3-56　组合半径 R 等于 30m

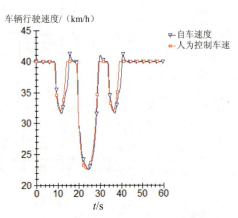

图 3-57　组合半径 R 等于 20m

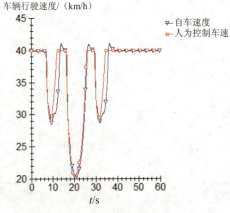

图 3-58　组合半径 R 等于 15m

B. 不同连续急弯半径组合，曲线间直线段长度为 1 倍设计速度的情况下，卡车运行速度仿真结果如图 3-59 至图 3-61 所示。

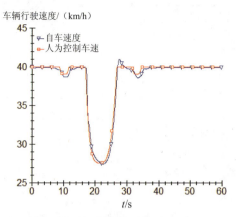

图 3-59　组合半径 R 等于 30m

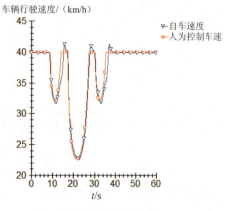

图 3-60　组合半径 R 等于 20m

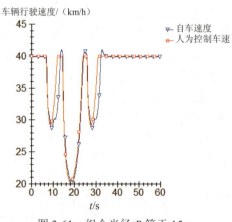

图 3-61　组合半径 R 等于 15m

C. 不同连续急弯半径组合，曲线间直线段长度为 0 的情况下，卡车运行速度仿真结果如图 3-62 至图 3-64 所示。

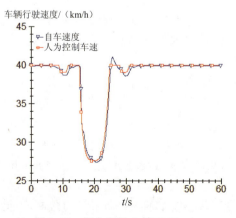

图 3-62　组合半径 R 等于 30m

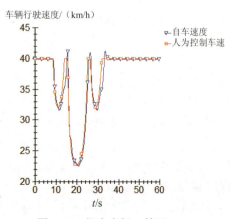

图 3-63　组合半径 R 等于 20m

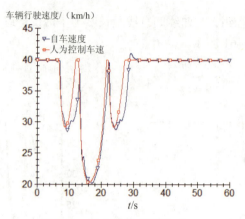

图 3-64   组合半径 R 等于 15m

连续急弯 Trucksim 仿真结果分析及结论：

1）由图 3-38 至图 3-64 可见，卡车在相同设计速度的道路上行驶时，最低行驶速度会随着连续急弯组合半径的减小而降低。在组合半径较大时，卡车在连续急弯处速度会出现整体的"减速－加速"过程，而在半径较小时，卡车在连续急弯处速度会出现"减速－加速－减速－加速－减速－加速"的过程，其中卡车会在连续急弯的第二个急弯处速度降至最低。

2）由图 3-38 至图 3-64 可见，卡车在相同设计速度的道路上行驶时，最低行驶速度仅与连续急弯的组合半径有关，与连续急弯间的直线段长度关系不大。由于设计速度定义了道路线形的最低标准，故汽车在圆曲线上行驶时，通常行驶速度大于设计速度，当行驶速度接近或达到设计速度时，即认为达到极限状态，考虑该半径为连续急弯半径。

A. 由图 3-40、图 3-43、图 3-46 可见，卡车在组合半径为 60m 的连续急弯行驶，最低行驶速度为 40km/h，最为接近设计速度，考虑到取整原则，故 40km/h 的公路上连续急弯的判别半径取 60m。

B. 由图 3-49、图 3-52、图 3-55 可见，卡车在组合半径为 35m 的连续急弯行驶，最低行驶速度为 30km/h，与设计速度相符，故 30km/h 的公路上连续急弯的判别半径取 35m。

C. 由图 3-58、图 3-61、图 3-64 可见，卡车在组合半径为 15m 的连续急弯行驶，最低行驶速度为 20km/h，与设计速度相符，故 20km/h 的公路上连续急弯的判别半径取 15m。

3）基于运行速度的线形连续性考虑：

A. 当道路的设计速度为 40km/h 时，由图 3-38 至图 3-46 可见，在连续急弯的组合半径大小接近或小于 60m 时，速度差会接近或大于 20km/h，表明线形连续性差，故 40km/h 的公路上连续急弯的判别半径取 60m 合理。

B. 当道路的设计速度为 30km/h 时，由图 3-47 至图 3-55 可见，在连续急弯的组合半径大小接近或小于 35m 时，速度差会接近或大于 20km/h，表明线形连续性差，故 30km/h 的公路上连续急弯的判别半径取 35m 合理。

C. 当道路的设计速度为 20km/h 时，由图 3-56 至图 3-64 可见，在连续急弯的组合半径大小接近或小于 15m 时，速度差会接近或大于 20km/h，表明线形连续性差，故 40km/h 的公路上连续急弯的判定半径取 15m 合理。

4）由图 3-38 至图 3-64 可见，相同设计速度下，小轿车的最低行驶速度仅与圆曲线半径有关，考虑到偏安全的设计原则，判别时取直线段长度为 2 倍的设计速度。

（2）连续急弯小轿车仿真结果。

1）设计速度为 40 km/h 的小轿车仿真结果。

A．不同连续急弯半径组合，曲线间直线段长度为 2 倍设计速度的情况下，小轿车运行速度仿真结果如图 3-65 至图 3-68 所示。

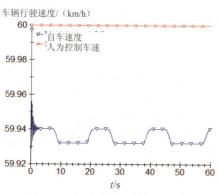

图 3-65　组合半径 R 等于 100m

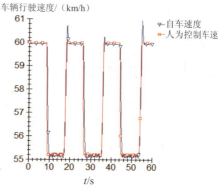

图 3-66　组合半径 R 等于 80m

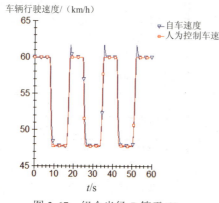

图 3-67　组合半径 R 等于 60m

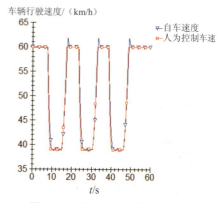

图 3-68　组合半径 R 等于 40m

B．不同连续急弯半径组合，曲线间直线段长度为 1 倍设计速度的情况下，小轿车运行速度仿真结果如图 3-69 至图 3-72 所示。

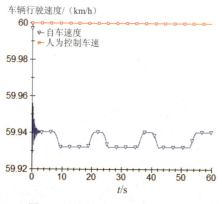

图 3-69　组合半径 R 等于 100m

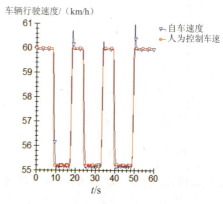

图 3-70　组合半径 R 等于 80m

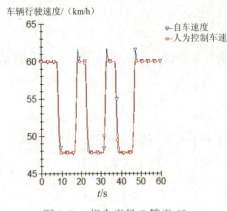

图 3-71 组合半径 *R* 等于 60m

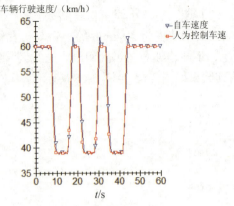

图 3-72 组合半径 *R* 等于 40m

C．不同连续急弯半径组合，曲线间直线段长度为 0 的情况下，小轿车运行速度仿真结果如图 3-73 至图 3-76 所示。

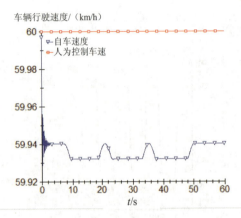

图 3-73 组合半径 *R* 等于 100m

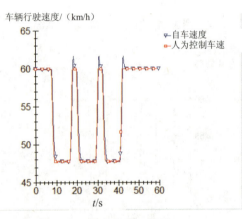

图 3-74 组合半径 *R* 等于 80m

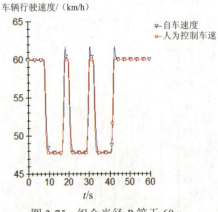

图 3-75 组合半径 *R* 等于 60m

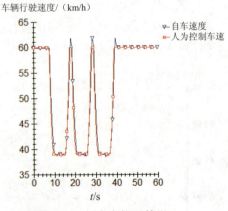

图 3-76 组合半径 *R* 等于 40m

2）设计速度为 30 km/h 的小轿车仿真结果。

A．不同连续急弯半径组合，曲线间直线段长度为 2 倍设计速度的情况下，小轿车运行速度仿真结果如图 3-77 至图 3-80 所示。

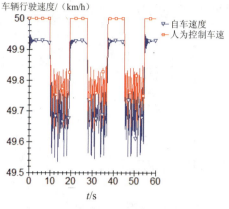

图 3-77　组合半径 R 等于 65m

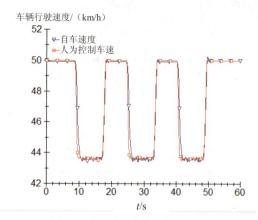

图 3-78　组合半径 R 等于 50m

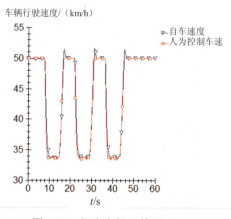

图 3-79　组合半径 R 等于 30m

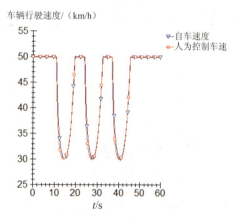

图 3-80　组合半径 R 等于 25m

B. 不同连续急弯半径组合，曲线间直线段长度为 1 倍设计速度的情况下，小轿车运行速度仿真结果如图 3-81 至图 3-84 所示。

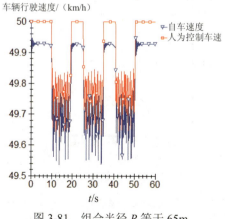

图 3-81　组合半径 R 等于 65m

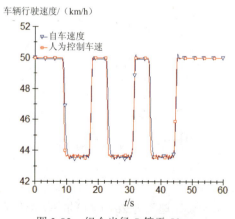

图 3-82　组合半径 R 等于 50m

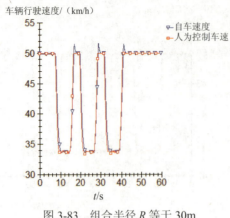

图 3-83　组合半径 R 等于 30m

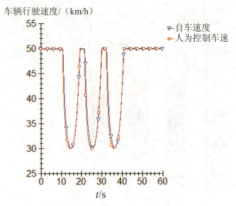

图 3-84　组合半径 R 等于 25m

C. 不同连续急弯半径组合，曲线间直线段长度为 0 的情况下，小轿车运行速度仿真结果如图 3-85 至图 3-88 所示。

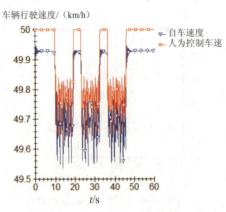

图 3-85　组合半径 R 等于 65m

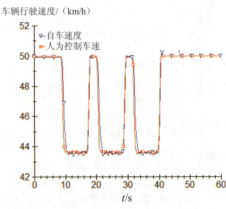

图 3-86　组合半径 R 等于 50m

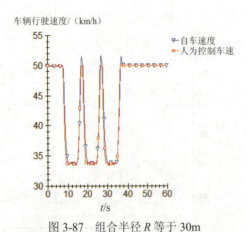

图 3-87　组合半径 R 等于 30m

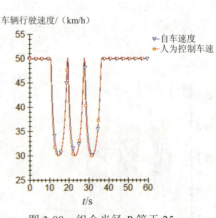

图 3-88　组合半径 R 等于 25m

3）设计速度为 20 km/h 的小轿车仿真结果。

A. 不同连续急弯半径组合，曲线间直线段长度为 2 倍设计速度的情况下，小轿车运行速度仿真结果如图 3-89 至图 3-91 所示。

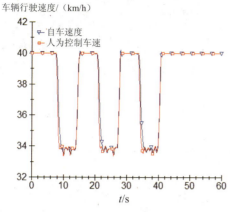

图 3-89　组合半径 R 等于 30m

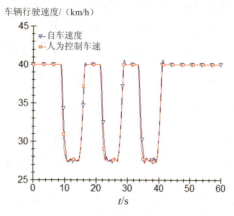

图 3-90　组合半径 R 等于 20m

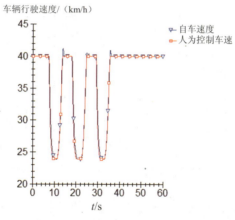

图 3-91　组合半径 R 等于 15m

B. 不同连续急弯半径组合，曲线间直线段长度为 1 倍设计速度的情况下，小轿车运行速度仿真结果如图 3-92 至图 3-94 所示。

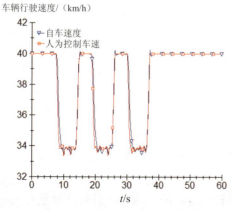

图 3-92　组合半径 R 等于 30m

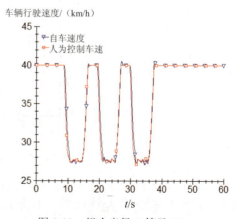

图 3-93　组合半径 R 等于 20m

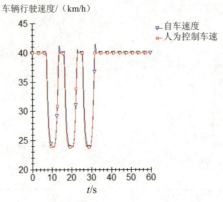

图 3-94　组合半径 R 等于 15m

C. 不同连续急弯半径组合，曲线间直线段长度为 0 的情况下，小轿车运行速度仿真结果如图 3-95 至图 3-97 所示。

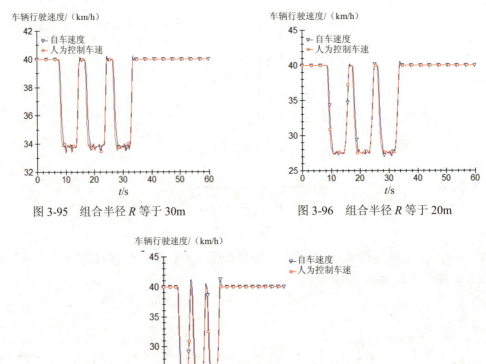

图 3-95　组合半径 R 等于 30m　　　　　图 3-96　组合半径 R 等于 20m

图 3-97　组合半径 R 等于 15m

连续急弯 Carsim 仿真结果分析及结论：

1）由图 3-65 至图 3-97 可见，小轿车在相同设计速度的道路上行驶时，最低行驶速度会随着连续急弯组合半径的减小而降低。小轿车在连续急弯处速度会出现"减速－加速－减速－加速－减速－加速"的过程。

2）由图 3-65 至图 3-97 可见，小轿车在相同设计速度的道路上行驶时，最低行驶速度仅与连续急弯的组合半径有关，与连续急弯间的直线段长度无关。由于设计速度定义了道路线形的最低标准，故汽车在圆曲线上行驶时，通常行驶速度大于设计速度，当行驶速度接近或达到设计速度时，即认为达到极限状态，考虑该半径为连续急弯半径。

A．由图 3-68、图 3-72、图 3-76 可见，小轿车在组合半径为 40m 的连续急弯行驶，最低行驶速度为 39km/h，最为接近设计速度，考虑到取整原则，故 40km/h 的公路上连续急弯的判别半径取 40m。

B．由图 3-80、图 3-84、图 3-88 可见，小轿车在组合半径为 25m 的连续急弯行驶，最低行驶速度为 30km/h，与设计速度相符，故 30km/h 的公路上连续急弯的判别半径取 25m。

C．由图 3-91、图 3-94、图 3-97 可见，小轿车在组合半径为 15m 的连续急弯行驶，最低行驶速度为 24km/h，并没有达到设计速度，但考虑到公路路线圆曲线半径一般不小于 15m，故 20km/h 的公路上连续急弯的判别半径取 15m。

3）基于运行速度的线形连续性考虑：

A．当道路的设计速度为 40km/h 时，由图 3-65 至图 3-76 可见，在连续急弯的组合半径大小接近或小于 40m 时，速度差会接近或大于 20km/h，表明线形连续性差，故 40km/h 的公路上连续急弯的判别半径取 40m 合理。

B．当道路的设计速度为 30km/h 时，由图 3-77 至图 3-88 可见，在连续急弯的组合半径大小接近或小于 25m 时，速度差会接近或大于 20km/h，表明线形连续性差，故 30km/h 的公路上连续急弯的判别半径取 25m 合理。

C．当道路的设计速度为 20km/h 时，由图 3-89 至图 3-97 可见，在连续急弯的组合半径大小接近或小于 15m 时，速度差在 10～20km/h 之间，表明线形连续性较好，故 20km/h 的公路上连续急弯的判别半径取 15m。

4）由图 3-65 至图 3-97 可见，相同设计速度下，小轿车的最低行驶速度仅与圆曲线半径有关，考虑到偏安全的设计原则，判别时取直线段长度为 2 倍的设计速度。

（3）连续急弯判别标准。

基于 Trucksim 和 Carsim 的仿真结果，通村公路的连续急弯判别标准见表 3-10 和表 3-11。

表 3-10 以卡车为代表车型的连续急弯判别标准

设计速度/（km/h）	缓和曲线长度/m	曲线间直线段长度/m	圆曲线组合半径/m
40	35	80	60
30	25	60	35
20	-	40	15

表 3-11 以小轿车为代表车型的连续急弯判别标准

设计速度/（km/h）	缓和曲线长度/m	曲线间直线段长度/m	圆曲线组合半径/m
40	35	80	40
30	25	60	25
20	-	40	15

3.3　连续下坡路段刹车毂温度预测模型与判别标准

连续长下坡路段的安全问题较多，通常是影响公路正常运营的关键因素。目前标准规范及指南对连续长下坡路段并没有明确定义。《公路工程技术标准》（JTG B01—2014）指出："连续纵坡对载重汽车行驶不利，下坡会使刹车毂过热、制动效能减弱，更易发生交通事故。"《公路路线设计规范》（JTG D20—2006）指出："公路纵断面设计，即使完全符合最大纵坡、坡长限制及缓和坡段的规定，也不能保证使用质量。"不少路段虽然单一陡坡并不大，甚至也有缓和段，但由于平均纵坡较大，上坡使用低速挡较久，易致车辆水箱开锅。下坡则因刹车发热、失效而导致事故发生。因此，有必要控制平均纵坡。然而，鉴于当前我国公路交通组成复杂以及车辆行驶超载情况较多等，尚无研究结论。

3.3.1　长大下坡路段刹车毂温度预测模型建立

（1）刹车毂温度预测模型的选择。国内科研机构近年来对连续下坡路段刹车毂温度预测模型进行了诸多研究，主要有实验回归模型、理论实验修正模型两大类。

1）实验回归模型。代表性的实验回归模型：模型一为合肥工业大学《连续长下坡路段避险车道设置原则研究》；模型二为长安大学《青海高等级公路连续长下坡路段安全性评价及改善对策研究》；模型三为《公路路线设计细则》相关项目《山区高速公路平均纵坡研究》中的回归模型。

A. 模型一通过使用实验车来实时测定刹车毂的温度，建立了连续长下坡路段载重车的刹车毂温度 T、下坡坡度 G、车辆下坡运行速度 V 和距离坡顶距离 S 的关系模型，见式（3-1）：

$$T = -383.756 + 158.757 InG + 74.698 InV + 82.266 InS \tag{3-1}$$

B. 模型二在青海湟倒一级公路采取现场拦车和试验车结合方式，取得了刹车毂温度数据，建立了刹车毂温度与车辆运行速度 V、坡长 L、坡度 G 和车重 M 的关系模型，见式（3-2）：

$$T = -310.064 + 54.87 InL + 46.99 InG + 26.647 InV + 85.587 InM \tag{3-2}$$

C. 模型三同样基于实验车实测刹车毂温度，通过理论分析，建立了刹车毂温度与车重 M、坡长 S、坡度 i 的刹车毂温度预测模型，见式（3-3）：

$$T = a[Mgi + (k_1 v^2 - k_2 v - k_3)(1+i^2)^{1/2}]^2 S^2 + b[Mgi + (k_1 v^2 - k_2 v - k_3)(1+i^2)^{1/2}]S \tag{3-3}$$

式中：k_1、k_2、k_3 表示与汽车挡位有关的系数；a 为 1.663×10^{-13}；b 为 3.33×10^{-6}。

以上模型，均采用实验数据回归的方式，但由于所获得的样本量有限，模型适应范围也有限，并不适合评价的需要。

2）理论实验修正模型。理论实验修正模型基于能量转换原理和汽车动力学理论，推导刹车毂温度理论预测模型，最后通过实验数据进行验证，然后进行修正。代表性的例子是"十一五"国家科技支撑计划课题——《高速公路特大交通事故预防技术研究及示范研究》中提出的模型（模型四）、美国联邦公路局的 GSRS 模型（模型五）。

A. 模型四采取理论分析建立理论模型，但其实验数据主要基于载重量为 15～30t 的载重车，并不适用于载重量 30t 以上的载重车刹车毂温度的预测；并且模型未考虑载重车制动停止所产生的能量，因而根据模型的预测结果，载重车速度越高，刹车毂温度越低。

B. 模型五为理论分析结合大量实验数据修正建立的，但美国载重车的性能及驾驶员驾驶习惯与我国存在差异，并不能直接使用。但是研究数据分析结果显示，GSRS 模型实测温度与预测温度的差值基本为定值。因此，GSRS 模型可作为基础模型使用，具体运用时，可结合当地实测数据进行修正。

综上分析，可采用模型五（GSRS 模型）作为基础模型，参考模型二、模型三的成果进行修正，组成了 GSRS 的修正模型，用于载重车刹车毂温度的预测。

（2）刹车毂温度预测模型建立。本研究修正建立了载重车刹车毂温度与纵坡坡长、坡度、载重车的载重和速度之间的关系模型。模型关系式如下：

$$T_1 = T_0 + [T_\infty - T_0 + K_2 HP_B][1 - e^{-K_1 L/\bar{v}}]$$

$$HP_B = (W \cdot \theta - F_{drag})\frac{\bar{v}}{375} - HP_{eng} \tag{3-4}$$

式中：θ 为圈数；W 为总重量；L 为下坡距离，km；$\bar{v}$ 为车速，km/h；T_1 为坡底温度，℃；HP_B 为制动功率，hp；T_0 为初始温度，℃；HP_{eng} 为发动机功率，hp。

基于刹车毂温度实测数据，对模型参数进行修正可得

$$K_1 = 1.23 + 0.0256\bar{v} \tag{3-5}$$

$$K_2 = (0.100 + 0.00208\bar{v})^{-1} \tag{3-6}$$

$$F_{drag} = 450 + 17.25\bar{v} \tag{3-7}$$

$$HP_{eng} = 73\text{hp}, \quad T_\infty = 32.22 \ ℃, \quad T_0 = 65.56 \ ℃ \tag{3-8}$$

基于上述对各类模型的研究分析，开发了连续下坡路段刹车毂温度预测仿真模型程序，用于本研究的刹车毂温度预测。

3.3.2　长大下坡路段仿真方案

由于小轿车载重轻、性能好，其在长大下坡路段行驶时不会出现刹车毂温度过高，导致车辆失控的情况，故本研究主要针对卡车。基于对通村公路道路车流量的调查统计，长大下坡路段上卡车车流量较少，且主要以轻型卡车和中型卡车为主，研究卡车载重区间为 20～30t。

长大下坡路段的判别与坡度和坡的长度有关，坡度按照低等级公路不同设计速度下的平均纵坡度选取，实验研究范围为 4%～6%，坡长通过刹车毂温度预测模型来确定。

3.3.3　实验结果及结论

通过对通村公路下坡路段卡车的运行速度进行测试分析，可以发现卡车在下坡路段的运行速度大多为 40～60km/h，故仿真运行速度以 40～60km/h 来实验。

（1）运行速度为 60km/h 的长大下坡路段仿真。

1）运行速度为 60km/h，道路纵坡度为 4%的汽车刹车毂温度与载重、坡长的关系如表 3-12 和图 3-98 所示。

表 3-12　道路平均纵坡度为 4%

载重/t	坡长/km							
	3	4	5	6	7	8	9	10
	温度/℃							
20	133.25	130.97	128.78	126.75	124.63	122.66	120.76	118.94
25	151.29	153.79	156.20	158.87	160.75	162.91	164.99	166.99
30	169.34	176.60	183.61	189.99	196.88	203.16	209.22	215.06

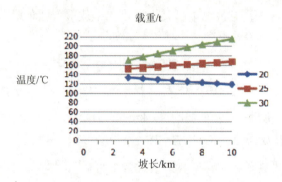

图 3-98　汽车刹车毂温度与载重、坡长的关系

2）运行速度为 60km/h，道路纵坡度为 5%的汽车刹车毂温度与载重、坡长的关系如表 3-13 和图 3-99 所示。

表 3-13　道路平均纵坡度为 5%

载重/t	坡长/km							
	3	4	5	6	7	8	9	10
	温度/℃							
20	147.44	149.56	151.61	153.58	155.48	157.32	159.09	160.27
25	169.03	177.02	184.73	192.16	199.33	206.23	212.90	219.32
30	190.62	204.49	217.85	230.74	243.17	255.15	266.70	277.85

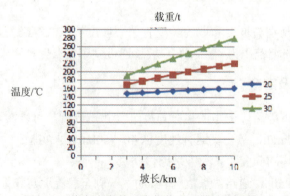

图 3-99　汽车刹车毂温度与载重、坡长的关系

3）运行速度为 60km/h，道路纵坡度为 6% 的汽车刹车毂温度与载重、坡长的关系如表 3-14 和图 3-100 所示。

表 3-14　道路平均纵坡度为 6%

载重/t	坡长/km							
	3	4	5	6	7	8	9	10
	温度/℃							
20	161.63	168.15	174.44	180.50	186.34	191.98	197.41	202.65
25	186.77	200.26	213.27	225.81	237.90	249.56	260.80	271.64
30	211.92	232.37	252.10	271.11	289.45	307.14	324.19	340.63

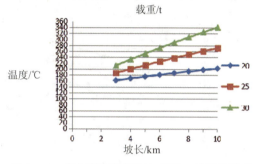

图 3-100　汽车刹车毂温度与载重、坡长的关系

（2）运行速度为 50km/h 的长大下坡路段仿真。

1）运行速度为 50km/h，道路纵坡度为 4% 的汽车刹车毂温度与载重、坡长的关系如表 3-15 和图 3-101 所示。

表 3-15　道路平均纵坡度为 4%

载重/t	坡长/km							
	3	4	5	6	7	8	9	10
	温度/℃							
20	127.65	124.67	121.81	119.06	116.43	113.89	111.46	109.21
25	144.80	146.52	148.17	149.76	151.29	152.75	154.16	155.51
30	161.94	168.37	174.53	180.46	186.15	191.61	196.86	201.90

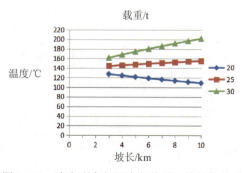

图 3-101　汽车刹车毂温度与载重、坡长的关系

2）运行速度为 50km/h，道路纵坡度为 5% 的汽车刹车毂温度与载重、坡长的关系如表 3-16 和图 3-102 所示。

表 3-16　道路平均纵坡度为 5%

载重/t	坡长/km							
	3	4	5	6	7	8	9	10
	温度/℃							
20	141.76	143.11	144.41	145.66	146.86	148.01	149.12	150.18
25	162.43	169.57	176.43	183.01	189.33	195.41	201.24	206.84
30	183.10	196.03	208.44	220.36	231.81	242.80	253.25	263.49

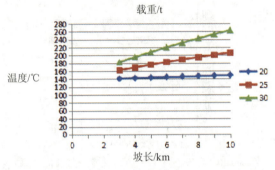

图 3-102　汽车刹车毂温度与载重、坡长的关系

3）运行速度为 50km/h，道路纵坡度为 6% 的汽车刹车毂温度与载重、坡长的关系如表 3-17 和图 3-103 所示。

表 3-17　道路平均纵坡度为 6%

载重/t	坡长/km							
	3	4	5	6	7	8	9	10
	温度/℃							
20	155.87	161.55	167.02	172.26	177.30	182.14	186.78	191.24
25	180.06	192.62	204.68	216.25	227.38	238.06	248.31	258.16
30	204.26	223.69	242.34	260.26	277.46	293.98	299.85	325.08

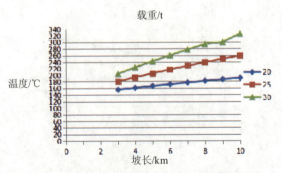

图 3-103　汽车刹车毂温度与载重、坡长的关系

（3）运行速度为 40km/h 的长大下坡路段仿真。

1）运行速度为 40km/h，道路纵坡度为 4% 的汽车刹车毂温度与载重、坡长的关系如表 3-18 和图 3-104 所示。

表 3-18　道路平均纵坡度为 4%

载重/t	坡长/km							
	3	4	5	6	7	8	9	10
	温度/℃							
20	115.07	109.11	103.43	98.00	92.82	87.88	83.16	78.66
25	130.23	128.51	126.87	125.31	123.82	122.40	121.04	119.74
30	145.38	147.91	150.32	152.62	154.82	156.91	158.91	160.82

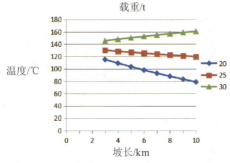

图 3-104　汽车刹车毂温度与载重、坡长的关系

2）运行速度为 40km/h，道路纵坡度为 5% 的汽车刹车毂温度与载重、坡长的关系如表 3-19 和图 3-105 所示。

表 3-19　道路平均纵坡度为 5%

载重/t	坡长/km							
	3	4	5	6	7	8	9	10
	温度/℃							
20	129.05	127.34	125.70	124.13	122.64	121.22	119.86	118.56
25	147.70	151.29	154.71	157.98	161.09	164.07	166.91	169.62
30	166.35	175.24	183.72	191.82	199.55	206.92	213.96	220.67

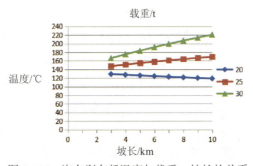

图 3-105　汽车刹车毂温度与载重、坡长的关系

3）运行速度为 40km/h，道路纵坡度为 6%的汽车刹车毂温度与载重、坡长的关系如表 3-20 和图 3-106 所示。

表 3-20　道路平均纵坡度为 6%

载重/t	坡长/km							
	3	4	5	6	7	8	9	10
	温度/℃							
20	143.03	145.56	147.97	150.27	152.46	154.56	156.56	158.47
25	165.18	174.06	182.55	190.64	198.37	205.75	212.78	219.50
30	187.32	202.57	217.13	231.02	244.28	256.93	269.01	280.53

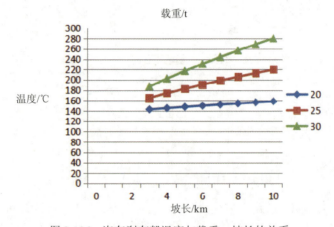

图 3-106　汽车刹车毂温度与载重、坡长的关系

（4）实验结论。

1）运行速度为 60km/h 的结论。

A．由表 3-12 可见，当卡车在坡度为 4%的道路上以 60km/h 的运行速度行驶，载重超过 30t，坡长超过 8km 时，卡车的刹车毂温度为 203.16℃，超过临界温度，属于危险行驶。

B．由表 3-13 可见，当卡车在坡度为 5%的道路上以 60km/h 的运行速度行驶，载重超过 25t，坡长超过 7km 时，卡车的刹车毂温度为 199.33℃，接近临界温度，属于危险行驶。或者，当载重超过 30t，坡长超过 4km 时，卡车的刹车毂温度为 204.49℃，超过临界温度，属于危险行驶。

C．由表 3-14 可见，当卡车在坡度为 6%的道路上以 60km/h 的运行速度行驶，载重超过 20t，坡长超过 10km 时，卡车的刹车毂温度为 202.65℃，超过临界温度，属于危险行驶。当载重超过 25t，坡长超过 4km 时，卡车的刹车毂温度为 200.26℃，超过临界温度，属于危险行驶。或者，当载重超过 30t，坡长超过 3km 时，卡车的刹车毂温度为 211.92℃，超过临界温度，属于危险行驶。

运行速度为 60km/h 的长大下坡判别结论见表 3-21。

表 3-21 运行速度为 60km/h 的长大下坡判别结论

纵坡度	载重/t	坡长 L/km	判别结论
4%	≥30	$L \geqslant 8$	长大下坡
5%	≥25	$L \geqslant 7$	长大下坡
	≥30	$L \geqslant 4$	长大下坡
6%	≥20	$L \geqslant 10$	长大下坡
	≥25	$L \geqslant 4$	长大下坡
	≥30	$L \geqslant 3$	长大下坡

2）运行速度为 50km/h 的结论。

A. 由表 3-15 可见，当卡车在坡度为 4%的道路上以 50km/h 的运行速度行驶，载重超过 30t，坡长超过 10km 时，卡车的刹车毂温度为 201.90℃，超过临界温度，属于危险行驶。

B. 由表 3-16 可见，当卡车在坡度为 5%的道路上以 50km/h 的运行速度行驶，载重超过 25t，坡长超过 9km 时，卡车的刹车毂温度为 201.24℃，超过临界温度，属于危险行驶。或者，当载重超过 30t，坡长超过 4km 时，卡车的刹车毂温度为 194.03℃，接近临界温度，属于危险行驶。

C. 由表 3-17 可见，当卡车在坡度为 6%的道路上以 50km/h 的运行速度行驶，载重超过 25t，坡长超过 5km 时，卡车的刹车毂温度为 204.68℃，超过临界温度，属于危险行驶。或者，当载重超过 30t，坡长超过 3km 时，卡车的刹车毂温度为 204.26℃，超过临界温度，属于危险行驶。

运行速度为 50km/h 的长大下坡判别结论见表 3-22。

表 3-22 运行速度为 50km/h 的长大下坡判别结论

纵坡度	载重/t	坡长 L/km	判别结论
4%	≥30	$L \geqslant 10$	长大下坡
5%	≥25	$L \geqslant 9$	长大下坡
	≥30	$L \geqslant 4$	长大下坡
6%	≥25	$L \geqslant 5$	长大下坡
	≥30	$L \geqslant 3$	长大下坡

3）运行速度为 40km/h 的结论。

A. 由表 3-18 可见，当卡车在坡度为 4%的道路上以 40km/h 的运行速度行驶，载重为 20～30t，坡长为 3～10km 时，卡车的刹车毂温度都没有超过 200℃，可以安全通过。

B. 由表 3-19 可见，当卡车在坡度为 5%的道路上以 40km/h 的运行速度行驶，载重超过 30t，坡长超过 7km 时，卡车的刹车毂温度为 199.55℃，接近临界温度，属于危险行驶。

C. 由表 3-20 可见，当卡车在坡度为 6%的道路上以 60km/h 的运行速度行驶，载重超过 25t，坡长超过 8km 时，卡车的刹车毂温度为 205.75℃，超过临界温度，属于危险行驶。或者，当载重超过 30t，坡长超过 4km 时，卡车的刹车毂温度为 202.57℃，超过临界温度，属于危险行驶。

运行速度为 40km/h 的长大下坡判别结论见表 3-23。

表 3-23　运行速度为 40km/h 的长大下坡判别结论

纵坡度	载重/t	坡长 L/km	判别结论
4%	-	-	-
5%	≥25	$L \geq 7$	长大下坡
6%	≥25	$L \geq 8$	长大下坡
	≥30	$L \geq 4$	长大下坡

3.4　路侧安全等级划分

3.4.1　路侧安全影响因素

（1）路侧净区宽度。路侧净区宽度又称路侧可返回距离（Roadside Recovery Distance），是一种理想的路侧安全环境，指车辆驶出路外后，能够驶回道路的最大距离，通常由路肩和缓和的边坡构成（一般情况，边坡要缓于 1:4）。由于地形条件以及车辆性能的差异，世界各个国家对于路侧净区宽度都有不同的规定（表 3-24），我国高等级公路对于路侧净区宽度有相应的规范要求，但是低等级公路则没有相关规范要求。

表 3-24　各国路侧净区宽度

国家		路侧安全距离/m
法国（高速公路）		10
瑞士		10
荷兰		10
美国		9
英国		4.5
波兰		3.5
中国	高速公路	4.5
	一级公路	4.5
	二级公路	2.0

与国外相比，我国人口众多，土地资源相对不足，路侧净区宽度得不到保证，尤其是通村公路，低等级道路两旁多为农田、果园，或深沟、河流，再或者是村镇等居民区，路侧净区宽度不能达到理想要求。因此对于通村公路，应要求路侧净区宽度更大。

《路侧安全设计指南》中给出了路侧净区宽度建议值，对于平曲线外侧净区宽度则按式（3-9）进行修正。

$$CZ_C = L_C K_{CZ} \tag{3-9}$$

式中：CZ_C 为平曲线外侧净区宽度，m；L_C 为净区宽度；K_{CZ} 为曲线调整因子（表 3-25）。

表 3-25 平曲线外侧净区宽度调整因子 *Kcz*

平曲线半径/m	设计速度/（km/h）				
	20	30	40	50	60
500		1.1	1.1	1.1	1.1
450		1.1	1.1	1.1	1.2
400		1.2	1.2	1.2	1.2
350	1.1	1.2	1.2	1.2	1.2
300	1.2	1.2	1.2	1.2	1.2
250	1.2	1.2	1.2	1.2	1.2
200	1.2	1.2	1.2	1.3	1.3
150	1.2	1.2	1.2	1.3	1.4
100	1.2	1.3	1.3	1.4	1.5
50	1.2	1.3	1.4	1.5	
30	1.3	1.4	1.5		
15	1.4				

表 3-26 给出的只是在选定的交通流、设计速度和边坡坡率条件下的路侧净区宽度建议值，在设计中需结合实际情况。如在显示连续碰撞概率较高的特殊位置，或历史上发生同样事故较多的路段，可适当采用更大的净区宽度。平曲线外侧净区宽度的修正通常只有在历史事故表明需要修正，或现场调查表明增加路侧净区宽度可以大幅减少潜在事故时采用，且增加路侧净区宽度的措施是具有经济性的。

表 3-26 不同条件下的路侧净区宽度

设计速度/（km/h）	日均交通量/（辆/d）	填方边坡坡度		挖方边坡坡度		
		≤1V:6H	1V:5H～1V:4H	1V:3H	1V:5H～1V:4H	≤1V:6H
≤60	≤750	2.0～3.0	2.0～3.0	2.0～3.0	2.0～3.0	2.0～3.0
	750～1500	3.0～3.5	3.5～4.5	3.0～3.5	3.0～3.5	3.0～3.5
70～80	≤750	3.0～3.5	3.5～4.5	2.0～3.0	2.5～3.0	3.0～3.5
	750～1500	4.5～5.0	5.0～6.0	3.0～3.5	3.5～4.5	4.5～5.0

但是此建议值多适用于一、二级等高等级公路，对于通村公路则不适用。通村公路一般只有路肩旁一段净区，多为 1m 以内，少有较缓的边坡。即使路基较平缓，也一般为农田、果园，或者路肩两侧为行道树，还不能作为净区，即可返回区域。

根据调查发现，陕西通村公路的路侧净区宽度情况不太一致，但总体情况为净区距离不足，不能达到《路侧安全设计指南》给出的建议值。如图 3-107 所示，路侧地势平坦，路肩外还有部分净区，都纳入绿化带中，但如果将两侧行道树往外移 0.5m，不会影响排水效果，反而会增加路侧净区至 2m 以上。如图 3-108 所示，道路直平、路基为填筑，若要留有合理宽度的净区，就会导致占用较多的农田，因此，路侧净区宽度除路肩外，行道树旁就是边沟，边坡窄且坡度大，没有可返回边坡，若车辆驶出路外较易翻车。但好在线形较好，冲出路外的事故率不会很大。

图 3-107　路侧条件较好

图 3-108　路侧为农田

平曲线内侧净区内地势较平，若没有障碍物如行道树，或者树木直径小，则会得到良好的视距条件，增加净区宽度，达到比较理想的状态，如图 3-109 所示；但若有直径大于 10cm 的行道树，则会成为路侧障碍物，如图 3-110 所示，此处转弯半径不大，路旁行道树栽种过于密集，虽然初期不会影响视距，但随着时间推移当行道树直径过宽时，将形成密林，在春夏秋季节造成不良视距，并且树木过于靠近道路，容易成为危险物障碍。

图 3-109　对视距不造成影响的行道树

图 3-110　曲线内侧净区内的行道树

（2）边坡。路侧净区通常是由路肩和缓和边坡构成的，而且大部分是由缓和边坡提供的，因此边坡无疑成为路测设计的重要组成部分。边坡分填方边坡与挖方边坡。

1）填方边坡。路侧填方边坡又称路堤边坡，分为可返回边坡、不可返回边坡和危险边坡三类。可返回边坡是指坡度缓于 1:4 的边坡，这种情况下车辆驶离车道进入净区后，可以停车或减速后慢慢驶回行车道，一般不需要设置护栏进行防护，可在必要位置设置视线诱导设施，但多受地形及道路用地限制，需因地制宜采用；不可返回边坡是指坡度介于 1:4～1:3 的边坡，大多数车辆驶入后无法停车或返回行车道，车辆通常会驶回坡底，边坡上不应存在障碍物，常见于微丘地区或地势较为平坦的谷地，通常不需设置护栏，路基高于 3m 时，可设置视线诱导设施或示警桩；危险边坡是指坡度大于 1:3 的边坡，车辆驶入此类边坡时，驾驶员无法控制车辆，车辆发生颠覆的可能性非常大，如果边坡距车道距离小于建议的路侧净区宽度，且无法进行改建，一般应考虑设置护栏，但如果所处路段运营安全状况良好，且冲出路外的单车不会造成重大、特大事故，可以不设护栏，采取安装示警桩、设置轮廓标、设置震动带等更为经济的措施。

低等级通村公路路侧填方边坡多为陡坡，坡脚接边沟或较深深沟，即不可返回边坡或者危险边坡，少有可返回的路堤边坡。

调查发现，通村公路中，只有很少路段填方边坡坡度缓于 1:4，如图 3-111 所示，边坡较缓，本可以得到较好的路侧净区，但是曲线内侧的行道树成为了路侧障碍物，虽然修饰了道路线形，但是从安全角度考虑还是应当将树木予以移除。如图 3-112 所示，路侧为农田，路基填土高度较高，边坡较陡，车辆冲出路外后无法停止或者返回，且道路前方有小半径转弯，因此应在路右侧设置示警桩或视线诱导标志。

图 3-111　可返回边坡

图 3-112　不可返回边坡

大部分公路都存在较陡的路侧边坡，坡度大于 1:3 且多超过 1:1，这种坡度下，一旦车辆驶离车道，必定会造成翻车坠落等重大事故。因此必须设置护栏或示警桩，护栏等级根据路侧边坡的危险程度设计。图 3-113 中桥梁路侧边沟较深，采用了混凝土护栏，由于此路等级低，通行量也较小，因此这种护栏安全强度足够。图 3-114 为较易发生冲出路外事故的 S 形曲线路段，路侧情况一侧为陡峭的挖方边坡，会给人压迫感，而另一侧为深沟，并且没有安全措施，因此应当在填方边坡的路侧设置护栏或者视线诱导标志。

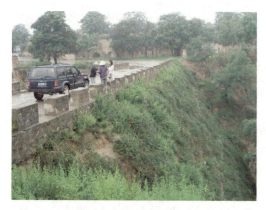

图 3-113　危险边坡

图 3-114　危险边坡（S 形曲线）

2）挖方边坡。挖方边坡即路堑边坡。道路处于挖方路段时，路堑边坡对于驶出路外车辆的安全性取决于其平整度和障碍物的存在状况，如果路堤边坡坡度小于等于 1:3，并且挖方边坡上不存在障碍物，那么不管路堑边坡距离公路多远，挖方边坡本身都不会造成太大危险。目前我国通村公路对挖方边坡一般不进行防护，除非在行车道与挖方边坡之间存在危险的边沟，可考虑对边沟进行防护。

在低等级公路上，路线傍山一侧凸出的、粗糙岩壁往往靠近车道，如图 3-115 所示，侧向净空小，容易造成车辆与岩质边坡发生刮擦或者撞击。而一旦冲出路外的车辆撞上坚硬的、未经过修整的岩壁，通常会导致严重事故。因此，应结合道路、交通和事故状况，对个别位置的凸出岩壁加以整治。

如图 3-116 所示，挖方边坡土质松散，土石很容易滑落到边沟及路面上，遇到雨雪等极端天气，更易造成滑塌与泥石流，如果对边坡进行放缓或者修筑挡土墙，能有效降低危险系数，减少安全隐患。

图 3-115　坚硬粗糙的挖方边坡　　　　图 3-116　土质松散的边坡

调查发现，通村公路除穿越村镇的部分以外，大部分都位于山区乡村路段，路基多属于半填半挖型，即一侧填方一侧为挖方，因此将两种不同边坡的设计结合起来，设置合理安全的边坡，对于通村公路路侧事故的减少及路侧安全性的增加有重要意义。

（3）路侧危险物。在路侧安全距离之内的妨碍车辆运行安全的天然或人工障碍物称为危险物。常见的路侧净区内危险物包括：①高于 10cm 的坚硬物体（路桩、树桩、孤石等）；②坡度大于 1:3 的边坡；③不可穿越的纵向排水设施（边沟）；④不可穿越的横向排水设施（未作处理的涵洞口、凸出的横向排水管、涵洞或小桥立墙等）；⑤直径大于 10cm 的树木；⑥路边设施杆柱（交通标志杆、电线杆、通信杆、大型广告杆等）；⑦非标准护栏（示警桩、挡块、挡墙、未作处理的护栏端头）；⑧水体（河流、湖泊、池塘等）；⑨净区内违章建筑物；⑩粗糙、坚硬的岩壁等。

通村公路路侧危险物主要为树木、排水沟、电线杆、护栏端头等。通村公路等级低，道路宽度较窄，路旁树木、电线杆等很容易成为路侧危险物，有时候需要将路侧障碍物去除、移位或者减少可能成为路侧障碍物的设施的使用量。

1）行道树。直径超过 10cm 的树木会对车辆构成威胁。树木离路边越近，车辆就越容易碰到它们。从保护环境的角度考虑，对于紧邻行车道的行道树应当首先采取移植方式处理，如不能移植别处或更远的地方，确实对行车安全产生了十分不利的影响，或历史事故资料显示曾发生车辆与之相撞的事故，那么应采取砍伐去除的对策。

如图 3-117 所示，树木与道路距离太近，并且有树木生长方向朝向车道，很容易被车辆碰撞，若将行道树与边沟都往外移 0.5m，可以留有较宽的路肩，增加净区宽度。如图 3-118 所示，小半径曲线内侧灌木丛较高，在春夏秋季，茂密的枝叶挡住视线，造成了转弯视距不良，使驾驶员看不到前方的实际情况。因此，应当将半径内侧的树木去掉，增大路侧净区。

图 3-117　行道树成为危险物

图 3-118　灌木茂密造成视距不良

2）设施及标志杆柱。公共设施杆柱通常是指电线杆、通信线缆杆、照明杆柱等，材料种类涉及木质、混凝土、钢材等，这些坚硬的杆柱距离行车道很近时，尤其是当它们位于车辆冲出路外概率高的路段的路侧时，会给行车带来很大安全隐患。

如图 3-119 所示，电线杆过于靠近路边，由于路侧为农田，可以将电线杆外移到两侧农田里，减少车辆碰撞的概率，降低危险性。图 3-120 两根杆柱位于曲线外侧转弯处，此处转弯路面没有加高，车辆很容易由于离心力而冲出路外，杆柱就会成为危险物，因此，应将其前移或后移至直线路段。

图 3-119　靠近道路的电线杆

图 3-120　曲线外侧的杆柱

美国密歇根州弯道路侧事故统计情况表明，车辆冲出弯道外侧比驶离内侧的概率大，由此得出，若在弯道处必须设置标志或者设施杆柱，如条件允许，应将杆柱设置在道路弯道内侧，可减小驶出路外的车辆与杆柱发生碰撞的概率。路侧净区较宽时，尽量选择将杆柱设置在离行车道边缘 3m 左右的位置。

从安全的角度考虑，最佳的解决方法是尽可能根据实际情况少设置设施杆柱，并且设置在最不太可能被车撞到的地方。对于必须设置杆柱的地方，应遵循以下一些原则：

A．增加路边杆柱的横向距离。

B．增加杆柱的间距。

C．尽量使用多功能设施杆柱。

D．把电信、通信线缆等埋入地下。

3）其他。通村公路路侧危险物除了行道树、设施杆柱以外，还有其他类型的危险物，如未加处理的护栏端头、堆放物以及体积较巨大的石头、残段构筑物等。

如图 3-121 所示，小桥的混凝土护栏长度不足，两端端头没有进行延展，在道路与桥梁衔接处有很大空隙，失控车辆很容易冲入桥下引发事故。如果在护栏端头向道路前后方延伸，或者设置其他的提醒标志或警示设施，将能大大减小其危险性。

路肩上或路肩以外靠近行车道区域内的临时或永久的堆放物同样是路侧安全的一大隐患，尤其当堆放物具有坚硬、粗糙、尖锐的特点时，危害更大，如巨石块，这些堆放物的存在不仅使冲出路外的车辆发生碰撞的可能性更大，且一旦发生碰撞事故后果非常严重。如图 3-122 所示，路两侧堆放建筑砖块以及车辆，若车辆在躲避一侧障碍物而转向另一侧时，就容易发生碰撞事故。除人为堆放物外，其他路侧危险物如天然孤石、岩块、小山包等也类似于堆放物，同样宜按"移除为先、防护次之"的原则处置。如图 3-123 所示，路面受损，同时路旁土堆坍塌，形成路侧障碍，应及时予以清除。图 3-124 中，路侧净区较宽，坡度很缓，属于公路中可返回净区中情况较好的，但净区中的孤石对驶进净区的摩托车等小型车辆也会构成安全威胁，应该及时移走。

图 3-121　桥梁护栏端头无衔接

图 3-122　路两侧都存在障碍物

图 3-123　路侧边坡滑落

图 3-124　路侧净区内的孤石

（4）排水设施。通村公路的路侧排水设施主要包括边沟、排水沟、涵洞等结构物。有效的排水设施设计是路侧安全设计的关键，倘若设计不合理就会影响路侧安全。

排水设施的设计应符合以下原则：在满足排水条件的前提下，去除不必要的排水结构物，或者将会造成危险的结构物移至远处；在无法去除或移走时，应保证车辆能安全穿越排水结构物，不会直接冲撞结构物或因不可穿越而侧翻；边沟根据具体情况、路侧安全以及美观的要求进行评估后，灵活设置，尽量做到宽、浅、绿、隐；在满足排水条件的前提下，倡导设置路侧浅碟式或暗埋式排水沟，避免设置外露式路侧矩形边沟或梯形边沟；对于多余和填挖量大的地区，可采取封盖边沟的方法，但要对封盖边沟的建设养护进行经济分析，对其强度进行重车荷载验算。

良好的边沟设计在满足排水要求的同时，尽量做到不导致驶出路外车辆侧翻或与边沟发生后果严重的碰撞。常见的边沟主要有 V 形、矩形、梯形等断面。

1）V 形边沟。V 形边沟造价低廉，但排水性能一般，适合相对比较平坦的地形，如图 3-125 所示。为提高 V 形边沟的安全性，路侧最好能有一定的空间来设置低成本的浅路侧边坡，将边沟前坡放缓，可使驶出路外的车辆能够重新返回到行车道。而通村公路一般很少能够保证路侧有浅路侧边坡，因为占地较大，因此，V 形边沟在通村公路中占少数。

图 3-125　V 形边沟

2）矩形边沟。排水量大而不能设置浅碟形边沟的路段，可采用加盖板的矩形边沟或暗埋式矩形边沟等形式。通村公路的矩形边沟很少加设盖板，而一般采用开放式，并且靠近路的一侧低于另一侧，形成不能穿越的边沟。如图 3-126 所示，驶离车道的车辆在冲向边沟后，不能安全穿越，摩托车等小型车辆穿越时很容易发生人员伤亡事故。如图 3-127 所示，边沟过宽过大，很容易被占用，且因为靠近居住区，也常为生活污水所用，更重要的是，边沟宽并且较深，一旦车辆驶离车道，车轮很容易卡在边沟中，不能够驶回车道。因此应该对边沟采用较宽大的加盖板，不仅解决了被阻塞、对车辆有潜在危险等问题，也可以改善村容村貌。

图 3-126　不可越边沟

图 3-127　过深边沟

3）梯形边沟。如图 3-128 所示，道路路侧条件较好，坡度较缓，因此设置了较宽的梯形边沟，梯形边沟适用于降水量较大或者汇水面积较大的地方，但也容易使速度较高的车辆在冲向净区时，在边沟处产生颠簸而翻车。图 3-129 中，横向的排水沟是净区内一个较明显的危险物，如果没有路边的遮挡设施，失控车辆很容易在排水沟发生事故，因此，一般在路侧设置挡墙或者护栏，以防止车辆冲向排水沟。

图 3-128　梯形边沟

图 3-129　排水沟

（5）路肩。路肩宽度对路侧事故率有很大影响。调查发现：通村公路上，路宽与路肩宽度值对事故率影响有所不同。日交通量低于 250 时，路肩加宽与否对事故影响不大，日交通量大于 250 时，路肩铺装之后相对于未铺装（土路肩或碎石）事故率会降低。我国通村公路一般标准要求为 3.5～4.5m，有路肩的事故率比无路肩低，而路肩较宽的比路肩窄的事故率低。

同时在调查过程中发现，通村公路有部分未设置路肩，有设置的路肩宽度因道路功能、资金及用地而异，一般为土路肩，少量为碎石路肩。

如图 3-130 所示，碎石路肩宽度为 0.25m，宽度达到设计要求，但是沥青混凝土路面高于路肩，形成较大倾斜的坡度，很容易使驶出路外的车辆顺势驶向边沟，因此应该使碎石路肩与路面高度一致而保证安全。

如图 3-131 所示，土路肩较宽，达到 0.5m，与较宽并且较浅的梯形边沟配合，路侧净区的宽度也得到有效增加。

图 3-130　碎石路肩

图 3-131　土路肩

3.4.2 路侧安全等级划分

（1）路侧安全等级划分依据。最早提出路侧安全分级的是 Zegeer 等人，他们根据路侧净区宽度、边坡宽度、是否设置护栏、是否存在坚硬危险物等路侧特征，将路侧危险程度分为 7 级，级别越高代表越危险。

我国道路规范中并没有关于路侧范围与分级的说明，2008 年，由交通部建设科技项目研究成果整理的《路侧安全设计指南》对路侧设计理念、路侧安全分析方法、实用的工程技术对策、设计要点等进行了分析说明，为公路技术人员提供了设计指导。《路侧安全设计指南》在国内首次将路侧安全进行了 4 级划分，相对于美国的 7 级路侧危险度划分来说，两者出发点一样，都是就路侧净区宽度、边坡坡度、是否存在危险物等路侧特征进行的划分。不同的是，由于各国在道路、交通、车辆、驾驶员乃至事故损失评定等方面均存在很大差异，我国的道路路侧安全分级要考虑的因素更多，有关研究尚处于起步阶段。

我国现在还没有专门对通村公路路侧安全进行等级划分。国内 4 级划分虽然相对于整体情况比较符合，但是，通村公路由于其特殊性，道路等级低，路基宽度较窄，路侧净区不足，交通安全设施缺乏或设置不合理，没有妥善处理路肩、边坡和边沟以及路侧危险物等，其路侧安全等级应有所不同。针对通村公路的地形特点以及事故特征，根据路侧净区宽度、边坡坡度与路侧危险物，本课题建议将通村公路的路侧危险度划分为三级。

通村公路路侧安全问题主要在于路侧净区不足，边坡坡度大，路侧障碍物较多，且行道树、电线杆等靠近道路，这些使路侧危险度更高，因此通村公路路侧危险度也与高等级公路有很大差异，通村公路的路侧危险度划分是对通村公路路侧进行安全评价的有效依据。

本课题划分通村公路的危险度主要依据三点，即有无路肩及路肩宽度、边坡坡度、路侧可返回净区距离，建议将通村公路的路侧危险度划分为三级，见表 3-27。

表 3-27 不同路侧危险度等级划分依据

危险度等级	Ⅰ	Ⅱ	Ⅲ
路肩	有	有	无
路肩宽	0.75～1	0.5～0.75	—
边坡坡度	≤1:3	1:3～1:1	≥1:1
路侧返回净区	2m	0.5～2m	≤0.5m
危险物	无障碍或者存在直径不超过10cm的行道树、少量标志或电线杆柱	路侧净区内存在距车道较近的孤石、行道树、设施杆柱或连续的电线杆柱等	路侧存在江河等水域、陡峭的岩壁或者路侧为深沟、陡崖

危险度为Ⅰ代表危险系数最小，数字越大代表危险度越大。通村公路路侧的危险度情况约有一半为Ⅱ级，其他两个级别分别占 1/4。危险度为Ⅰ级的路侧一般不需要追加安全设施；而对于危险度为Ⅱ级的路侧，若高路基下为水沟，路肩又没有达到规定宽度，则需要在土路肩外设置示警桩，路侧连续的电线杆柱则进行刷红白条状的油漆以警示，对可能造成危险的单个标志杆柱、孤石进行远移，或者防护；而危险度为Ⅲ级的路侧，则一般要在路基设置示警墩，甚至是标准的水泥砼护栏，对于防护等级不够的已存在的设施，则进行加固或重修。

（2）路侧安全等级特征。

1）路侧安全等级——Ⅰ级。路侧设置路肩，净区宽度一般能达到 2m 以上，没有危险物，行道树位置在路肩外，不会对车辆构成威胁，边坡坡度小于 1:3（图 3-132 和图 3-133），车辆驶出路外，在紧急采取刹车措施后能够及时停止，发生碰撞事故和翻车事故的可能性很小。

图 3-132　道路条件良好

图 3-133　路况良好

2）路侧安全等级——Ⅱ级。路侧设置路肩，净区宽度较小，通常为 0.5～2m，不超过 2m，没有正式的边坡，填方路基边坡下面为排水沟，边坡坡度大于 1:3 但小于 1:1，路侧存在少量、零散障碍物如树木、示警桩、标志标杆，距离行车道外边缘较近范围内也可能存在边沟、挡墙、岩壁等连续的危险物，车辆驶出后不能驶回公路，冲出路外车辆一般能够得到有效控制，与障碍物碰撞的可能性很小，发生翻车事故的概率也不大，如图 3-134 和图 3-135 所示。

图 3-134　路侧行道树较密

图 3-135　路侧净区小，视距不足

3）路侧安全等级——Ⅲ级。没有路肩，路侧净区宽度较小，通常不超过 0.5m，路侧地形条件为坚硬岩壁、陡崖、深沟等，深度达到 3m 以上（图 3-136 和图 3-137），或者距离行车道外边缘很近范围内有河流、湖泊，车辆驶出路外后，会直接翻车，导致重大伤亡事故。

图 3-136　路侧为陡崖

图 3-137　路侧为深沟

3.4.3 路侧安全评估指标体系及方法研究

（1）评估指标体系。路侧安全等级评价体系由道路线形、交通量、路侧历史事故和路侧特征四大类组成，每一大类指标又包含若干个次级指标。一般认为道路线形和交通量因素与车辆驶出路外的概率或频次有关；路侧特征、历史事故属于客观事实，是最能直接表征路侧安全状况的指标。路侧安全评价指标体系如图 3-138 所示。

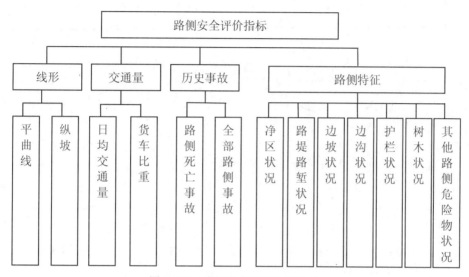

图 3-138 路侧安全评价指标体系

（2）变量 X_1。

1）平曲线变量 X_1 为集计变量，表示评价路段平均百米长度的偏角值，按式（3-10）计算：

$$X_i = \sum_i (WH_i \times DEG_i) \tag{3-10}$$

式中：WH_i 为第 i 个圆曲线位于评价路段内的比重，$WH_i = \dfrac{l_i}{L}$（l_i 为评价路段中第 i 个圆曲线的长度，L 为评价路段的长度）；DEG_i 为圆曲线 i 每百米长度的曲线偏角，$DEG_i = \dfrac{18000}{\pi \times R_i}$。$\Sigma WH_i = 1$（将评价路段中直线部分的 DEG 值视为 0）。

2）纵坡变量 X_2。X_2 为集计变量，表示评价路段加权平均纵坡值，按式（3-11）计算：

$$X_2 = \frac{\sum_i (G_i \times l_i)}{L} \tag{3-11}$$

式中：G_i 为评价路段中第 i 个坡段纵坡值；l_i 为第 i 个坡段长度；L 为评价路段的长度，$\Sigma l_i = L$。

3）日均交通量 X_3。由于当前交通部门交通量统计报表中的当量数是以中型车为标准换算车型的，因此，评价方法中的日均交通量为按各类车型的换算系数换算成标准当量中型车的交通量。

4）摩托车比重 X_4。摩托车比重按式（3-12）计算：

$$X_4 = \frac{Motor}{ADT} \times 100\% \tag{3-12}$$

式中：*Motor* 为摩托车的中型车当量数；*ADT* 为日均交通量的中型车当量数。

根据现有交通量观测站的记录信息，货车包括小型载货汽车、中型载货汽车、大型载货汽车、拖挂车、小型拖拉机和大中型拖拉机 6 种车型。

5）路侧事故数 X_5。X_5 通常指评价路段单元近 3 年发生的路侧事故数。

注：在对一条路进行路侧安全等级评估时，需将其划分成长度为 500～1000m 的若干评价路段单元。

6）路侧伤亡事故数 X_6。X_6 通常指评价路段单元近 3 年发生的路侧伤亡事故数。

7）路侧净区宽度满足度率 X_7。路侧净区宽度满足率按式（3-13）计算：

$$X_7 = \frac{CZ}{W} \times 100\% \qquad (3\text{-}13)$$

式中：CZ 为评价路段的实际路侧净区宽度；$W = \alpha W_\alpha$，为折减系数，取值在 0.6～0.8 之间（W_α 为依据评价路段的边坡比率、交通量和设计速度，参考美国《路侧设计指南》（2002 版）关于路侧净区设置之规定，得到的建议净区宽度的下限值。

如果有断面运行速度调查值 V_{85}，则以其代替设计速度路侧净区宽度，如果评价路段内存在多个平曲线，可采用加权的方法确定调整后的净区宽度 W_α，见式（3-14）：

$$W_\alpha' = W_\alpha \sum_i \left(k_i \times \frac{l_i}{L} \right) \qquad (3\text{-}14)$$

式中：W_α 为直线段净区宽度；W_α' 为圆曲线段路侧净区下限值宽度；k_i 为第 i 个评价路段圆曲线（或直线部分）的净区调整因子（表 3-28），直线部分为 1；l_i 为第 i 个评价圆曲线（或直线部分）的长度；L 为评价路段的长度。

路侧净区宽度满足率变量在代入模型中时，需要作如下转化：$X_7^* = 1 - X_7$，$X_7 = X_7^*$。

表 3-28　圆曲线的净区调整因子 k_i

平曲线半径/m	设计速度/（km/h）					
	60	70	80	90	100	110
900	1.1	1.1	1.1	1.2	1.2	1.2
700	1.1	1.1	1.2	1.2	1.2	1.3
600	1.1	1.2	1.2	1.2	1.3	1.4
500	1.1	1.2	1.2	1.3	1.3	1.4
450	1.2	1.2	1.3	1.3	1.4	1.5
400	1.2	1.2	1.3	1.3	1.4	
350	1.2	1.3	1.3	1.4	1.5	
300	1.2	1.3	1.4	1.5	1.5	
250	1.3	1.3	1.4	1.5		
200	1.3	1.4	1.5			
150	1.4	1.5				
100	1.5					

表 3-29 为等级公路平曲线处净区宽度调整因子，但是通村公路技术标准低，设计速度小，因此在这里对平曲线外侧净区宽度调整因子进行补充。

表 3-29　通村公路平曲线处净区宽度调整因子 Kcz

平曲线半径/m	设计速度/（km/h）		
	20	30	40
500		1.1	1.1
450		1.1	1.1
400		1.2	1.2
350	1.1	1.2	1.2
300	1.2	1.2	1.2
250	1.2	1.2	1.2
200	1.2	1.2	1.2
150	1.2	1.2	1.2
100	1.2	1.3	1.3
50	1.2	1.3	1.4
30	1.3	1.4	1.5
15	1.4		

8）离散危险物密度 X_8。路侧离散危险物是指位于净区内的少量零散危险物，该类危险物种类很多，如直径大于 10cm 的行道树、交通标志立柱、照明灯柱、电缆或通信线缆杆柱、孤石、涵洞口、桥墩等纵向长度小于 3m 的设施或构造物。当两相邻路侧零散危险物纵向间距小于 5m 时，将它们一并统一考虑，视为路侧连续危险物。

离散危险物密度表示单侧平均每公里路段内的离散危险物数量，按式（3-15）计算：

$$X_8 = \frac{n}{L} \times 1000 \tag{3-15}$$

式中：n 为评价路段内的离散危险物数量；L 为评价路段长度。

9）离散危险物横向距离 X_9。

$$X_9 = \sum_i \frac{x_i}{n} \tag{3-16}$$

式中：x_i 为路侧离散危险物的横向距离，横向距离是指外侧车道边缘线至危险物的径向距离；n 为评价路段内的离散危险物数量。

离散危险物平均横向距离变量在代入模型中时，需要作如下转化：$X_9^* = 1 - \dfrac{X_9}{W}$，$X_9 = X_9^*$。

10）连续危险物密度 X_{10}。路侧连续危险物是指位于净区内的纵向长度大于 3m 的危险物，当两相邻路侧离散危险物纵向间距小于 5m 时，需对其进行合并。成排的间距小于 5m 且直径大于 10cm 的行道树、宽大的能够导致车辆发生卡阻或翻车的边沟、净区内的护栏、横向排水设施立墙、房屋建筑物等均为常见的路侧连续物。

路侧连续危险物密度表示单侧平均每公里路段内的连续危险物长度，按式（3-17）计算：

$$X_{10} = \frac{\sum_i l_i}{L} \tag{3-17}$$

式中：l_i 为评价路段内连续危险物 i 的长度；L 为评价路段长度。

11）连续危险物平均横向距离 X_{11}。连续危险物平均横向距离按式（3-18）计算：

$$X_{11} = \sum_i (x_i \times l_i) / \sum_i l_i \tag{3-18}$$

式中：x_i 为路侧连续危险物 i 的横向距离，横向距离是指外侧车道边缘线至危险物的径向距离；l_i 为评价路段内连续危险物 i 的长度。

连续危险物平均横向距离变量在代入模型中时，需要作如下转化：$X_{11}^* = 1 - \dfrac{X_{11}}{W}$，$X_{11} = X_{11}^*$。

12）路侧深度变量 X_{12}。路侧深度是指行车道路面至路侧悬崖、沟壑、边坡或路肩挡墙底部的高度。对于设置防撞护栏的地段或挖方路段，X_{12} 的值为 0（假定护栏具有足够的强度，且处于养护良好的状态，能够对冲出路段的车辆实施有效拦截和导向）；对于设置了不具备防撞设施如示警桩、挡墙、挡块、防护墩的路段，X_{12} 的值按路面至路侧悬崖、沟壑、边坡或路肩挡墙底部的高度计算，需要指出的是，在实际数据采集的过程中，我们不可能用测量工具去精确地测量，通常利用目测获得粗略数据即可；对于设置防撞护栏且临近路侧下方有湖泊、河流、水库等较大水体或铁路线的路段，可令 $X_{12}=15$。

（3）变量权重的确定。评价方法中的各变量的权重由层次分析法确定。在权重确定的过程中，首先设计调查问卷，构造各层次指标的比较矩阵，以一种更易理解、更易操作的方式来获取专家知识，再计算判断矩阵的特征根，最大特征根对应的正规化特征向量的分量即为变量的权值。表 3-30 是根据专家经验结合层次分析法得到的各变量权重。

表 3-30　路侧安全等级评估指标变量权重值

X_i	层次单排序				层次总排序
	线形	交通量	历史事故	路侧状况	
	0.1895	0.1021	0.2847	0.4237	
平曲线变量 X_1	0.5				0.0948
纵坡变量 X_2	0.5				0.0948
时均交通量 X_3		0.2867			0.0293
摩托车比重 X_4		0.7133			0.0728
路侧事故数 X_5			0.1667		0.0475
路侧伤亡事故数 X_6			0.8333		0.2372
路侧净区宽度满足率 X_7				0.5	0.2119
离散危险物密度 X_8				0.084	0.0356
离散危险物横向距离 X_9				0.116	0.0491
路侧深度 X_{12}				0.3	0.1271
Σ	1	1	1	1	1

（4）评估方法应用。

1）评价路段单元的划分。在对一条路进行路侧安全等级评价之前，通常需要将其分割成若干小的路段，这些小的路段就称为评价路段单元。路段单元划分应遵循如下原则：①长度以500m左右为宜，除特殊条件外，最长不应超过1km；②路段的起讫点宜落在直线段；③同一个平曲线不宜被划分到两个路段；④同一个路段的单侧净区宽度应大致相同；⑤同一个路段的单侧路堤、路堑形式相同；⑥同一个路段的单侧防护状况基本相同，对于未设置具备防撞能力护栏的路段，路侧深度也应大致相同。

2）评估方法的应用流程。路侧安全等级评估可按图3-139所示流程进行。

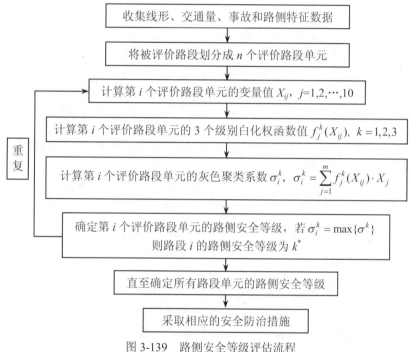

图 3-139　路侧安全等级评估流程

3.5　通村公路危险路段判别标准

通过仿真实验分析与调查，结合相关研究成果与规定，通村公路危险路段判别标准如下。

3.5.1　急弯路段

（1）单个急弯路段。急弯路段是指平曲线半径（R）较小且符合下列条件的路段：
- 设计速度40km/h，$R \leqslant 60$m
- 设计速度30km/h，$R \leqslant 30$m
- 设计速度20km/h，$R \leqslant 20$m

（2）连续急弯路段。连续有三个或三个以上小于一定半径（R）的反向平曲线，且各圆曲线间的距离（L）小于一定长度的路段：
- 设计速度40km/h，$R \leqslant 60$m，$L \leqslant 50$m

- 设计速度 30km/h，$R \leq 30m$，$L \leq 35m$
- 设计速度 20km/h，$R \leq 20m$，$L \leq 25m$

3.5.2 陡坡路段

（1）陡坡路段。陡坡路段是指纵坡度（$i\%$）符合下列条件的路段：
- 设计速度 40km/h，$i \geq 7$
- 设计速度 30km/h，$i \geq 8$
- 设计速度 20km/h，$i \geq 9$

（2）连续下坡路段。连续下坡路段是指坡长度大于 3km、有多个连续下坡且平均纵坡度（$i\%$）符合下列条件的路段：
- 设计速度 40km/h，$i \geq 5$
- 设计速度 30km/h，$i \geq 5.5$
- 设计速度 20km/h，$i \geq 6$

3.5.3 路侧险要路段

（1）沿溪线的路侧陡崖、深沟、高填土、高挡墙路段。高填土、高挡墙路段指陡崖、深沟深度，边坡高度或挡墙高度 $h \geq 4m$ 的路段。

（2）其他路侧险要路段。路侧距离土路肩边缘 3.0m 内有湖泊、沟渠、沼泽、铁路、易燃易爆化工仓库、居民区等的路段。

（3）若条件允许，可采用如图 3-139 所示的路侧安全等级评估流程进行评估。

3.5.4 视距不良路段

视距不良路段是指会车视距（L）较短且符合下列条件的路段：
- 设计速度 40km/h，$L \leq 80m$
- 设计速度 30km/h，$L \leq 60m$
- 设计速度 20km/h，$L \leq 40m$

3.5.5 平面交叉口路段

支路与干路交叉的锐角小于 60°，停车视距（ST）符合下列条件的交叉口路段：
- 设计速度 40km/h，$ST \leq 40m$
- 设计速度 30km/h，$ST \leq 30m$
- 设计速度 20km/h，$ST \leq 20m$

3.5.6 行人集中路段

穿越村庄、城镇或沿线 100m 范围内分布有学校、企业且经常有大量行人穿越的路段。

3.5.7 事故指标

2km 范围内 3 年发生过 1 起死亡 3 人以上的事故或 500m 范围内 3 年发生过 3 起以上死亡事故的路段。

第4章 通村公路路侧经济型护栏安全评价与设置方法研究

4.1 通村公路安全防护设施安全性能评价标准

根据《公路交通安全设施设计规范》（JTG/T D81—2006）条文说明 3.0.1 以及《高速公路护栏安全性能评价标准》（UTG/T F83-01—2004）可知，护栏碰撞车速、碰撞质量以及碰撞角度等条件均是根据高速公路调查数据所得，但是高速公路的线形指标明显高于通村公路的线形指标。通村公路护栏碰撞试验中选取的碰撞条件应根据通村公路的特点重新予以定义。

本章是在陕西省通村公路的公路线形、交通组成、运行速度等数据分析的基础上，针对通村公路自身的交通运行特点，建立专门针对陕西省通村公路的安全防护设施碰撞条件和评价标准，为安全、低造价简易防护设施设置提供依据。

4.1.1 路侧安全防护设施碰撞条件

4.1.1.1 碰撞车辆

根据通村公路交通流特性分析结论，通村公路上主要的车型包括小汽车、小客车、小货车。小（汽）客车和摩托车为陕西省通村公路上的主要车型，分别占 39.26%、25.34%；货车也占较大比例，平均占 22.51%。农村（通村）公路主要车型基本性能参数、结构及配置要求见表 4-1。

表 4-1　农村（通村）公路主要车型基本性能参数、结构及配置要求

项目	基本性能参数、结构及配置要求		
	小汽车	小客车	小货车
车型			
长×宽×高/（mm×mm×mm）	4546×1710×1427	4500×1635×1950	5980×2020×2250
车身模式	三厢式车身	客车	卡车
最大允许总质量/kg	≤1700	≤2500	≤6000
车顶静承载能力	车顶静承载能力≥客车最大设计总质量		
最大功率/kW	70	80	75
最高车速/（km/h）	165	140	90
座位数/个	5	8	2

考虑到我国广大农村地区的农民出行常带较重行李，甚至部分地区超员超载的现象比较严重，从宽容性设计的角度出发，确定护栏碰撞仿真试验中主要采用以下三类车型：

（1）1.5t 的小型汽车，这类车辆从理论分析的角度来看，其质量一般较小，但行驶速度较快。

（2）2.5t 的小型客车，这类车辆在通村地区主要发挥载人兼顾运载货物的作用，其中以五菱荣光为典型代表，可作为碰撞试验的典型车型。

（3）5.0t 的小型卡车，一般而言，高速公路常采用 14t 的大货车和 18t 的大客车进行碰撞试验，而通村公路大型货车载重量在 4～8t 的轻型卡车以东风轻卡为典型代表之一。因此，选用 5.0t 的小型货车作为碰撞试验的典型车型。

4.1.1.2 碰撞速度

根据通村公路交通流特性分析结论，陕西省部分市县通村公路不同车型的运行速度见表 4-2。

表 4-2 不同车型的运行速度 单位：km/h

城市	小汽车	小客车	小货车	摩托车
渭南	50	44	44	43
延安	38	38	34	29
咸阳	48	40	36	37
汉中	41	38	36	34
平均	44.25	40	37.5	35.75

日本《护栏设置标准和解说》（1998 年和 2004 年版）对碰撞速度取值的解释中说明：车辆的碰撞速度主要取决于运行速度，另外，碰撞时驾驶员采取的制动措施、制动距离和路面状况也会影响车辆的碰撞速度，并按运行速度的 0.8 倍取值为碰撞速度。陕西省部分市县调查通村公路机动车辆运行速度分布如图 4-1 所示。

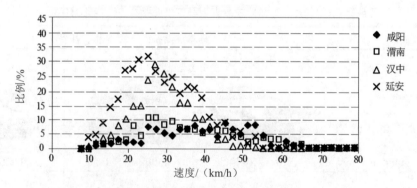

图 4-1 陕西省部分市县调查通村公路机动车辆运行速度分布

由表 4-2 及图 4-1 可见：①车辆运行速度 V_{85} 都存在 $V_{85小汽车}>V_{85小客车}>V_{85小货车}$ 的规律；②车辆的运行速度主要在 20～40km/h 之间。运行速度 $V_{85}\leqslant40$km/h 的车辆占总数的 80%左右。

从宽容性设计的角度出发，通村公路路侧护栏的安全性仿真实验取平均运行速度 40km/h 为碰撞速度。

4.1.1.3 碰撞角度

国内外确定护栏碰撞角度的常用方法为基于事故案例的统计分析方法，《公路交通安全设施设计规范》（JTG D81—2006）就是根据 598 起高速公路交通事故案例给出了"我国护栏的碰撞角度规定为 20°"的结论。通村公路交通事故案例采集难度较大，样本量也较小，因此，采用事故案例分析并参照公路几何线形分析的方法对碰撞角度进行分析。

（1）基于通村公路典型事故案例的碰撞角度分析。从调查获得的 56 起通村公路重大交通事故档案记录中，选取有事故现场详细记录，事故形态为车辆直接驶出路外、碰撞护栏、碰撞路侧防撞墩、碰撞路侧房屋等且与路侧防护有关的交通事故案例进行碰撞角度的分析。

选取符合上述条件的案例 5 起，参照事故现场照片、事故现场图，根据车辆行驶方向、最终停止位置和驶出方向等进行推理判定，并对车辆碰撞角度进行计算和量取，见表 4-3。《公路交通安全设施设计规范》（JTG D81—2006）中的碰撞角度案例分析值统计表见表 4-4。

表 4-3 　通村公路典型事故案例碰撞角度分析

序号	事故形态	路段类型及事故点	车型	驶出角度
1	冲出路外	弯道外侧	中巴车	>30°
2	撞路侧房屋	直线路段	大货车	>25°
3	冲出路外	连续下坡路段反向弯道中间	小客车	>40°
4	冲出路外	弯道外侧	小客车	>40°
5	撞山体	弯道外侧	小客车	>30°

表 4-4 　《公路交通安全设施设计规范》（JTG D81—2006）中的碰撞角度案例分析值统计表

样本量	最大值	最小值	平均值	不大于 15° 的比例	不大于 20° 的比例
598	33.8°	4.2°	15.3°	56%	74%

对比表 4-3 和表 4-4 可知，通村公路车辆碰撞角度或侵出角度明显大于高速公路调查数据，这是由通村公路路面宽度较小、弯道曲线半径较小和纵向坡度较大等原因造成的。

（2）基于通村公路线形的碰撞角度分析。由于通村公路护栏碰撞交通事故资料有限，研究人员从公路线形几何学原理角度分析通村公路车辆碰撞路侧或驶出角度。

由于弯道路段车辆行驶状态复杂、冲出路外事故较多且一般造成的事故后果均较严重，因此选取"弯道内侧行驶车辆碰撞外侧护栏"这种最不利于安全的情况的碰撞角度为代表进行分析。通村公路弯道内侧失控车辆在不改变行车方向且撞击外侧护栏时，其碰撞角度分析如图 4-2 所示。

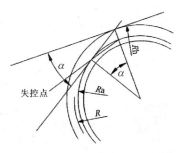

图 4-2 　弯道上护栏碰撞角度分析

假设，行车道宽 3.5m，两侧土路肩各 0.5m，护栏距行车道外侧 0.25m，车辆行驶在内侧车道的中心线位置处，不同半径值对应的碰撞角度计算值见表 4-5。

表 4-5 护栏碰撞角度计算表

R/m	$\alpha/°$	R/m	$\alpha/°$
20	39.79	65	23.07
25	36.03	70	22.37
30	33.17	75	21.54
35	30.9	80	20.88
40	29.07	85	20.38
45	27.48	90	19.72
50	26.25	95	19.21
55	24.99	100	18.64
60	23.97	…	…

研究人员对陕西省通村公路部分路段线形的调查显示 15%位半径的平均值为 53.5m，对应弯道内侧行驶车辆碰撞外侧护栏的碰撞角度约为 25°。

同时，可以发现当弯道半径逐渐变大后，护栏碰撞角度逐渐变小，因此直线路段护栏碰撞角度取 15°。

根据通村公路典型事故案例的碰撞角度分析结论，结合基于通村公路线形分布的碰撞角度分析结果，并参考国外护栏的碰撞角度值，得出结论：通村公路路侧安全设施碰撞仿真实验中的直线路段碰撞角度采用 15°，曲线路段碰撞角度采用 25°。

4.1.2 安全防护性能评价标准

路侧事故的类型主要有碰撞危险物、翻车和坠车三种。一般而言，翻车和坠车的事故后果均较为严重，碰撞危险物的事故严重度则要视具体情况确定，从较轻微到情况严重的范围较大。调研结果表明，路侧净区范围内的危险物是路侧交通事故发生的主要诱因，当侵入路侧的车辆以较快速度与危险物发生碰撞时，可能会导致车辆损坏，甚至人身伤亡。

国外关于路侧危险物碰撞伤害严重度的研究已有较多成果，研究方法主要有三类。

（1）基于历史事故数据分级，将路侧的轻微事故、死伤事故数乘以相应权重，得到最终的严重程度，这种方法以美国为代表，其特点是要求有完善的历史事故数据。

（2）基于车辆加速度计算的乘员伤害指标，包括车体冲击加速度 10ms 间隔平均值的最大值（简称车体 10ms 平均加速度）、ASI（Acceleration Severity Index，加速度严重指数）、THIV（The Head Impact Velocity，理论头部碰击速度）、PHD（Post-impact Head Deceleration，碰撞后头部减速度）、OIV（Occupant Impact Velocities，乘员碰撞速度）、ORA（Occupant Ridedown Accelerations，乘员骑乘加速度）。例如欧洲标准 *Road Restraint Systems*（BS EN 1317），和美国的碰撞标准。该方法以车辆事故过程中产生的最大加速度评价碰撞事故中的乘员伤害，具有客观性。

（3）定性方法，该方法以专家经验判断为主，其缺陷是结果易受主观影响。

我国在这方面的研究还处于初级阶段，还没有成熟的研究成果和相关标准。目前仅有公安部以及《中华人民共和国道路交通安全法实施条例》按照可能造成的人员伤亡和事故损失，将交通事故定性分为轻微、一般、重大和特重大事故四类。

考虑到我国历史事故数据信息不完备性和缺失的问题，本研究拟基于车辆加速度计算的乘员伤害指标——加速度严重指数（ASI）来评估路侧危险物碰撞伤害严重度。

4.1.2.1 加速度严重指数（ASI）

ASI 值是欧洲标准 *Road Restraint Systems*（BS EN 1317）中所使用的评价碰撞过程中车辆运动对乘员的伤害的严重度指标。BS EN 1317 在评价道路安全护栏性能时，主要根据 ASI 值将碰撞严重度（Impact Severity）划分为 A 级（$ASI \leqslant 1.0$）、B 级（$ASI \leqslant 1.4$）和 C 级（$ASI \leqslant 1.9$），A 级代表乘员具有较高的安全性。ASI 是一个无量纲和关于时间的函数。ASI 值越大，表示乘员的伤害风险越高，其计算如式（4-1）所示。

$$ASI(t) = [(\overline{a}_x / \hat{a}_x)^2 + (\overline{a}_y / \hat{a}_y)^2 + (\overline{a}_z / \hat{a}_z)^2]^{1/2} \tag{4-1}$$

式中：$\hat{a}_x$、$\hat{a}_y$ 和 $\hat{a}_z$ 分别为人体 x、y 和 z 三个方向加速度的限制值，根据 BS EN 1317 中的定义知，低于加速度限制值时乘员风险非常小（如果受伤，仅为轻伤），对于系有安全带的乘员，一般使用的加速度限制值为 $\hat{a}_x = 12g$，$\hat{a}_y = 9g$，$\hat{a}_z = 10g$。$\overline{a}_x$、$\overline{a}_y$ 和 $\overline{a}_z$ 分别为车辆上定点 P（车辆重心或接近车辆重心）间隔 50ms 的平均加速度，其计算如式（4-2）所示。

$$\begin{cases} \overline{a}_x = \dfrac{1}{\delta} \displaystyle\int_t^{t+\delta} a_x \mathrm{d}t \\[2mm] \overline{a}_y = \dfrac{1}{\delta} \displaystyle\int_t^{t+\delta} a_y \mathrm{d}t \\[2mm] \overline{a}_z = \dfrac{1}{\delta} \displaystyle\int_t^{t+\delta} a_z \mathrm{d}t \end{cases} \tag{4-2}$$

ASI 值用于衡量在车辆碰撞危险物的过程中，坐在点 P 附近的乘员感受到的车辆运动的剧烈程度，其计算数据为车辆上定点 P 的加速度 50ms 间隔平均值的时程，对原始加速度数据"50ms 平均"的计算相当于"低通滤波"的过程，即假定车体加速度通过软接触的方式传递给乘员，采用车体加速度评价乘员风险，实际是假定乘员在碰撞过程中一直和车辆乘员仓保持接触。

将车辆碰撞过程中的 $ASI(t)$ 最大值作为护栏缓冲功能的评价指标，即式（4-3）：

$$ASI = \max[ASI(t)] \tag{4-3}$$

4.1.2.2 碰撞路侧危险物加速度严重指数（ASI）

针对前述的五类典型路侧危险物（混凝土护栏端部、路侧边沟、标志立柱、突出山石、树木），开展 3 种车型（小汽车、小客车和小货车）的碰撞仿真试验，共计 24 组试验，分别得到碰撞危险物试验过程中的车辆纵向、横向与竖向的合成加速度曲线。基于加速度曲线，可得到各种情形下的加速度严重指数 ASI 值，计算步骤如下。

（1）对各仿真结果纵向、横向和竖向原始加速度数据进行 50ms 平均。

（2）利用三个方向 50ms 平均后的加速度数据，计算每个时刻对应的 $ASI(t)$。

（3）将 $ASI = \max[ASI(t)]$ 作为仿真模型碰撞严重度的度量值。

4.1.2.3　路侧危险物碰撞伤害严重度分级方法

（1）伤害严重度定义。车辆失控侵入路侧后，伤害程度主要取决于路侧几何条件（边坡高度、坡度）和路侧范围内的危险物（如护栏端部、树木、突出山石、路侧边沟等）。基于此，本研究将路侧碰撞伤害严重度定义为：伤害严重度是衡量一定质量的汽车以一定的碰撞条件（碰撞速度和碰撞角度）驶出路外，并与路侧危险物碰撞造成事故的严重程度指标，它是事故造成财产损失、伤亡程度的综合估计值。本课题通过对路侧危险物碰撞伤害严重度进行研究，按加速度严重指数 ASI，将其分为四级。

（2）基于加速度严重指数（ASI）的路侧危险物伤害严重度分级。加速度严重指数（ASI）从加速度方面对碰撞严重度进行评估，并不直接代表实际路侧碰撞伤害的严重度。Gabauer 和Gabler（2007 年）分析了路侧设施碰撞试验中主要的乘员伤害评价指标——OIV、ASI 和 ΔV 与实际的事故严重度之间的关系。通过收集的大量历史事故数据以及对应的 ASI 值，Gabauer首先按照 AAAM（2001 年，汽车医学进步协会）制定的"简明伤害等级"（Abbreviated Injury Scale，分为 1～6 级，见表 4-6）确定事故的等级，再将所有的事故分为"严重事故"和"非严重事故"两类。判断事故"严重"与否的阈值有两个：最大的 ASI 值为 3 或者大于 3（$MASI3+$）；最大的 ASI 值为 2 或者大于 2（$MASI2+$）。然后，采用二元 logistical 回归方法对 ASI 值与发生严重事故的概率[$P(MASI3+)$和 $P(MASI2+)$]的关系进行拟合，拟合曲线和方程如式 4-4 和图 4-3所示。

"简明伤害等级"大于等于 2（$MASI2+$）的严重事故发生概率如式（4-4）所示。

$$P(MASI2+) = \frac{1}{1 + \exp(3.2593 - 1.9532 \times ASI)} \tag{4-4}$$

"简明伤害等级"大于等于 3（$MASI3+$）的严重事故发生概率如式（4-5）所示。

$$P(MASI3+) = \frac{1}{1 + \exp(4.4730 - 1.6808 \times ASI)} \tag{4-5}$$

表 4-6　简明伤害等级划分标准

简明伤害等级	类型	伤害
1	轻微（minor）	伴有头痛或眩晕的轻微颅脑损伤，没有丧失意识，轻微的颈椎损伤，颈部扭伤，擦伤，挫伤
2	中度（moderate）	有或无颅骨骨折的脑震荡，意识丧失不超过 15min，角膜微小裂伤，视网膜剥离，无位移的脸或鼻子骨折
3	严重（serious）	有或无颅骨骨折的脑震荡，没有严重神经损伤的 15min 以上意识丧失，颅骨闭合性骨折有位移，但无意识丧失或其他颅内损伤体征，视力减退，涉及胃窦、眼眶的移位性颌面骨折，无脊髓损伤的颈椎骨折
4	剧烈（severe）	颅骨闭合性骨折有移位，伴有严重的神经损害
5	高危（critical）	有或无颅骨骨折的脑震荡，超过 12h 的意识丧失和颅内出血，神经损伤达到临界指标
6	致命（survival not sure）	死亡，压力或破裂导致脑干或上颈部部分或全部损伤，伴有脊髓损伤的上颈部骨折和（或）扭伤

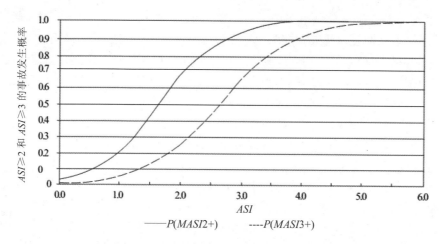

图 4-3　ASI 与 $P(MASI3+)$ 和 $P(MASI2+)$ 之间的关系曲线

根据 ASI 与 $P(MASI3+)$ 和 $P(MASI2+)$ 之间的关系，综合考虑欧洲碰撞标准 BS EN 1317 中护栏碰撞严重度的分级标准（A 级：$ASI\leqslant1.0$；B 级：$ASI\leqslant1.4$；C 级：$ASI\leqslant1.9$），本课题确定了加速度严重指数 ASI 的分级标准，并根据 ASI 值将路侧碰撞伤害严重度也划分为 4 级，等级越高，代表路侧事故越严重。路侧危险物碰撞伤害严重度分级见表 4-7。

表 4-7　路侧危险物碰撞伤害严重度分级

ASI	$P(MASI2+)$	$P(MASI3+)$	路侧事故严重度	描述
0～1.0	<0.20	<0.05	一级	乘员不受伤或受轻伤
1.0～1.9	<0.60	<0.20	二级	在车辆碰撞过程中，乘员感觉到明显的撞击，易受到轻伤或者中等伤害
1.9～2.64	<0.85	<0.50	三级	车辆碰撞强烈，乘员受到较严重的伤害，少数可能死亡
>2.64	>0.85	≥0.5	四级	车辆碰撞猛烈，乘员受到严重伤害，死亡率高

通村公路安全防护性能评价标准的制订原则是：以通村公路运行实际情况的调研资料为基础；体现以人为本的原则，既能保证大部分车辆的行车安全，同时也要考虑现存的技术、经济实力；既考虑目前通村公路的现状，也考虑今后的发展趋势。

本课题参考《高速公路护栏安全性能评价标准》（JTG/T F83—01—2004）等国内标准规范以及欧盟 BS EN 1317（2010 年新版）、美国 MASH 2009（Menual for Assessing Safety Hardware 2009）等国外标准，结合通村公路应用环境的特殊性，确定通村公路安全防护性能评价标准如下：

（1）碰撞车辆不得穿越、骑跨、翻越护栏，刚性护栏最大动态变形量应小于或等于 10cm；半刚性波形梁护栏最大动态变形量小于或等于 75cm；半刚性双波梁护栏最大动态变形量小于或等于 100cm；柔性护栏最大动态变形量可根据其安装位置参照半刚性护栏最大动态变形量确定。

通过对通村公路重特大事故的深入分析研究可以发现，坠车是导致恶性事故发生的主要事故形态。因此，将"碰撞车辆不得穿越、骑跨、翻越护栏"作为强制性评价标准，即通村公路护栏必须确保车辆不会因冲破、推倒护栏等形式越过护栏而发生侵入路侧坠车的恶性事故。

护栏变形和最大动位移值的规定参照了国内外的相关标准和试验数据，护栏最大动态变形量在规定的指标之内可以保证安全。

（2）车辆与护栏发生碰撞时，应能保证车内乘员的生命安全。

1）碰撞过程中车辆重心处所受冲击加速度 10ms 间隔平均值的最大值（车体纵向、横向和坚向加速度的合成值）应小于 20g。当瞬间加速度过大时将会导致驾乘人员因剧烈碰撞而发生较严重的器官组织的损伤。

2）碰撞过程中从被撞护栏上脱离的组件或其他各种碎片都不得侵入车体乘员仓内部。因为当护栏碰撞引起的飞溅物（护栏、车辆以及碰撞环境中其他各种实体的组件、碎片等）侵入车体时，将对驾乘人员造成较严重的伤害甚至造成驾乘人员的伤亡。

3）碰撞过程中车辆的形变应保证乘员不受到严重伤害，汽车在碰撞的过程中，将发生较大的变形，车辆内部驾乘人员的生存空间将受到严重的挤压，车辆如果在碰撞过程中由于变形过大，则必然对乘员造成伤害。

4）碰撞后，碰撞车辆应能保持正常的直立状态，不发生侧翻现象。例如碰撞过程中车辆发生严重侧翻，将导致车内乘员相互之间的猛烈挤压或车内各类构件、物品碰撞乘员导致乘员受伤。

为保证车辆与护栏碰撞时车内乘员的生命安全，可从以上四个角度出发制订相应的乘员保护评价标准。

（3）护栏应有良好的导向功能，汽车与护栏碰撞后的驶出角度应小于碰撞角度的 60%。护栏良好的导向性能可以使车辆在碰撞护栏后能够停车于合理的范围内，不至于过多影响其他过往车辆的正常通行，避免二次事故的发生。

上述评价标准仅仅从防护设施的安全性能方面进行了评价，考虑到通村公路的实际情况，没有包括对防护设施的景观性、耐久性以及易养护性等的评价。

4.2　通村公路路侧安全防护措施应用现状

目前，通村公路受建养资金限制，多数险要路段未设置防护设施，设置防护的设施多数是就地取材、因地制宜地采用了一些未经过验证的安全防护设施，主要包括示警桩、砌石示警墩、薄壁钢筋混凝土护栏、油桶示警墩、墙垛式防护墩、土石堆防护设施等。

（1）示警桩。示警桩设置在路肩，以显示路基边缘，警示驾驶员道路线形变化及路侧边缘的警示设施。桩体一般为混凝土预制或钢管，设置间距为 2m 左右，用红白相间 10cm 或 15cm 的警示漆涂刷表面。可在示警桩两侧预留凹槽，并粘贴反光膜，加强示警桩夜间视线诱导功能，如图 4-4 所示。示警桩不具备防撞能力，一般设置于运行车速较低、路侧危险度不高、车辆侵入路外时不会产生伤亡的路段。

（2）砌石示警墩。砌石示警墩（长 2m、厚 0.5m、高 0.8m）一般是通村公路常见的路侧安全设施（图 4-5）。砌石示警墩具有一定的防撞功能和较好的视线诱导功能，施工、维护简单，造价较低。通常设于路侧危险程度较高的路段。

图 4-4　示警桩

图 4-5　砌石示警墩

　　由于砌石设施施工方便，材料易获得，更容易被通村公路建设管理者及当地村民接受。《公路安全保障工程实施技术指南》将其列为警示设施，公路管理者及村民认为其有一定拦挡失控车辆的能力。在公路交通事故调查中，有示警墩拦住失控车辆的案例，也有车辆冲断浆砌石墩侵入路侧的事故。

　　（3）薄壁钢筋混凝土护栏。山区通村公路的路窄，为减少护栏占用路间的宽度，可设置薄壁钢筋混凝土护栏（图 4-6），护栏埋深为 25cm，露出路面的高度为 81cm。从现有的通村公路调研来看，有碰撞出现裂缝露出钢筋的事故案例，未发现车辆冲出护栏的事件。

图 4-6　薄壁钢筋混凝土护栏（单位：cm）

　　（4）油桶示警墩。在通村部分路段，考虑到路侧警示防护设施的快速成型与设置的便捷性，采用废旧油桶作为路侧安全设施（图 4-7）。油桶示警墩为废旧沥青桶、汽油桶填装沙石或混凝土，并固定于路肩的警示设施，具有一定的防撞功能和较好的视线诱导功能，同时具有一定的缓冲功能，发生碰撞后对车辆损坏较小。该设施制作简单、施工方便、工程造价低，但占地面积较大，适用于路侧边坡较为平缓，土路肩较宽裕的路段。

图 4-7　油桶示警墩

（5）墙垛式防护墩。墙垛式防护墩是在间隔式防护墩的基础上，采取连续的混凝土基础，将间隔式防护墩连接起来，形成墙垛式护栏（图 4-8），虽然在造价上有所提高，但是在路侧防护性能上也有较大提高，降低了事故车辆侵入路外的可能性，有利于驾驶员矫正行车方向。

图 4-8　墙垛式防护墩

（6）土石堆防护设施。在通村公路中，在路侧地势较缓路段，采用散碎土石堆积的方式，设置路侧简易防护措施（图 4-9），土石设置造价较低，较容易设置，可以就近利用土石材料，在一定程度上，可以预防事故车辆侵入路外，降低驾驶员及乘客的伤亡程度。但是在雨水充沛的月份，将会降低土石防护设施的强度，不利于其阻挡作用。

图 4-9　土石堆防护设施

4.3 通村公路汽车—护栏碰撞系统仿真模型的建立

本项目路侧安全设施碰撞仿真模型以 HyperMesh 软件为建模平台，在 LS-DYNA 软件中实施仿真分析。建模过程中，针对结构复杂的实体模型，采用了一系列行之有效的模型简化及处理技术，以达到顺利实施复杂的整车碰撞数值仿真的目的，并能准确反映碰撞仿真过程中路侧安全设施及车辆的变形特征，为通村公路护栏设置提供依据。

4.3.1 通村公路路侧简易安全防护设施有限元模型建立

目前，通村公路上常用的路侧防护设施包括浆砌石墩、浆砌片石护栏、薄壁钢筋混凝土护栏、干砌路侧防护、墙垛式防护墩、油桶式警示防护墩、土石堆防护设施等。本课题选用间隔式混凝土防护墩、城墙式混凝土防护墩、油桶式混凝土防护桩、土石堆护栏作为仿真模型（图4-10），在 HyperMesh 中进行仿真建模。

名称	示例	仿真模型
间隔式混凝土防护墩		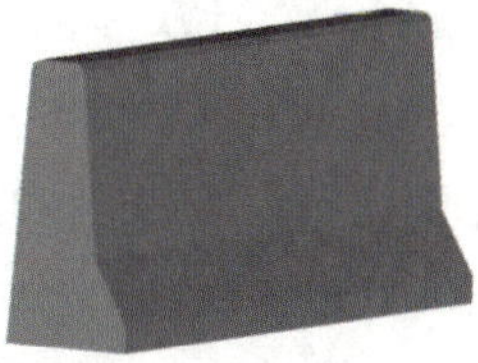
墙垛式混凝土防护墩		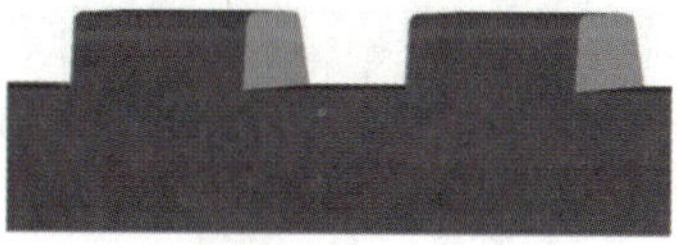
油桶式混凝土防护桩		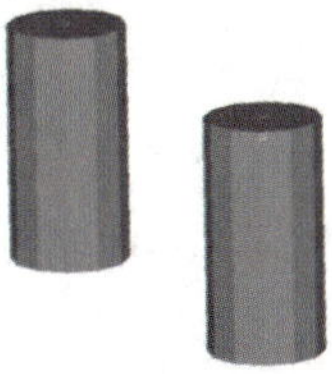
土石堆护栏		

图 4-10　护栏模型

护栏的截面形状和几何尺寸不仅经济，还能充分发挥护栏的主要作用，比如，既能防止碰撞汽车越过护栏，又能有利于汽车爬高和转向，吸收碰撞能量，从而减少碰撞汽车的损坏和保护车上乘员的安全。护栏材料属性的合理定义很大程度上决定了护栏在遭受碰撞时发生变形破坏的情况，对碰撞仿真实验的工程可参考性具有重要的影响。

当车辆与混凝土护栏接触时，首先是保险杠与护栏接触而受压，上坡面挤压保险杠使之变形，产生向上的提升力，斜面挤压汽车的悬架系统也会使之提升，从而将汽车的动能部分转化为势能。在这个过程中，由刚体的动量矩定理可知，车体后部有向护栏靠近的趋势，从而使车体转向。车体与护栏平行后沿护栏滑行，然后以一定角度脱离护栏。

由此可见，在建立护栏有限元模型的过程中，主要考虑的内容包括护栏的截面形状、护栏的材料属性、护栏的边界约束条件和护栏的几何尺寸四部分。

（1）护栏的截面形状。在我国，使用较多的混凝土护栏结构主要包括 NJ 型和 F 型。本课题中，考虑到研究的护栏主要是作为路侧安全防护措施，安置于路侧，因而借鉴了 F 型混凝土护栏的结构。

（2）护栏的材料属性。四种路侧安全防护设施中，主要采用两种材料参数：

1）路侧防护墩、城墙式路侧防护墩、油桶式防护墩均采用常应力弹性体单元及第 96 号材料模型——MAT_Brittle_Damage，此材料模型是专门用来模拟钢筋混凝土的一种材料模型，可以真实地模拟混凝土拉压、剪切失效的各种状态。护栏材料参数：质量密度 2.5kg/dm³、杨氏模量 $E=3.0×10^6$ MPa、泊松比 0.20、拉伸极限 3MPa、剪切极限 14.5MPa、断裂韧度 $14.9×10^{-3}$kg/mm² 黏性参数 0.72MPa/s、屈服应力 29MPa。

2）路侧土石堆采用常应力弹性体单元及第 5 号材料模型——MAT SOIL AND FORM，此材料模型是专门用来模拟土的一种材料模型，可以真实地模拟土拉压、剪切失效的各种状态。土石堆材料参数：质量密度 1.6kg/dm³、剪切模量 $E=57.6$MPa、弹性模量 $K=17.94$MPa。

（3）护栏的边界约束条件。在开始求解之前，需要给模型施加约束，限制模型在不同方向的自由度。在 ANSYS/LS-DYNA 中，可以用 EDCNSTR 命令模拟其他类型的约束。可用的约束类型有附加节点设置（ENS）、节点刚性体（NRB）、薄壳边界到实体（STS），以及铆接（RIVET）。

本课题研究的主要目的在于解决路侧安全设施的安全设置问题。因而在研究车-护栏碰撞系统的过程中，未对碰撞过程中路基土体对护栏稳定性的影响进行研究。所以根据以往的项目经验，在碰撞过程中，路面 300mm 以下的部分几乎不变形。由于碰撞的影响范围主要局限在护栏体系上部，护栏体系的底部对计算没有实质性的影响，可以认为，护栏体系底部的 6 个自由度上全被约束，即

$$g(x,y,z,\phi_x,\phi_y,\phi_z,t)=0$$

护栏约束形式如图 4-11 所示。

（4）护栏的几何尺寸。仿真试验中四种护栏的几何尺寸如图 4-12 所示。

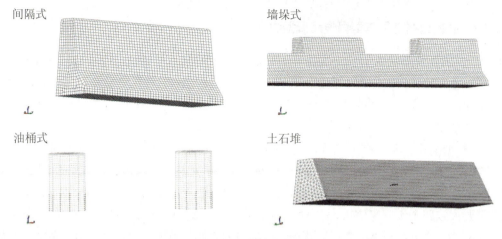

间隔式　　　　　　　　墙垛式

油桶式　　　　　　　　土石堆

图 4-11　护栏约束形式

名称	正立面	右立面
间隔式混凝土防护墩	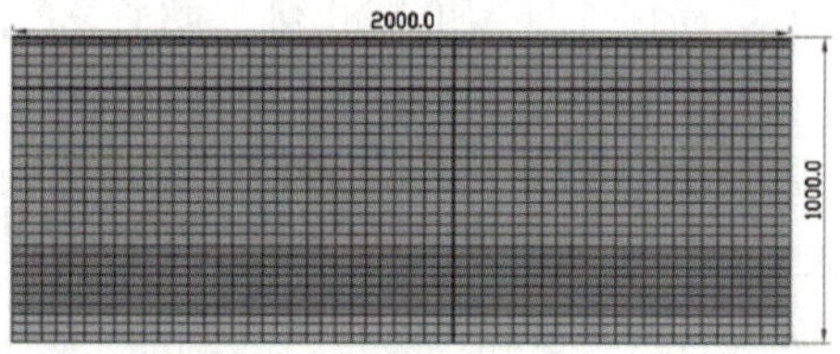 2000.0 / 1000.0	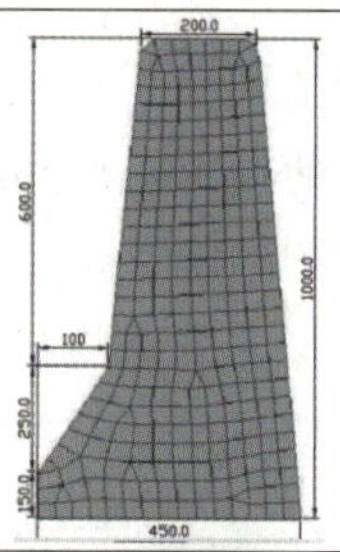 200.0 / 600.0 / 100 / 250.0 / 120.0 / 450.0 / 1000.0
墙垛式混凝土防护墩	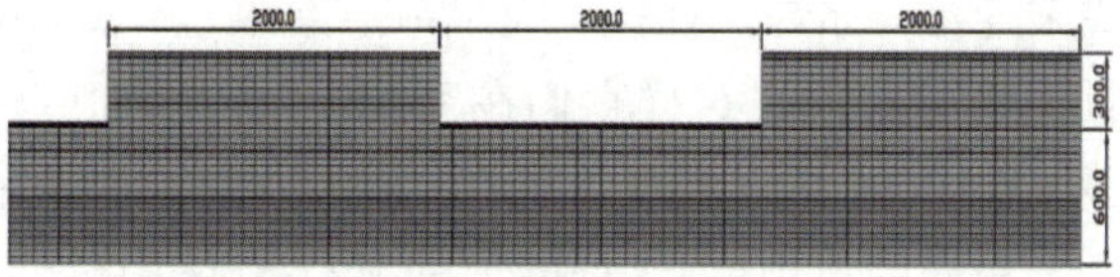 2000.0 / 2000.0 / 2000.0 / 300.0 / 600.0	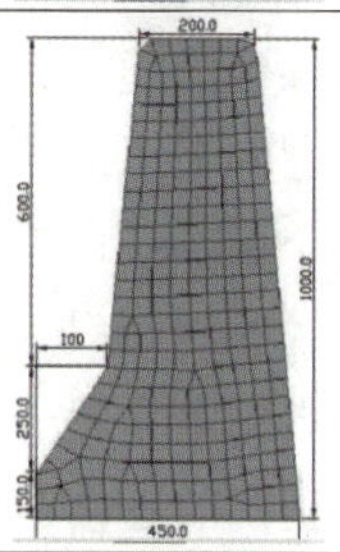 200.0 / 600.0 / 100 / 250.0 / 120.0 / 450.0 / 1000.0
油桶式混凝土防护桩	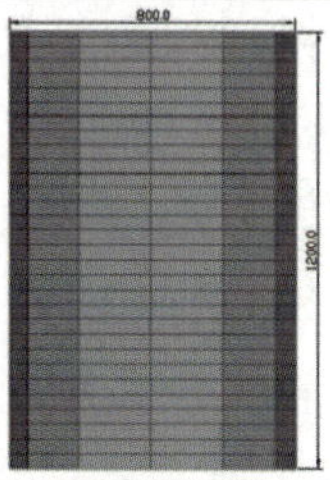 800.0 / 1200.0	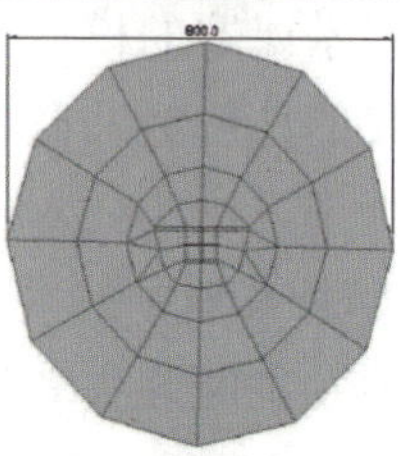 800.0
土石堆护栏	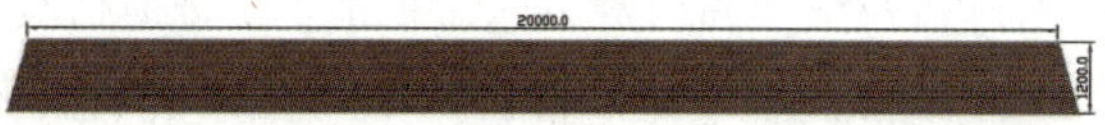 20000.0 / 1200.0	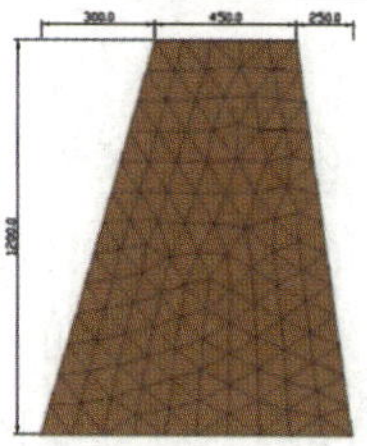 300.0 / 450.0 / 250.0 / 1200.0

图 4-12　碰撞仿真试验中四种护栏的几何尺寸

4.3.2 通村公路常见车型有限元模型建立

将车型 CAD 模型导入 HyperMesh 中，然后对该车模型进行处理。实际车辆均为零部件众多、载荷传递关系复杂、支撑及连接形式多样的复杂机械系统，在综合分析各零部件在碰撞仿真分析中的作用及变形特征的基础上对相应构件进行合理简化处理，既可大量节省计算资源又可保证仿真精度。

（1）模型简化。利用有限元进行汽车碰撞分析，首先要建立需要分析的经过简化后的几何模型；其次确定单元类型和材料属性，进行网格化，分生成由节点和单元组成的有限元模型；最后对模型施加速度、约束或边界条件进行求解，得出变形和受力的详细的数据。有限元模型的建立需要大致四个步骤来完成，其中每一步的精度及准确性不仅关系到下一步的精度及准确性，而且对最终的仿真结果都有重要影响。长期研究表明：模拟结果正确与否、精度效率如何除了与有限元核心计算有关外，还在很大程度上依赖于 CAD 模型简化的合理程度、材料参数的设置情况。

具体简化措施包括两个：一个是需保证模型能够正确反映各柔性构件的变形吸能特性，如车身薄板覆盖件和底架纵梁等，需采用大变形的单元类型详细建模；另一个是需保证系统动能计算的准确性，对于体积和刚度均较大的构件如发动机、变速箱等由于在碰撞过程中自身几乎不变形但可能与其他变形体接触，可采用刚性体单元模拟，对变形可忽略的小构件还可进一步用点质量单元建模以保持整车模型的总质量和重心位置与实车一致。

（2）部件连接。汽车有限元模型涉及不同部件之间的连接问题，仿真分析应该对各种连接加以准确描述。实际的物理连接方式一般为焊接、铆接、螺栓连接等，在本课题的模型中各零部件之间采用了不同的方式来连接，如焊点连接、成组节点约束、节点合并等。点焊是将两个或三个要约束的节点用刚性梁连接起来，这样它们在空间中只能移动或转动，但相互之间就没有了相对运动，所以，这些焊点可以传递力。当单元具有平移自由度和转动自由度时，成组节点约束是对一组节点设定相同的自由度，这样能迫使所有受约束的节点在同一个方向上移动。正确的连接在碰撞时对整车的刚性以及部件的变形吸能有着重要影响。

在本课题的模型中，整车螺栓与焊点连接，绝大多数被假设为刚性连接。被假设为刚性连接的部位为非碰撞区域，并且在试验中假设螺栓或焊点连接没有发生明显的失效行为。具体处理方法为：对于点焊连接、销连接和铆钉连接采用含失效判断的焊点约束模拟，通过 LS-DYNA 中的关键字*CONSTARINED_SPOT-WELD 定义。这些连接部位在碰撞过程中可能发生断裂失效现象，对仿真结果影响较大，需通过设定其失效应力决定其碰撞后的状态。

（3）材料属性。汽车零部件所使用的材料多种多样，在进行碰撞仿真分析计算时，赋予单元的材料模型应与部件本身的材料及变形特性相对应。目前，在碰撞仿真软件中已经得到成功应用的材料模型有几十种，如弹性材料、弹塑性材料、泡沫材料、玻璃材料、复合材料等，其中一些材料还伴随失效、损伤、黏性、与应变率相关等性质。本课题模型中除特别说明外均使用各向同性弹塑性材料模型，并对材料设置不同的参数来代表汽车上的不同部件，如车身、钢化玻璃、车门、发动机罩、发动机、变速器、后桥等。

在有限元模型的建立过程中，用刚性体定义有限元模型中的刚性部分可以显著减少显式分析的计算时间。这是由于定义一个刚体之后，刚体内所有节点的自由度都耦合到刚体的质心上。因此，不论定义了多少节点，刚体仅有六个自由度，作用在刚体上的力和力矩由每个时间步的节点力和力矩合成，然后计算刚体的运动，位移就会转换到节点上。在本课题中，对于发动机总成定义为了刚性体，因为发动机总成在碰撞过程中几乎不发生变形。

构成车身各钣金构件的材料主要为 0.7～2.0mm 的低碳钢板，高速碰撞将产生较大的弹塑性变形，故车身和底部纵梁等构件为塑性硬化材料（LS-DYNA 中的材料 MAT24），对应关键字为*MAT_PLECEWISE_LINEAR_PLASTI CITY，该材料的本构关系为 Cowper-Symonds 模型：

$$\sigma_Y = \left[1 + \left(\frac{\varepsilon}{C} \right)^{\frac{1}{P}} \right] \left(\sigma_0 + \beta E_p \varepsilon_P^{eff} \right) \tag{4-6}$$

式中：σ_Y 为屈服应力；σ_0 为初始屈服应力；ε 为应变；ε_P^{eff} 为有效塑性应变；E_P 为塑性硬化模量；β 为调整硬化参数；C 和 P 为应变参数，对低碳钢可取 $C = 40$，$P = 5$。

材料 MAT24 的参数设置如图 4-13 所示。

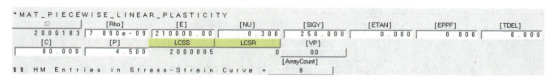

图 4-13　材料 MAT24 的参数设置

由于不计发动机、变速箱、引擎冷却箱和刹车片等构件的变形，故使用刚体材料 MAT20，其关键字为*MAT_RIGID。该材料模型不可压缩、不可变形，所以由该材料组成的同一个结构部件的所有节点的相对位置保持不变。材料 MAT20 的参数设置如图 4-14 所示。

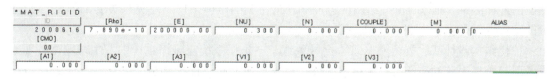

图 4-14　材料 MAT20 的参数设置

（4）接触定义。在碰撞仿真过程中，车身与障碍物、车身相邻构件之间，甚至车身构件自身均可能发生碰撞接触。由于可能发生接触的部位众多且关系复杂，难以事先预判，故将可能发生接触的构件表面均定义成 LS-DYNA 中的自动单面接触类型，对应关键字为*CONTACT_AUTOMATIC_SINGLE_SURFACE。

结合对陕西省通村公路车型比例的调查分析，本课题采用的三种车型的整车网格划分和参数如图 4-15 所示。

车型	整车网格划分	参数
小汽车		整车网格以四边形壳单元为主，共包含 271111 个单元、283859 个节点，其中 267786 个壳单元、122 个梁单元、2852 个刚体单元，其单元尺寸在 40～80mm 范围内，其最小单元边长为 40mm
小客车		整车网格以四边形壳单元为主，共包含 294585 个单元、295448 个节点，其中 278523 个壳单元、2 个梁单元、15952 个刚体单元，其单元尺寸在 40～80mm 范围内，其最小单元边长为 40mm
小货车		整车网格以四边形壳单元为主，共包含 26996 个单元、29560 个节点，其中 25784 个壳单元、28 个梁单元、1091 个刚体单元，其单元尺寸在 40～80mm 范围内，其最小单元边长为 40mm

图 4-15　三种车型的整车网格划分和参数

4.4　通村公路汽车—护栏碰撞系统的仿真实验分析

4.4.1　汽车—护栏碰撞系统仿真实验方案

当一个护栏系统建成并投入使用后，其固有的防护性能就基本确定了。但是在不同的初始碰撞速度和初始碰撞角度下，护栏的防护性能会表现出较大的差异性，这些是影响护栏防护性能的外在因素。理想的护栏结构应该能够在最不利的碰撞条件下避免乘员受到伤害，这种固有的防护性能是由其内在因素决定的。

护栏结构设计或设置得不合理，会导致汽车—护栏系统在碰撞过程中发生车轮阻绊现象，或者引起护栏系统的破坏等。这种情况下护栏不但不能起到保护乘员、减少伤亡的作用，反而可能导致更加严重的事故后果。

本节将首先通过 HyperMesh 软件建立一个汽车—护栏的完整的耦合体系，通过有限元仿真软件 LS-DYNA 进行仿真分析，研究通村公路几种常见护栏模型的防护性能。然后针对现有护栏结构与设置的不足之处，提出优化改进措施。通过模型仿真对其可行性加以验证，使其能够在某些严重碰撞事故中发挥良好的防护作用。最后对改进后的护栏模型进行不同碰撞速度、碰撞角度下的仿真计算，找出不同因素对护栏防护性能影响的规律，并将其作为制定交通安全防护设置的参考依据。

本课题确立的汽车—护栏碰撞仿真实验方案主要的实验模型包括三种简易整车模型（小汽车、小客车、小货车）和四种简易护栏（间隔式混凝土墩、墙垛式混凝土防护墩、油桶式混凝土防护墩、土石堆护栏）；主要考虑了两种路段的碰撞情况，即直线路段和曲线路段。总计进行了 36 组仿真实验，实验方案主要研究的内容如图 4-16 所示。

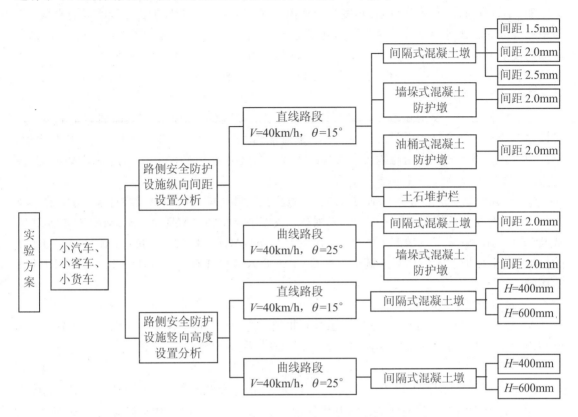

图 4-16　汽车－护栏碰撞仿真实验方案

（1）"车辆－半刚性护栏"耦合体系计算模拟条件。

1）主要模拟车辆的首次及部分二次碰撞。

2）假设事故车辆在发生碰撞之前，车辆的行驶方向不发生变化。

3）考虑车轮的滚动作用对车辆运行的影响，特别是与基座接触后可能出现的爬升及倾覆现象。

4）考虑牵引车碰撞后重心位置的改变，对车辆直接施加重力场。

5）充分考虑碰撞过程中摩擦的影响，包括车轮与地面的摩擦和车身在碰撞过程中与护栏的摩擦，但是不考虑空气阻力的影响。

6）考虑碰撞过程中主要接触部位可能出现的破坏及断裂现象。

7）为保证分析过程中车辆的整体性，认为车辆所有部分都连接良好，车架及转向节等关键部分强度足够不发生大的变形及破坏。

（2）参数确定及计算控制。

1）初始条件。

A．车辆碰撞速度。车辆碰撞速度是指失控车辆与防撞护栏接触时一瞬间的速度，它与车辆在道路上正常行驶的速度是有区别的。道路上行驶车辆在发生偶然事故时，驾驶员一般都会采取松油门、制动、转向等措施降低车速，可取设计车速的 60%～80% 作为碰撞速度的参考值。

调查显示，通村公路上车辆的运行速度主要在 20~40km/h 之间。运行速度小于 40km/h 的车辆数，占车辆总数的 80%左右。因此，将运行速度 40km/h 作为车辆碰撞速度。

B．车辆碰撞角度。车辆碰撞角度是指失控车辆冲击方向与防撞护栏纵轴所成的夹角，它与道路等级、车辆种类、行驶速度和车辆在车道上的位置有关。根据国外事故现场统计分析，碰撞角度小于 10°的事故占 80%、小于 15°的事故占 90%、最大碰撞角度为 25°。其中小型车的碰撞角度一般为 15°~30°，大型车的碰撞角度一般为 10°~25°。国内高速公路的事故调查也有类似的结论。

由于通村公路上交通量较小，可统计的交通事故数较少，根据通村公路典型事故案例的碰撞角度分析，结合基于通村公路线形分布的碰撞角度分析，并参考国外护栏的碰撞角度值，本次通村公路路侧安全设施碰撞仿真实验，直线路段碰撞角度采用 15°，曲线路段碰撞角度采用 25°。

C．接触控制。接触边界包括初始接触、过程接触和可能接触，以接触对来表示，在本课题中，对于车身内部构件相互之间全部采用对应关键字为*CONTACT_AUTO MATIC_SINGLE_SURFACE 的接触；车轮与桥面采用对应关键字为*CONTACT_AUTOMATIC_SINGLE_SURFACE 的接触；汽车与护栏采用对应关键字为*CONTACT_AUTOMATIC_SURFACE_TO_SURFACE 的接触。

2）碰撞仿真参数。

A．摩擦系数。在碰撞过程中，接触对彼此相对滑动，其接合面上的摩擦系数要受相对速度的影响，这不是库仑摩擦定律能够解决的，此种情况下的摩擦系数可表示为

$$\mu_c = \mu_d + (\mu_s - \mu_d)\mathrm{e}^{-(DC)(v)} \tag{4-7}$$

式中：μ_s 为静摩擦系数；μ_d 为动摩擦系数；DC 为指数衰减系数；v 为接触面的相对速度。

在库仑力作用下界面剪切应力在某些情况下会非常大，可能会超过材料的承受极限，按照黏着理论，此时的最大摩擦力决定于节点部分的剪切强度，即

$$F_{\lim} = VC \cdot A_{\mathrm{cont}} \tag{4-8}$$

式中：A_{cont} 为与节点接触的片段面积；VC 为黏性摩擦系数，其推荐值为 $VC = \dfrac{\sigma_0}{\sqrt{3}}$，$\sigma_0$ 为材料的剪切屈服应力。

由于车体部件众多，不便于不同部件间单独设置接触，本课题中选取所有车体部件设置整车自接触摩擦系数为 0.15。

为有效模拟地面对车体的约束作用设置轮胎与地面的接触，轮胎与地面的接触设置为点对面接触，Slave 面为 4 个轮胎外层及侧面，Master 面为地面，摩擦系数设置为 0.2。

护栏与车辆的接触最为重要，护栏与汽车的接触设置为面对面接触，车头各部件及侧面与护栏会有接触部分设置为 Slave 面，护栏为 Master 面，摩擦系数为 0.2，IREMOV 开关设置为 2，自动消除几何穿透。

护栏各部件间的接触设置为自接触，摩擦系数设置为 0.15，将 IREMOV 开关设置为 1，用来自动消除几何穿透。

B．接触阻尼。在接触问题中定义接触阻尼，可以对碰撞中的高频数值噪声进行非常有效的处理，从而避免接触中不必要的震荡。在 ANASYS/LS-DYNA 中接触阻尼的定义如下：

$$\xi = \frac{VDC}{100}\xi_{\text{crit}} \qquad (4\text{-}9)$$

其中： $\xi_{\text{crit}} = 2mw$ ； $w = \sqrt{\dfrac{k(m_{\text{slave}} + m_{\text{master}})}{m_{\text{slave}} \cdot m_{\text{slave}}}}$ ； $m = \min(m_{\text{slave}}, m_{\text{master}})$ 。

VDC 为临界阻尼的百分比值，称为接触阻尼系数。在本课题计算中的接触对接触阻尼系数取经验值 20。

C．接触刚度。所有的接触问题都需要定义接触刚度，若不设接触刚度，碰撞时一个物体将穿过另一个物体。接触刚度越大，则穿透就越小，理论上在接触刚度为无穷大时，可以实现完全的接触状态，使穿透值等于零。在程序计算中，接触刚度不可能为无穷大（否则病态），穿透也就不可能达到零，而只能是个接近于零的有限值。在 ANASYS/LS-DYNA 中接触刚度计算如下：

体单元段： $$k = \alpha \cdot \frac{A_c K_v}{V} \qquad (4\text{-}10)$$

式中： A_c 为与节点接触的片段面积； α 为罚因子； V 为与节点接触的片段体积； K_V 为接触单元的体积模量，为弹性模量和泊松比的系数。

壳单元段： $$k = \alpha \cdot \frac{A_c K_v}{Diag_{\min}} \qquad (4\text{-}11)$$

式中： $Diag_{\min}$ 为对角几何参数的最小值；其余同上式。

接触刚度是由程序控制计算的，唯一能控制的是罚因子。由于各接触对对穿透的控制要求不同，因此接触刚度的取值也不尽相同。

（3）运算控制。如何保证运算精度、运算速度和准确度是运算前必须要考虑的。除显式积分、单点缩减、积分单元类型的优选和网格疏密程度的控制外，还可采用时间步长、质量缩放、沙漏控制的方法进行控制。

1）时间步长的控制。LS-DYNA 采用的是有条件稳定的显式中心差分法，只有当时间积分步长小于临界时间步长时，才不会穿过最小单元，积分计算过程才能保持稳定，即

$$\Delta t \leqslant t_{\text{crit}} = \frac{2}{w_{\max}} \quad （w_{\max} \text{ 为杆件最大自然角频率}） \qquad (4\text{-}12)$$

由杆件的最大自然角频率 $w_{\max} = 2c/l$ ，可得杆件临界时间步长为 $\Delta t = l/c$ ，其中 l 为杆件的特征长度； c 为波在杆件中的传播速度。

依据 Courant 准则，对于线弹性材料，波的传播速度是杆件材料的弹性模量和密度的函数。二者的取值又都和杆件的单元类型有关，其函数关系如下：

梁单元： l 为梁单元长度， $c = \sqrt{\dfrac{E}{\rho}}$

壳单元：四边壳单元—— $l = \dfrac{A}{\max(L_1, L_2, L_3, L_4)}$ ， $c = \sqrt{\dfrac{E}{\rho(1 - v^2)}}$

四边壳单元—— $l = \dfrac{2A}{\max(L_1, L_2, L_3)}$ ， $c = \sqrt{\dfrac{E}{\rho(1 - v^2)}}$

体单元：八节点实体单元—— $l = V/A_{\max}$ ， $A_{\max}$ 为实体单元最大一侧的面积。

对于非线性材料而言，一般情况下得不到一个通用的稳定准则，但对于实际应用中的大多数非线性问题，根据 Courant 准则折减 10%已经被证明具有一定的可行性。

在 LS-DYNA 中，时间步长由程序自动计算。在这过程中，程序检查所有的单元，根据单元长度和材料特性自动计算出步长的初值，然后再用一个比例因子缩小时间步长以适应非线性问题的求解，达到整个计算的稳定。故对于体单元的自动时间步长可由下式求得：

$$\Delta t_{\text{auto}} = 0.9 \times \frac{l}{\sqrt{\dfrac{E}{\rho(1-v^2)}}} \qquad (4\text{-}13)$$

2）质量缩放。对于 LS-DYNA 的显式积分而言，程序中控制时间步长的是整个模型中计算时间步长最小的单元，因此，若模型的网格划分不均匀或局部存在较小单元，模型的计算时间将大幅度增加。针对这种情况，LS-DYNA 可以通过调整单元的密度（因为单元尺寸和弹性模量的准确性对于接触刚度等重要计算结果的精确性至关重要，所以一般不能调整）和人为控制时间步长，使得全体模型单元具有较一致的计算时间步长，从而减小运算的工作量。密度调整原理如下所示：

$$\rho = \frac{(\Delta t)^2 E}{l^2 (1-v^2)} \qquad (4\text{-}14)$$

对于质量缩放，LS-DYNA 程序提供了两种实施方案：

A．DT2MS 为正的时间步：该方案对所有单元有效，适应于惯性效应较小的单元。

B．DT2MS 为负的时间步：该方案只对计算时间步长小于指定时间步长的单元有效。

本模型采用第二种方案实现质量的缩放。虽然第二种方案将导致有限元模型整体质量的增加和惯性效应的增加，但是采用第二种方案初始时间步长将不会小于 TSSFAC*—DT2MS。质量只是增加到时间步长小于 TSSFAC*|DT2MS|的单元上。当质量缩放可接受时，推荐用这种方法，但用这种方法需要质量缩放是有限的。而过多的增加质量将导致计算任务终止，为保证分析结果的准确性，一般要求质量缩放造成的质量改变控制在 5%以内，同时还需要考虑到接触的稳定性。

3）沙漏控制。LS-DYNA 应用单点缩减高斯积分的单元进行非线性动力分析，可以极大地节省计算时间，也有利于模型发生较大变形。但是单点积分可能引起零能模式，即沙漏模式。沙漏是一种以比结构高得多的频率震荡的零能变形模式，是单元刚度矩阵中秩的不足导致的，其直接原因是积分点不足。沙漏模式是一种数学上稳定但在物理上无法实现的状态。它们通常没有刚度，单元变形呈锯齿形。

在分析中，沙漏现象的存在将使解答失真，在单元网格严重扭曲时将导致求解无法进行，所以应该尽量减小和避免。一般，如果总体沙漏变形能超过模型总体内能的 5%～10%，那么运算分析结果可能就是无效的。所以对于沙漏非常有必要对它进行控制。一般有如下几种方法：

A．总体调整模型的体积黏度，使用黏性沙漏控制。

B．通过总体附加刚度或黏性阻尼来控制。

C．通过局部附加刚度或黏性阻尼来控制。

D．使用全积分单元。

除了上述方法外，还可以通过修改模型的方法，可以减少沙漏的产生，如网格的细化、避免施加单点载荷、在容易产生沙漏模式的部件中分散一些全积分"种子"单元等。

在本模型中，将综合运用 A、C 和 D 三种方法及对模型进行优化修改的方法对沙漏进行控制，因为若使用 B 方法，将有可能导致模型的总体刚度增加过大，降低模型的有效性。

一个完整的"车辆—半刚性护栏"碰撞耦合体系的计算涉及许多方面，主要包括各种初始条件设定、边界条件的确定以及各个可能接触部位接触对的建立等。

4.4.2　间隔式混凝土防护栏仿真实验分析

4.4.2.1　直线路段小汽车护栏碰撞仿真分析

（1）初始条件。

1）间隔式混凝土防护栏间距：采用三种间距进行实验，分别为1.5m、2.0m、2.5m。

2）仿真车辆：小汽车。

3）碰撞角度：15°。

4）碰撞速度：40km/h。

（2）仿真结果如图 4-17 至图 4-30 所示。

1）车辆运行轨迹对比分析如图 4-17 所示。

时间/s	间距/m		
	1.5	2.0	2.5
0.0	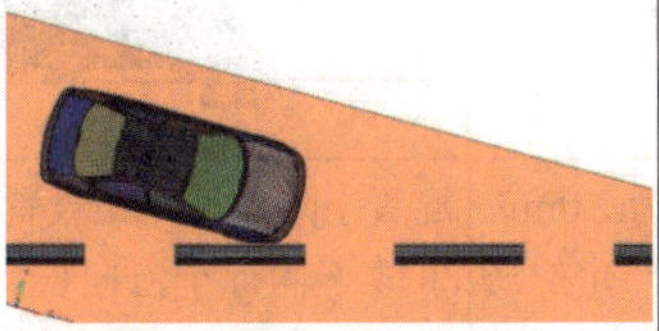	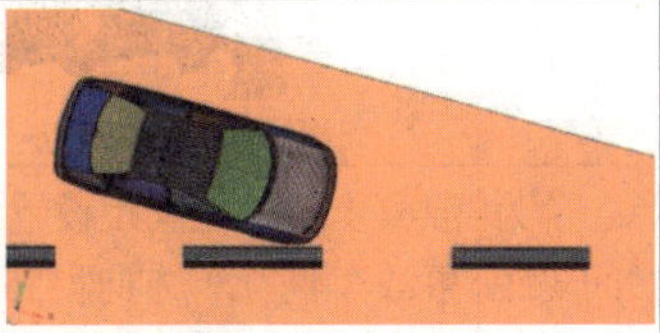	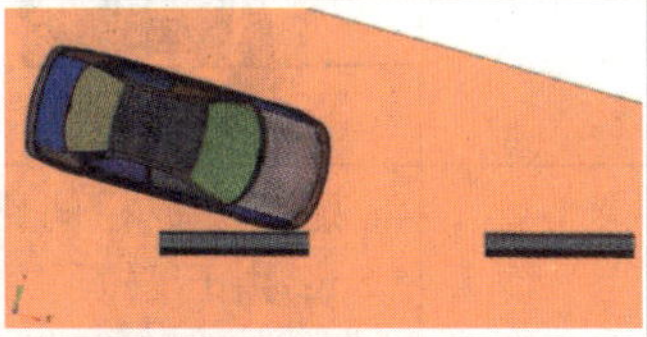
0.10	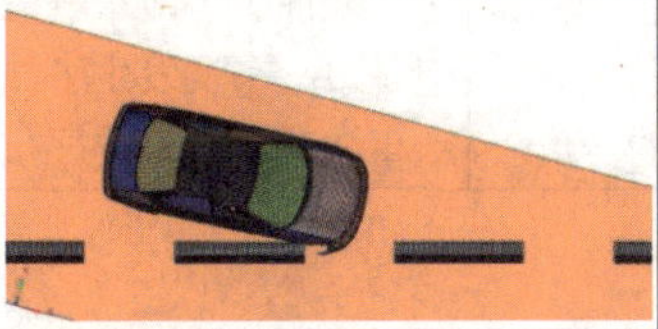	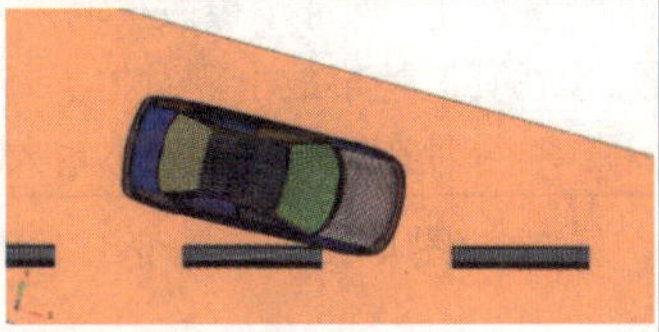	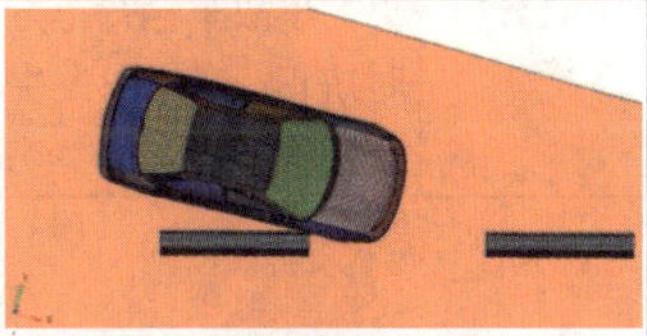
0.20	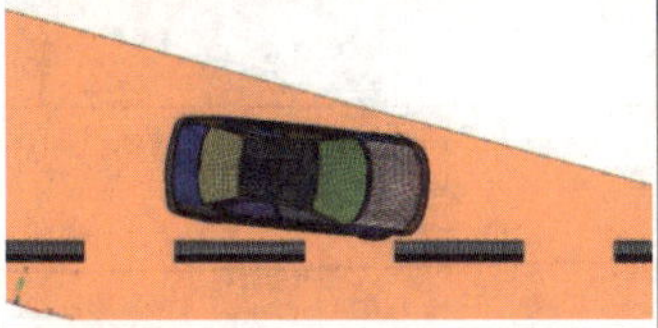	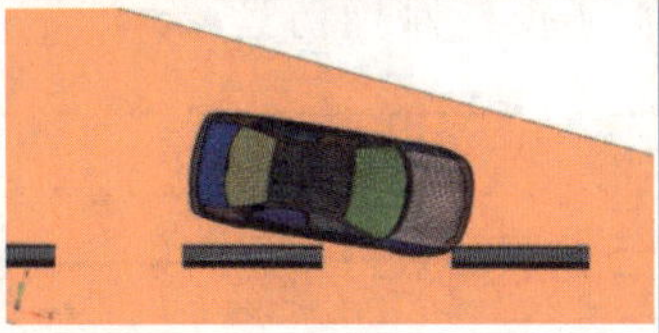	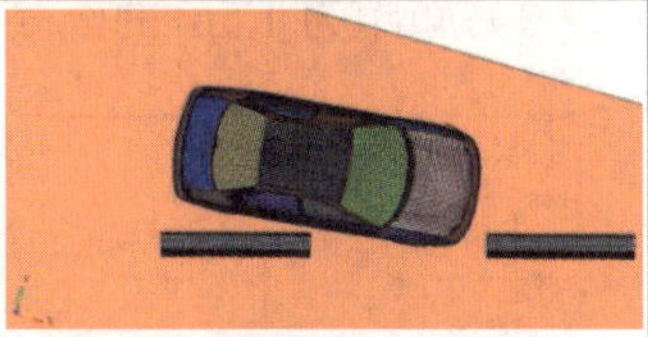
0.30	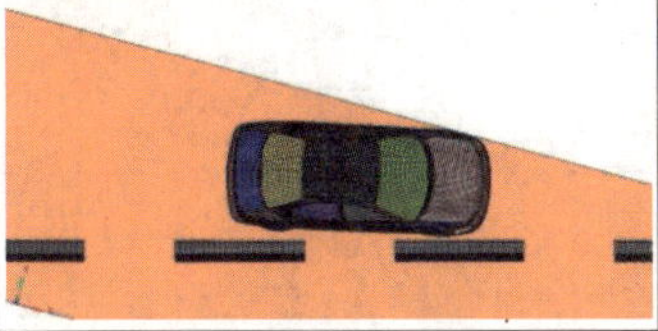	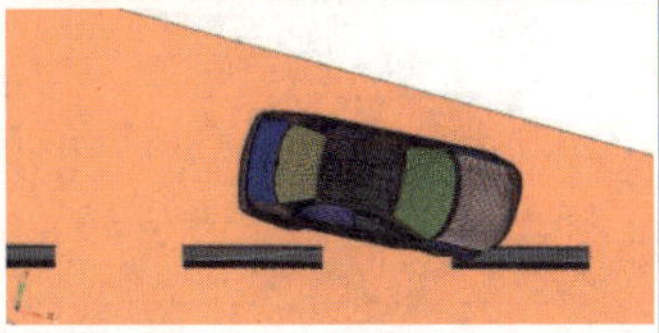	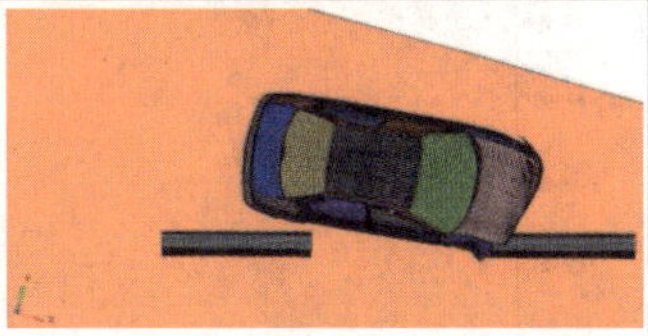
结果分析	混凝土防护栏间距设置为1.5m：由于缩短了护栏间隔距离，事故车辆行车方向得到了及时矫正，车辆重新回正至行车道	混凝土防护栏间距设置为2.0m：事故车辆行车方向得到一定的矫正，保证了事故车辆未冲出路外，但是事故车辆发生了二次碰撞，且在二次碰撞中发生小幅偏转	混凝土防护栏间距设置为2.5m：事故车辆行车方向得到一定的矫正，保证了事故车辆未冲出路外，但是事故车辆发生了二次碰撞，且在二次碰撞中发生较大偏转

图 4-17　车辆运行轨迹对比分析

2）车辆变形对比如图 4-18 所示。

时间/s	间距/m		
	1.5	2.0	2.5
0.0			
0.10			
0.20			
0.30			
结果分析	混凝土防护栏间距设置为1.5m：由于缩短了护栏间隔距离，事故车辆行车方向得到及时矫正，车辆只发生较轻微的变形	混凝土防护栏间距设置为2.0m：事故车辆行车方向得到一定的矫正，保证了事故车辆未冲出路外，但是事故车辆发生了二次碰撞，且在二次碰撞发生较大的变形	混凝土防护栏间距设置为2.5m：事故车辆行车方向得到一定的矫正，保证了事故车辆未冲出路外，但是事故车辆发生了二次碰撞，导致事故车辆发生较严重变形

图 4-18　车辆变形对比

3）间距为 1.5m 的混凝土防护栏碰撞仿真。

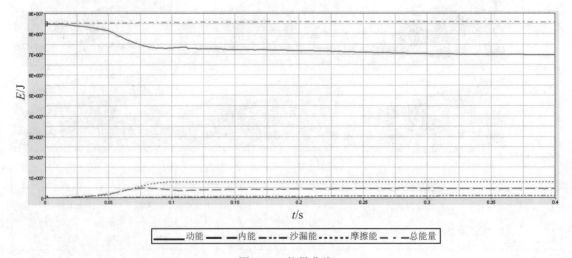

图 4-19　能量曲线

由图 4-19 可知：

A. 在 0.05s 第一次碰撞后，汽车动能逐渐减少，内能和摩擦能逐渐增加，在 0.1s 后总体趋于平稳，总能量保持不变，符合能量守恒定律。

B. 单点积分产生的沙漏能小于变形能的 10% 的允许范围，满足仿真精度需要。

C. 从能量角度验证了仿真模型的可靠性，仿真结果基本合理。

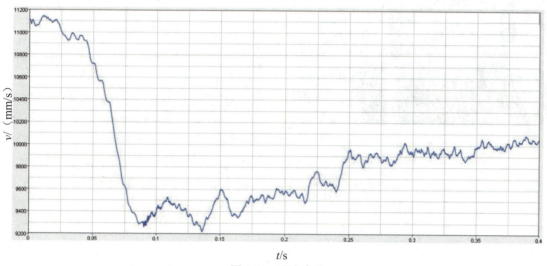

图 4-20　速度曲线

由图 4-20 可知，在 0.05s 第一次碰撞后车身速度迅速降低，0.1s 之后车身速度保持着较为平稳的趋势，且略微提高。汽车车身的速度始终为正值，表明小汽车模型始终保持向前运动的趋势。

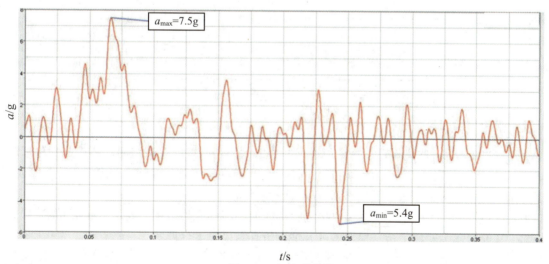

图 4-21　加速度曲线

由图 4-21 可知，在 0.06s 第一次碰撞时车身加速度达到峰值 7.5g，小于 20g 的安全控制要求，所以只会对车内乘客造成较小的伤害；第一次碰撞之后车身加速度保持着较为平稳的波动，且有逐渐减小的趋势，说明车辆整体趋于较平稳受控制的状态。

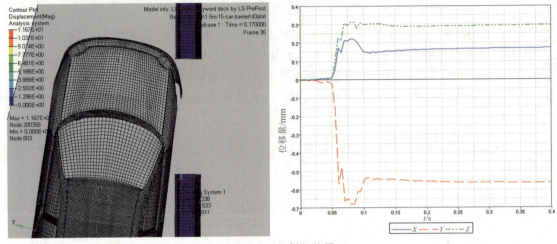

图 4-22　护栏位移量

由图 4-22 可知，在第一次碰撞后混凝土防护栏在 X、Y、Z 三个方向均发生了变形位移，最大位移量为 1.0cm，小于刚性护栏安全标准 10cm 的安全要求，说明满足护栏安全要求。

4）间距为 2.0m 的混凝土防护栏。

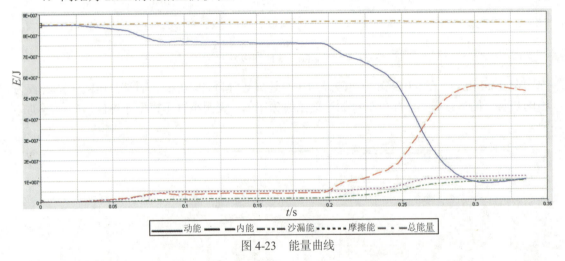

图 4-23　能量曲线

由图 4-23 可知：

A. 在 0.05s 第一次碰撞后车辆动能逐渐减少，内能和摩擦能逐渐增加，在 0.1s 后逐渐趋于平稳。在 0.2s 发生第二次碰撞后动能急剧减少，内能急剧增加，沙漏能和摩擦能逐渐增加，之后总体趋于稳定，总能量保持不变，符合能量守恒定律。

B. 单点积分产生的沙漏能在最终接近变形能的 10% 的允许范围，满足仿真精度需要。

C. 从能量角度验证了仿真模型的可靠性，仿真结果基本合理。

由图 4-24 可知，在 0.05s 第一次碰撞后车身速度略有降低，之后趋于平稳，在 0.2s 第二次碰撞后汽车车身速度迅速降低，之后车身速度保持着较为平稳的趋势，始终为正值，表明小汽车模型始终保持向前运动的趋势。

由图 4-25 可知，在碰撞过程中，在第二次碰撞时车身加速度达到峰值 47.4g，大于 20g 的安全控制要求，所以将会对车内乘客造成较大的伤害。

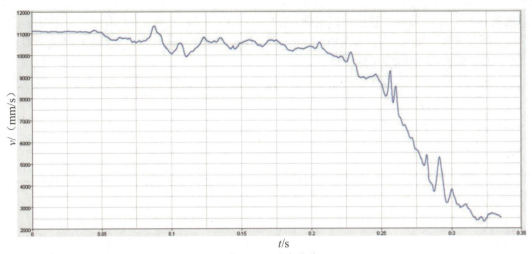

图 4-24　速度曲线

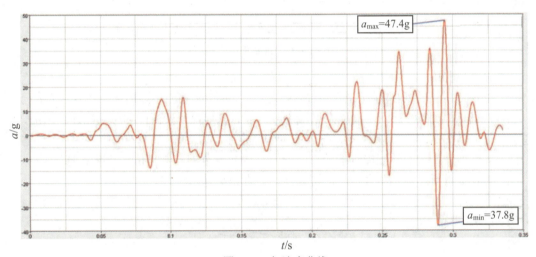

图 4-25　加速度曲线

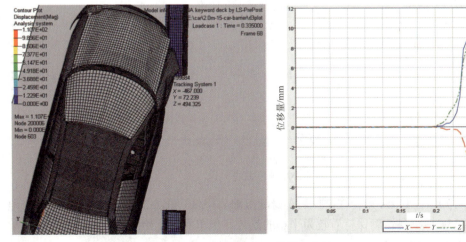

图 4-26　护栏位移量

由图 4-26 可知，在第二次碰撞后混凝土防护栏在 X、Y、Z 三个方向均发生了一定的变形位移，最大位移量为 1.2cm，小于刚性护栏安全标准 10cm 的安全要求，说明能满足护栏安全要求。

5）间距为 2.5m 的混凝土防护栏。

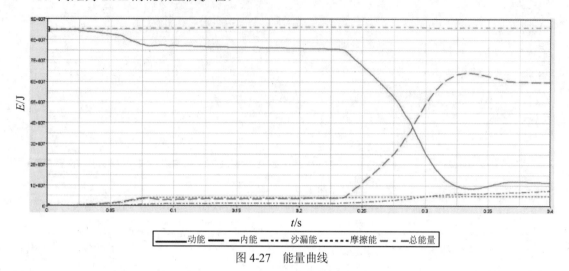

图 4-27 能量曲线

由图 4-27 可知：

A．在 0.05s 第一次碰撞后汽车动能逐渐减少，内能和摩擦能逐渐增加，在 0.1s 后趋于平稳。在 0.25s 第二次碰撞后汽车动能急剧减少，内能急剧增加，沙漏能和摩擦能逐渐增加，之后总体趋于稳定，总能量保持不变，符合能量守恒定律。

B．单点积分产生的沙漏能小于变形能的 10% 的允许范围，满足仿真精度需要。

C．从能量角度验证了仿真模型的可靠性，仿真结果基本合理。

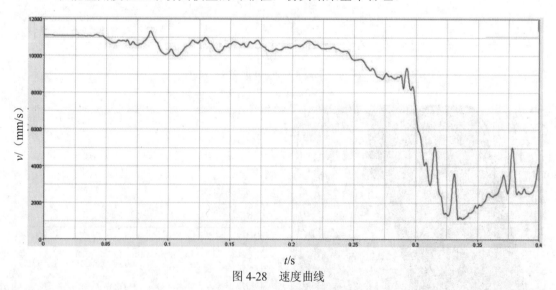

图 4-28 速度曲线

由图 4-28 可知，在 0.05s 第一次碰撞后车身速度略有降低，在 0.25s 第二次碰撞后车身速度迅速降低，0.35s 后车身速度保持着较为平稳的趋势，但车身速度始终为正值，表明小汽车模型始终保持向前运动的趋势。

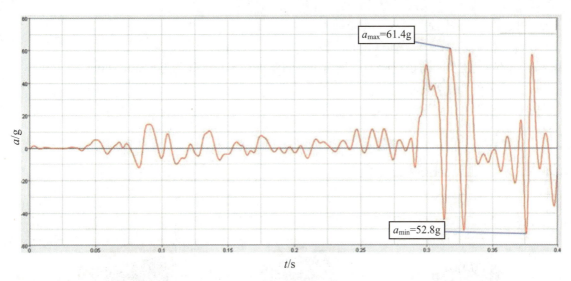

图 4-29　加速度曲线

由图 4-29 可知，在第二次碰撞时车身加速度达到峰值 61.4g，大于 20g 的安全控制要求，所以对车内乘客将造成较严重的伤害。

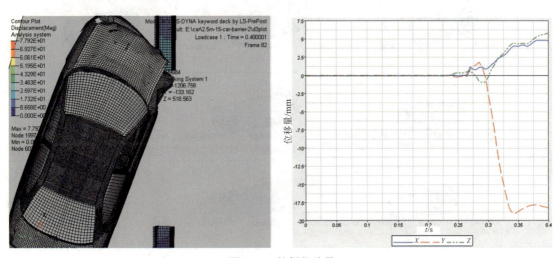

图 4-30　护栏位移量

由图 4-30 可知，在第二次碰撞后混凝土防护栏在 X、Y、Z 三个方向均发生了一定的变形位移，最大位移量为 3.0cm，小于刚性护栏安全标准 10cm 的安全要求，说明能满足护栏安全要求。

结论：通过混凝土防护栏在不同间距条件下的小汽车碰撞实验可以发现：防护栏间距为 1.5m 时，事故车辆的行车方向进行了及时的回正，且避免了汽车的二次碰撞，减少了乘员的伤亡；而在防护栏间距为 2.0m 和 2.5m 时，也可以有效避免小汽车冲出路外，但是小汽车发生二次碰撞且对乘员造成较大的伤害。

因此，建议在条件允许的情况下，将混凝土防护栏的间距控制在 1.5m 以下，可以起到较好的防护效果，降低事故给司机和乘客造成的伤害程度。

4.4.2.2 直线路段小客车仿真分析

（1）初始条件。

1）间隔式混凝土防护栏间距：采用三种间距进行实验，分别为 1.5m、2.0m、2.5m。

2）仿真车辆：小客车。

3）碰撞角度：15°。

4）碰撞速度：40km/h。

（2）计算结果如图 4-31 至图 4-44 所示。

1）车辆运行轨迹对比分析如图 4-31 所示。

时间/s	间距/m		
	1.5	2.0	2.5
0.0	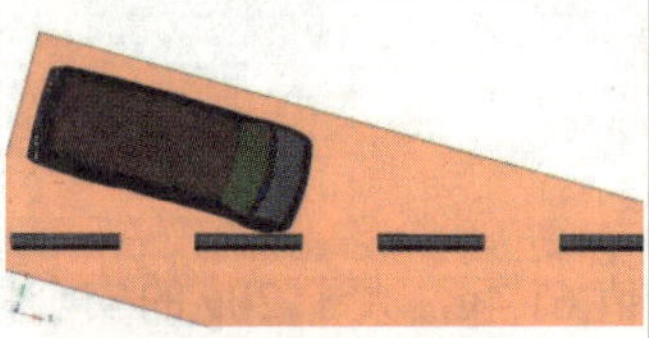	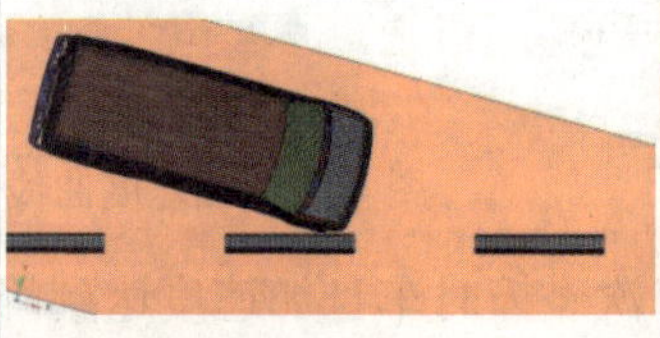	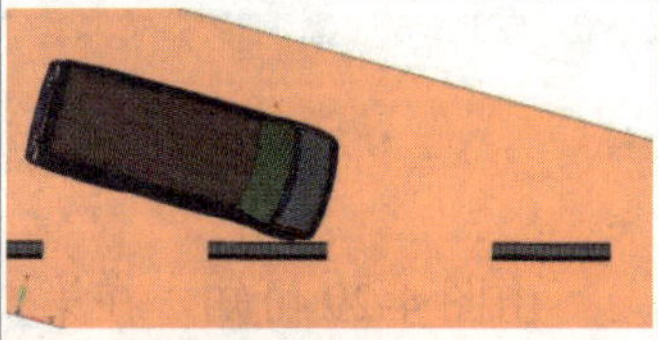
0.10	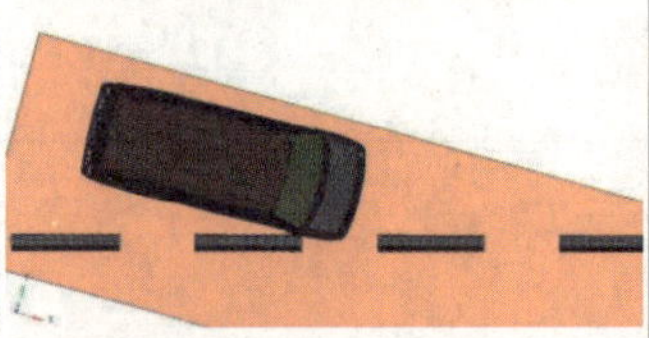	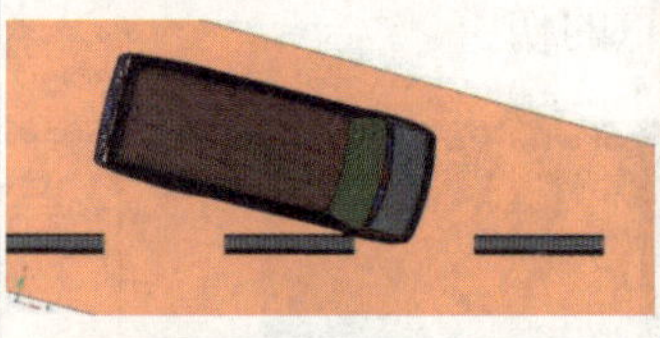	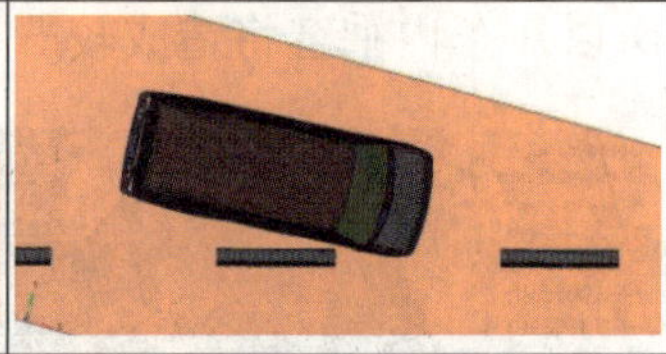
0.20	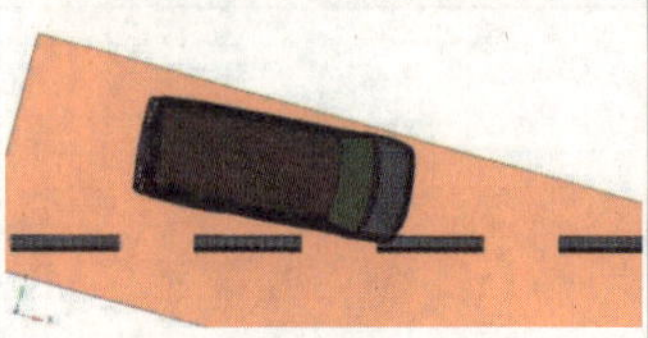	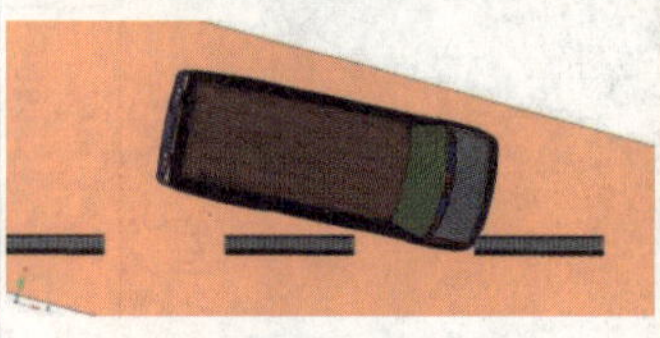	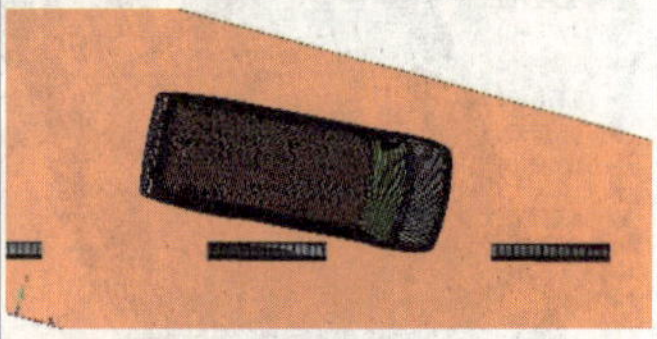
0.30	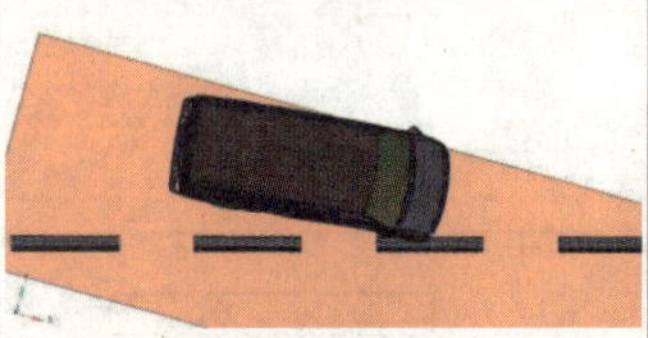	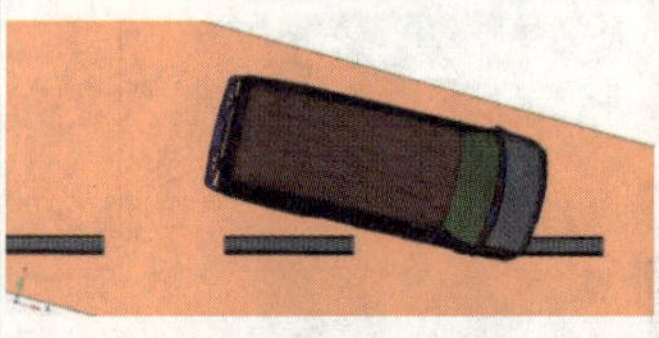	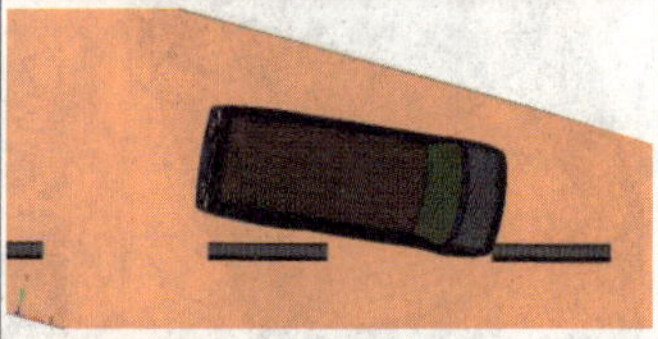
0.40	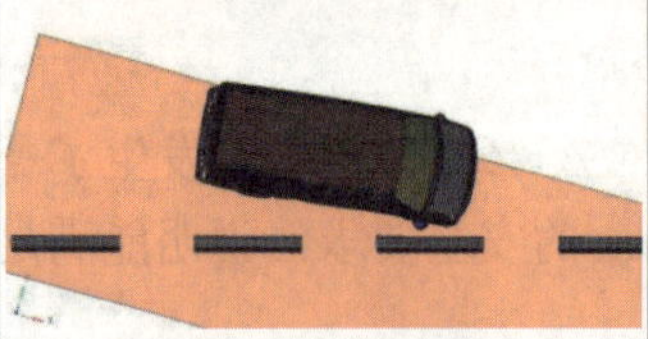	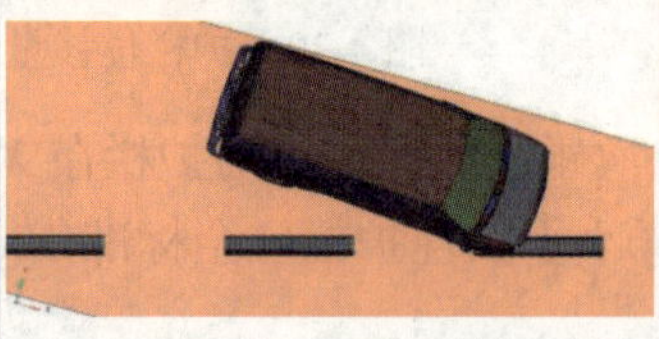	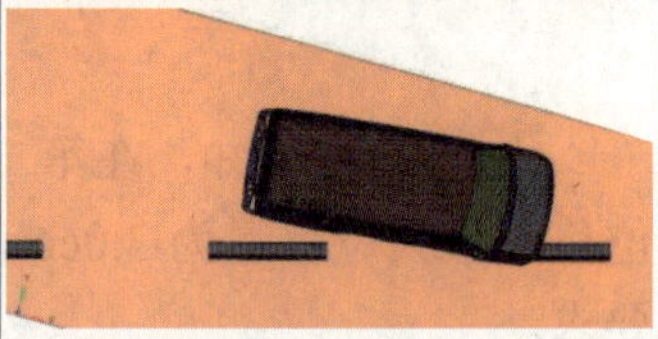
结果分析	混凝土防护栏间距设置为 1.5m：由于缩短了护栏间隔距离，事故车辆行车方向得到及时矫正，车辆重新回正至行车道	混凝土防护栏间距设置为 2.0m：事故车辆行车方向得到一定的矫正，保证了事故车辆未冲出路外，但是事故车辆发生二次碰撞且发生阻绊偏转	混凝土防护栏间距设置为 2.5m：事故车辆行车方向得到一定的矫正，保证了事故车辆未冲出路外，但是事故车辆发生二次碰撞且发生较大阻绊偏转

图 4-31　车辆运行轨迹对比分析图

2）车辆变形对比如图 4-32 所示。

时间/s	间距/m		
	1.5	2.0	2.5
0.0		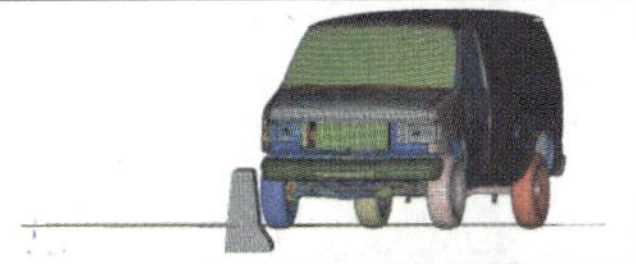	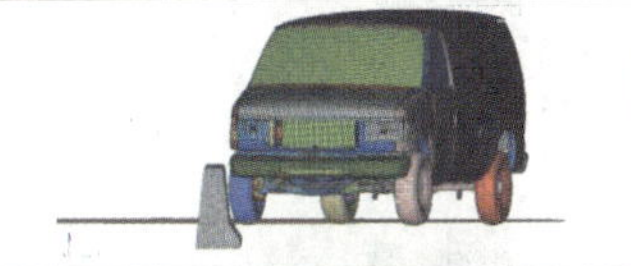
0.10	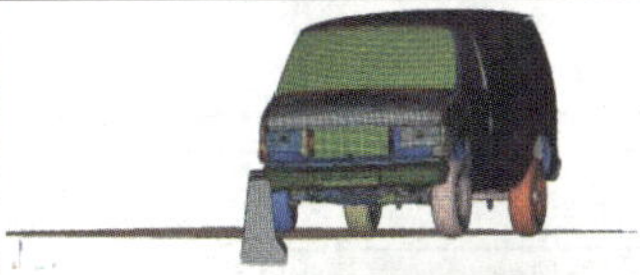	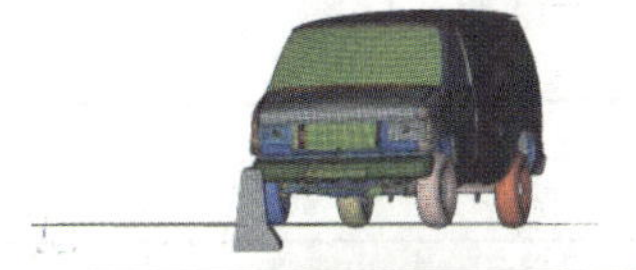	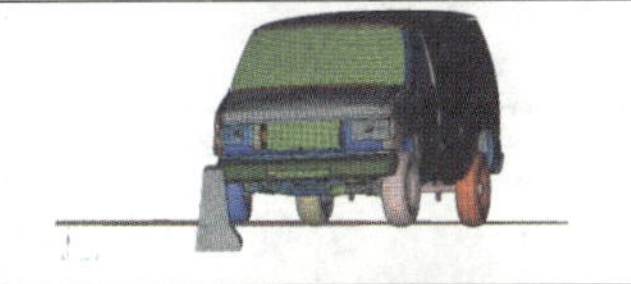
0.20	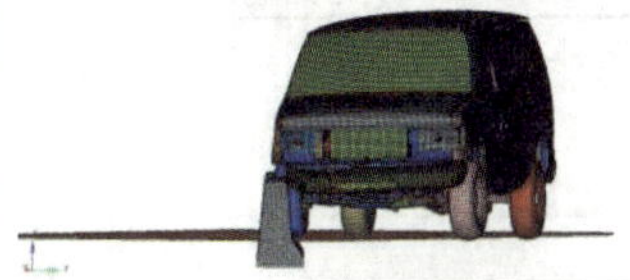		
0.30	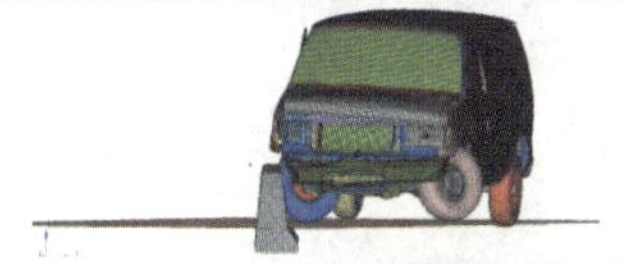	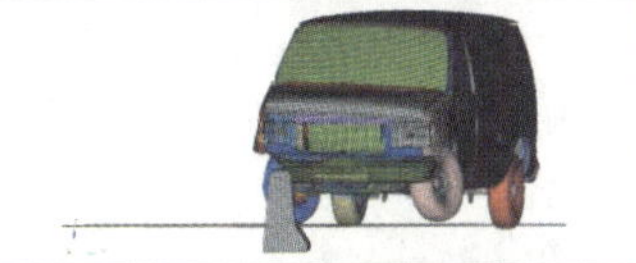	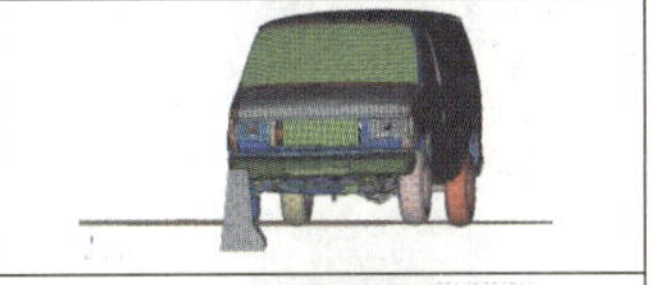
0.40	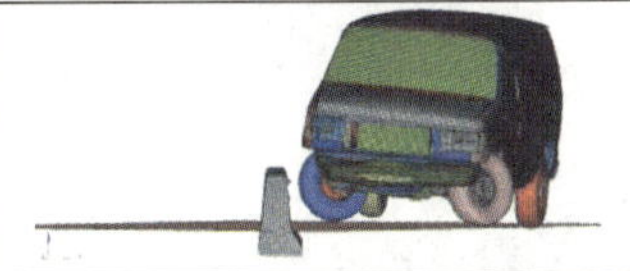	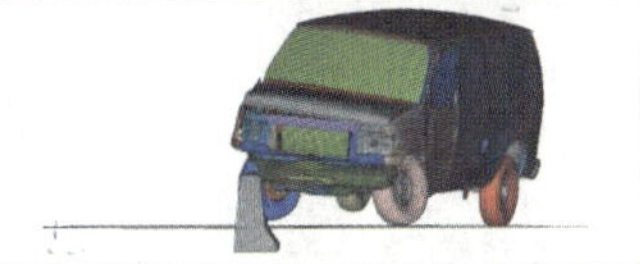	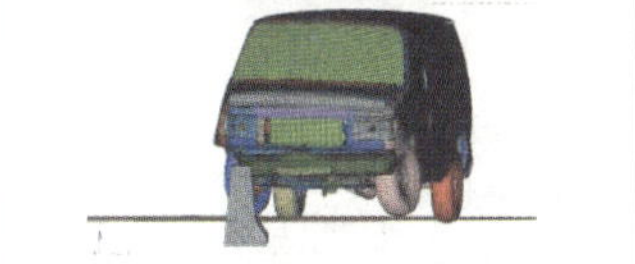
结果分析	混凝土防护栏间距设置为 1.5m：由于缩短了护栏间隔距离，事故车辆行车方向得到及时矫正，虽然车辆也发生二次碰撞，但只发生较轻微的变形	混凝土防护栏间距设置为 2.0m：事故车辆行车方向得到一定的矫正，但是车辆发生二次碰撞，且发生较大的变形	混凝土防护栏间距设置为 2.5m：事故车辆行车方向得到一定的矫正，但是车辆发生二次碰撞，且发生严重变形

图 4-32　车辆变形对比

3）间距为 1.5m 的混凝土防护栏。

由图 4-33 可知：

A．在 0.05s 第一次碰撞后客车动能逐渐减少，内能和摩擦能逐渐增加，0.1s 后趋于平稳，在 0.2s 第二次碰撞后客车动能迅速降低，内能迅速增加，摩擦能和沙漏能也逐渐增加，在 0.275s 后总体逐渐趋于平稳，总能量保持不变，符合能量守恒定律。

B．单点积分产生的沙漏能小于变形能的 10% 的允许范围，满足仿真精度需要。

C．从能量角度验证了仿真模型的可靠性，仿真能量结果基本合理。

由图 4-34 可知，在 0.05s 第一次碰撞后车身速度略有降低，在 0.2s 第二次碰撞后车身速度有较大幅度的下降，0.3s 后车身速度保持着较为平稳的趋势，但始终为正值，表明小客车模型始终保持向前运动的趋势。

由图 4-35 可知，在第二次碰撞时车身加速度达到峰值 11.7g，小于 20g 的安全控制要求，所以对车内乘客只会造成较小的伤害。之后车身加速度有逐渐减小的趋势，表明车身处于较平稳受控制状态。

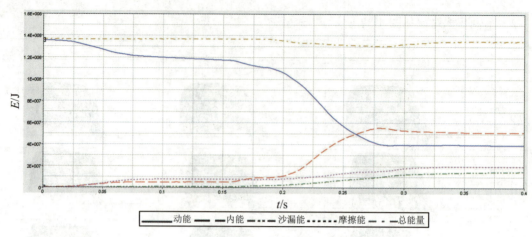

图 4-33 能量曲线

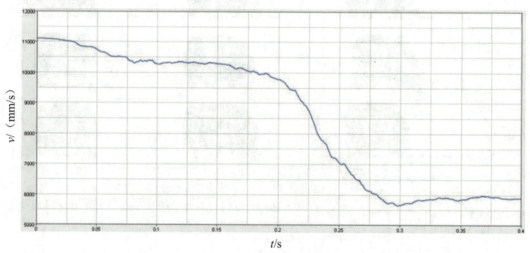

图 4-34 速度曲线

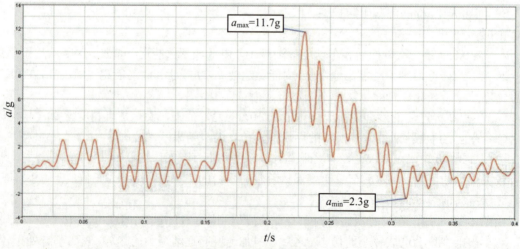

图 4-35 加速度曲线

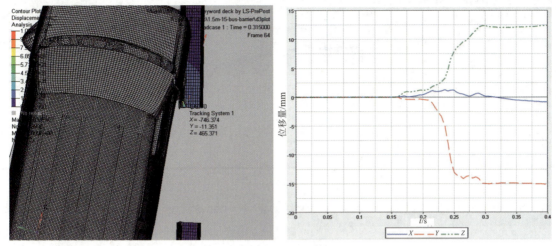

图 4-36　护栏位移量

由图 4-36 可知，在第二次碰撞后混凝土防护栏在 X、Y、Z 三个方向均发生了变形位移，最大位移量为 1.5cm，小于刚性护栏安全标准 10cm 的安全要求，说明满足护栏安全要求。

4）间距为 2.0m 混凝土护栏。

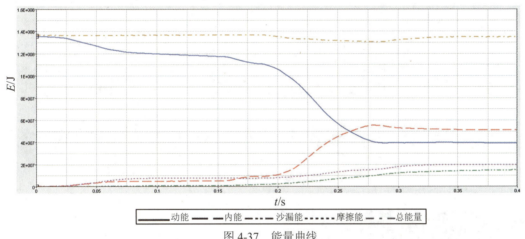

图 4-37　能量曲线

由图 4-37 可知：

A．在 0.05s 第一次碰撞后动能逐渐减少，内能和摩擦能逐渐增加后，在 0.1s 趋于平稳。在 0.2s 第二次碰撞后动能急剧减少，内能急剧增加，摩擦能和沙漏能逐渐增加，总能量基本不变，符合能量守恒定律。

B．单点积分产生的沙漏能小于变形能的 10% 的允许范围，满足仿真精度需要。

C．从能量角度验证了仿真模型的可靠性，仿真能量结果基本合理。

由图 4-38 可知，在 0.05s 第一次碰撞后车身速度略有降低，之后趋于平稳，在 0.25s 第二次碰撞后，客车车身速度迅速降低，0.3s 之后车身速度保持着较为平稳的趋势，始终为正值，表明客车模型始终保持向前运动的趋势。

由图 4-39 可知，在第二次碰撞时车身加速度达到峰值 16.5g，小于 20g 的安全控制要求，但由于加速度相对较大，因此会对车内乘客造成一定的伤害。

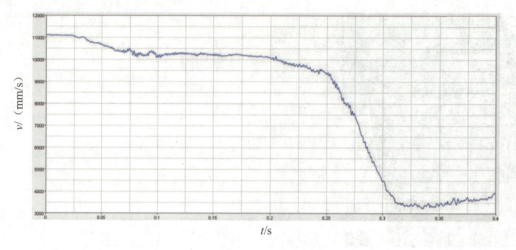

图 4-38　速度曲线

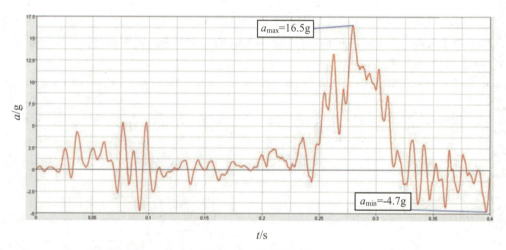

图 4-39　加速度曲线

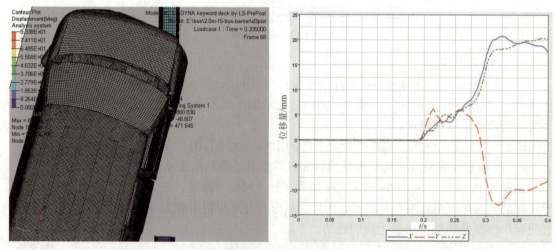

图 4-40　护栏位移量

由图 4-40 可知，在第二次碰撞后混凝土防护栏在 X、Y、Z 三个方向均发生了变形，最大位移量为 2.1cm，小于刚性护栏安全标准 10cm 的安全要求，说明能满足护栏安全要求。

5）间距为 2.5m 的混凝土防护栏。

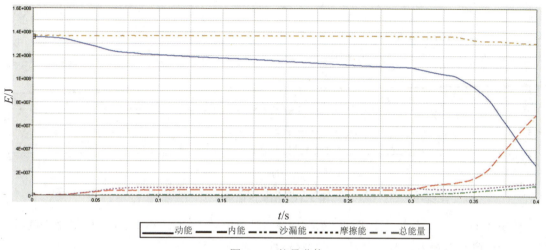

图 4-41　能量曲线

由图 4-41 可知：

A. 在 0.05s 第一次碰撞后客车动能逐渐减少，内能和摩擦能逐渐增加并在 0.1s 趋于平稳。在 0.3s 第二次碰撞后客车动能急剧减少，内能急剧增加，沙漏能和摩擦能逐渐增加，总能量最后略有降低，基本符合能量守恒定律。

B. 单点积分产生的沙漏能小于变形能的 10% 的允许范围，满足仿真精度需要。

C. 从能量角度验证了仿真模型的可靠性，仿真能量结果基本合理。

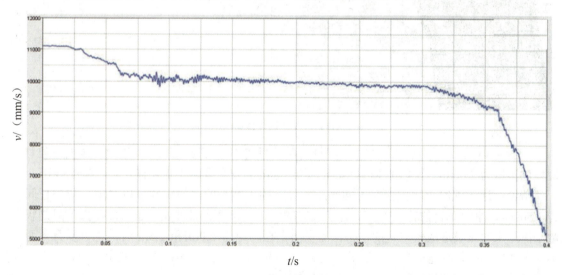

图 4-42　速度曲线

由图 4-42 可知，在 0.05s 第一次碰撞后车身速度略有降低，之后趋于平稳，在 0.3s 第二次碰撞后客车车身速度迅速降低，但始终为正值，表明客车模型始终保持向前运动的趋势。

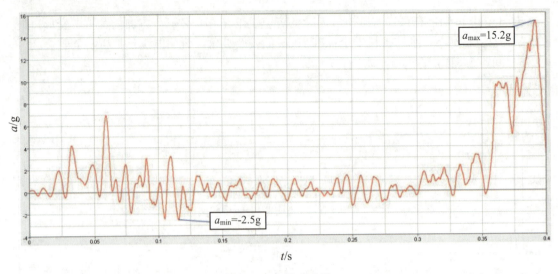

图 4-43　加速度曲线

由图 4-43 可知，在第二次碰撞时车身加速度达到峰值 15.2g，小于 20g 的安全控制要求，但由于加速度相对较大，因此会对车内乘客造成一定的伤害。

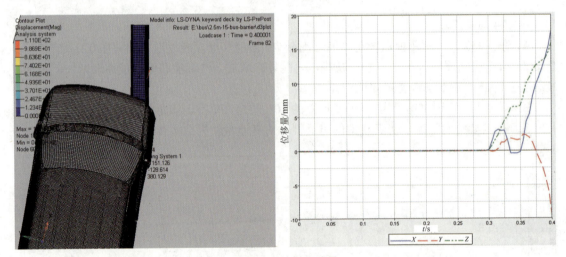

图 4-44　护栏位移量

由图 4-44 可知，在第二次碰撞后混凝土防护栏在 X、Y、Z 三个方向均发生了变形位移，最大位移量为 2.0cm，小于刚性护栏安全标准 10cm 的安全要求，说明满足护栏安全要求。

结论：通过混凝土防护栏在不同间距条件下的小客车的碰撞实验可以发现，防护栏间距为 1.5m 时，事故车辆的行车方向进行了及时的回正，小客车虽然发生了二次碰撞但只是较轻微刮擦，未对乘员造成较严重的伤害；而当防护栏间距为 2.0m 和 2.5m 时，也可以有效避免小客车冲出路外，但是小客车发生了二次碰撞，虽然总体上可以满足最低安全要求，但是由于碰撞产生了较大加速度，还是会对乘员造成较大的伤害。

因此，建议在条件允许的情况下，将混凝土防护栏的间距控制在 1.5m 以下，可以起到较好的防护效果，降低事故给司机和乘客造成的伤害程度。

4.4.2.3 直线路段小货车仿真分析

（1）初始条件。

1）间隔式混凝土防护栏间距：采用三种间距进行实验，分别为 1.5m、2.0m、2.5m。

2）仿真车辆：小货车。

3）碰撞角度：15°。

4）碰撞速度：40km/h。

（2）计算结果如图 4-45 至图 4-58 所示。

1）车辆运行轨迹对比分析如图 4-45 所示。

时间/s	间距/m		
	1.5	2.0	2.5
0.0	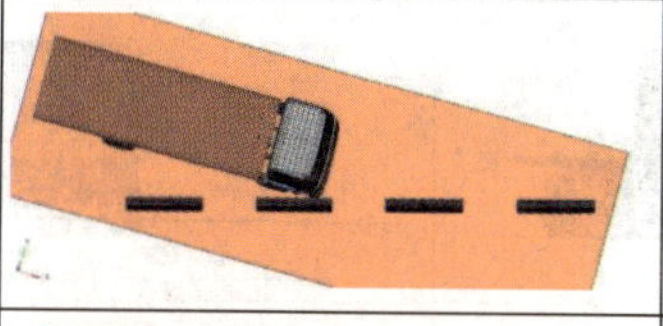	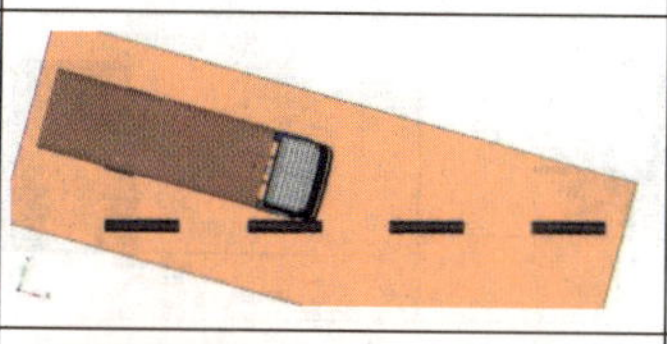	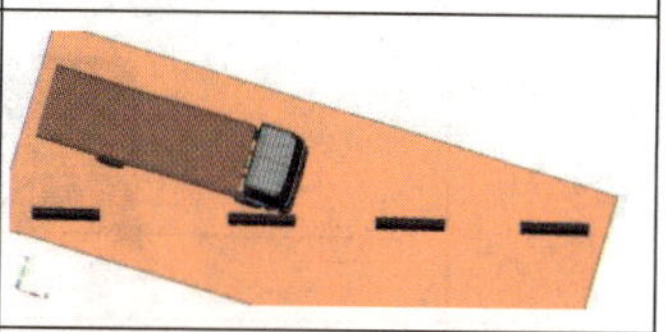
0.10	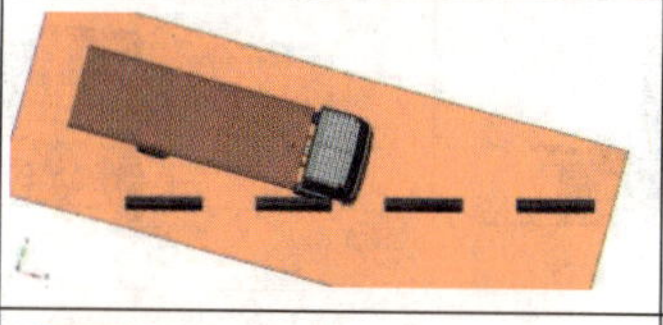	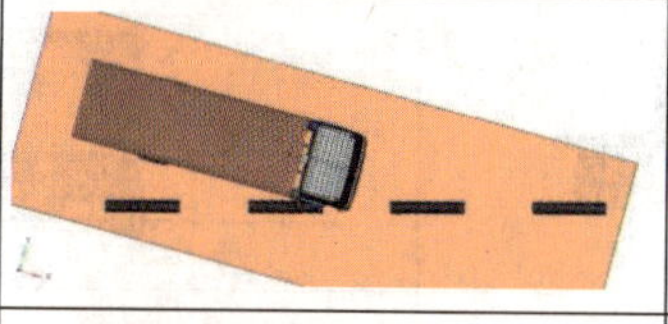	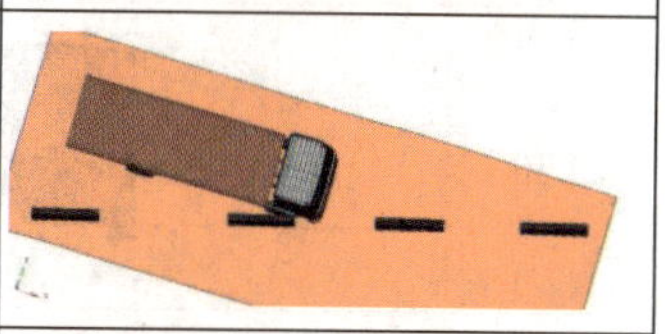
0.20	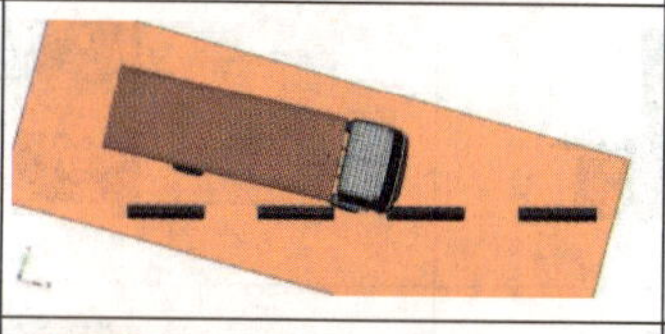	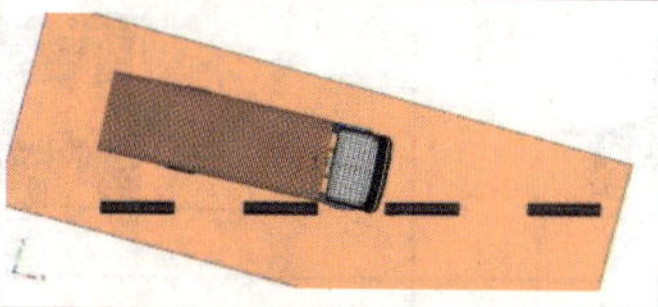	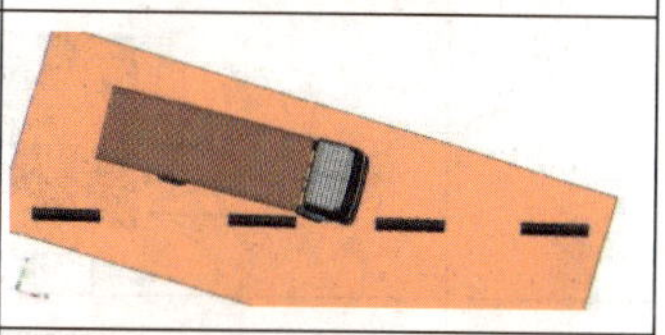
0.30	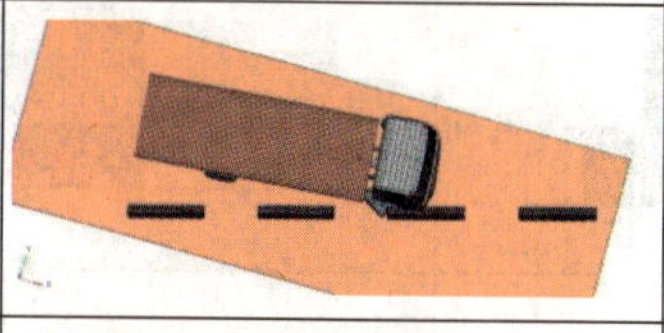	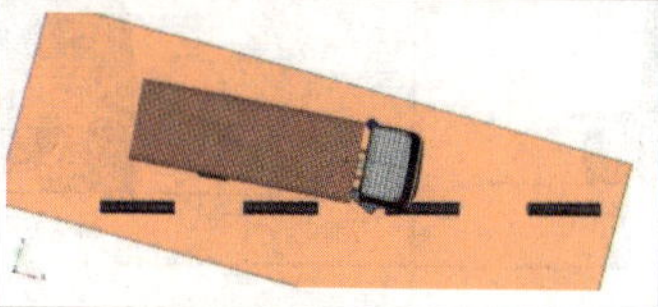	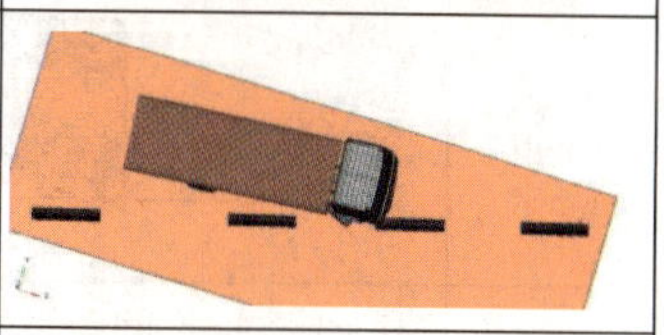
0.40	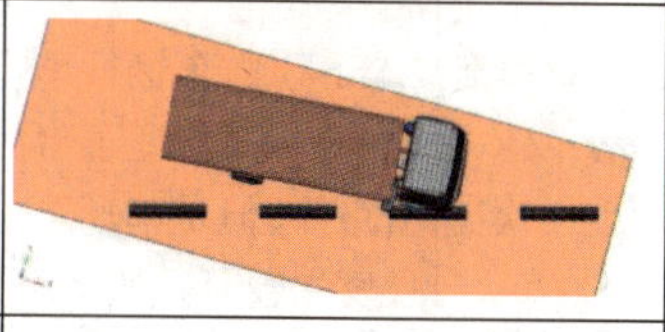	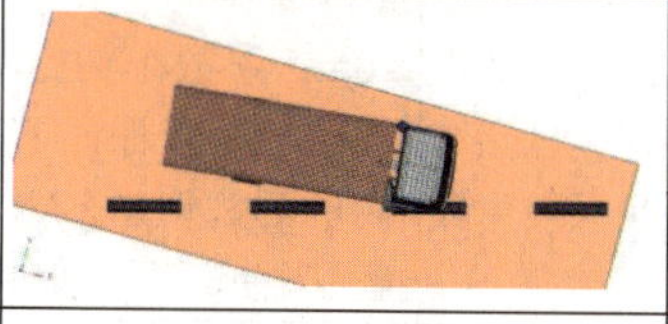	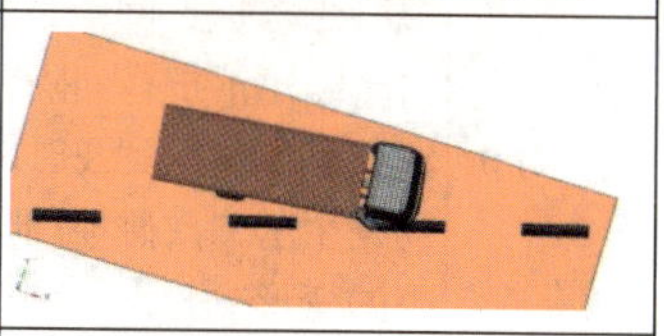
结果分析	混凝土防护栏间距设置为 1.5m：由于缩短了护栏间隔距离，事故车辆行车方向得到及时回正，虽然车辆发生了二次碰撞，但还可以重新回正至行车道	混凝土防护栏间距设置为 2.0m：事故车辆行车方向得到一定的矫正，保证了事故车辆未冲出路外，但是事故车辆发生二次碰撞且发生小幅阻绊偏转	混凝土防护栏间距设置为 2.5m：事故车辆行车方向得到一定的矫正，保证了事故车辆未冲出路外，但是事故车辆发生了二次碰撞且发生较大阻绊偏转

图 4-45　车辆运行轨迹对比分析

2）车辆变形对比如图 4-46 所示。

时间/s	间距/m		
	1.5	2.0	2.5
0.0			
0.10			
0.20			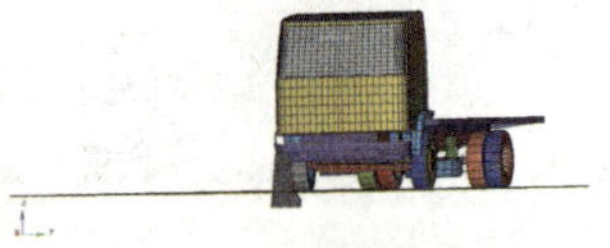
0.30			
0.40			
0.40			
结果分析	混凝土防护栏间距设置为 1.5m：由于缩短了护栏间隔距离，事故车辆行车方向得到及时矫正，虽然车辆发生了二次碰撞，但是只发生较小的变形	混凝土防护栏间距设置为 2.0m：事故车辆行车方向得到一定的矫正，保证了事故车辆未冲出路外，但是车辆发生二次碰撞且发生较大的变形	混凝土防护栏间距设置为 2.5m：事故车辆行车方向得到一定的矫正，保证了事故车辆未冲出路外，但是车辆发生二次碰撞且发生较严重变形

图 4-46　车辆变形对比

3）间距为 1.5m 的混凝土防护栏。

由图 4-47 可知：

A．在 0.05s 第一次碰撞后，货车动能逐渐减少，内能和摩擦能逐渐增加，到 0.1s 后趋于平稳，在 0.2s 第二次碰撞后动能迅速降低，内能迅速增加，沙漏能和摩擦能逐渐增加，0.3s后总体趋于平稳，总能量保持不变，符合能量守恒定律。

B．单点积分产生的沙漏能小于变形能的 10% 的允许范围，满足仿真精度需要。

C．从能量角度验证了仿真模型的可靠性，仿真能量结果基本合理。

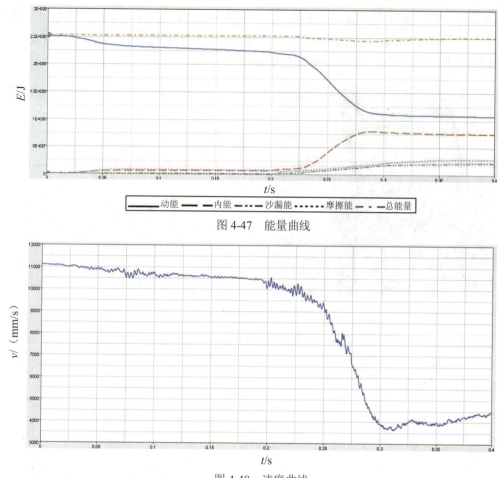

图 4-47　能量曲线

图 4-48　速度曲线

由图 4-48 可知，在 0.05s 第一次碰撞后车身速度稍微降低，之后趋于平稳，在 0.2s 第二次碰撞后，车身速度迅速降低，在 0.3s 之后车身速度保持着较为平稳的趋势，始终为正值，表明货车模型始终保持向前运动的趋势。

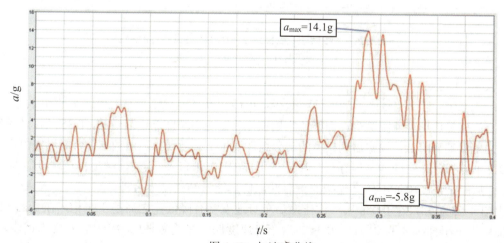

图 4-49　加速度曲线

由图 4-49 可知，在第二次碰撞时车身加速度达到峰值 14.1g，小于 20g 的安全控制要求，所以只会对车内乘客造成较小的伤害。第二次碰撞之后车身加速度保持着较为平稳的波动且有逐渐减小的趋势，说明车身处于较平稳控制状态。

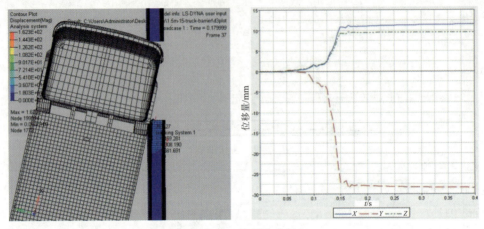

图 4-50　护栏位移量

由图 4-50 可知，在第二次碰撞后混凝土防护栏在 X、Y、Z 三个方向均发生了变形位移，最大位移量为 2.8cm，小于刚性护栏安全标准 10cm 的安全要求，说明满足护栏安全要求。

4）间距为 2.0m 的混凝土防护栏。

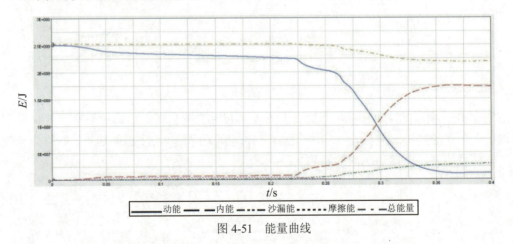

图 4-51　能量曲线

由图 4-51 可知：

A．在 0.05s 第一次碰撞后动能逐渐减少，内能和摩擦能逐渐增加，0.1s 后趋于平稳。在 0.2s 第二次碰撞后动能急剧减少，内能急剧增加，沙漏能和摩擦能逐渐增加，0.35s 后总体趋于平稳，总能量略有降低，说明后期模型的部分组件发生了破坏现象，但基本符合能量守恒定律。

B．单点积分产生的沙漏能在最后接近变形能的 10% 的允许范围，满足仿真精度需要。

C．从能量角度验证了仿真模型的可靠性，仿真能量结果基本合理。

由图 4-52 可知，在 0.05s 第一次碰撞后车身速度略有降低，之后趋于平稳，在 0.2s 第二次碰撞后货车车身速度迅速降低，0.3s 之后车身速度保持着较为平稳的趋势，始终为正值，表明货车模型始终保持向前运动的趋势。

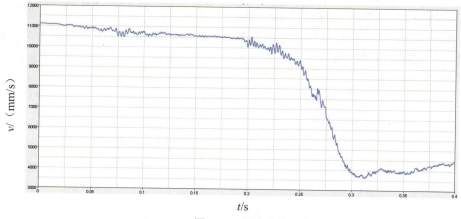

图 4-52　速度曲线

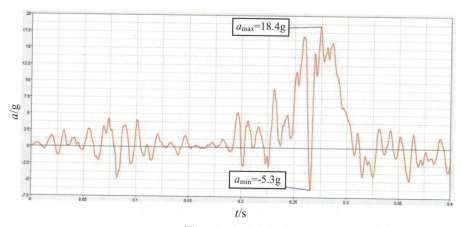

图 4-53　加速度曲线

由图 4-53 可知，在第二次碰撞时车身加速度达到峰值 18.4g，小于 20g 的安全控制要求，但由于加速度相对较大，因此将会对车内乘客造成较大程度的伤害，之后加速度逐渐变小，趋于平稳，表明车身处于较平稳的控制状态。

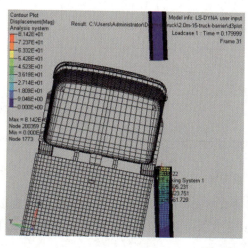
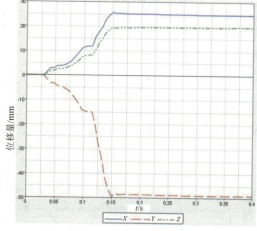

图 4-54　护栏位移量

由图 4-54 可知，在第一次碰撞后混凝土防护栏在 X、Y、Z 三个方向均发生了变形位移，最大位移量为 5.0cm，小于刚性护栏安全标准 10cm 的安全要求，说明能满足护栏安全要求。

5）间距为 2.5m 的混凝土防护栏。

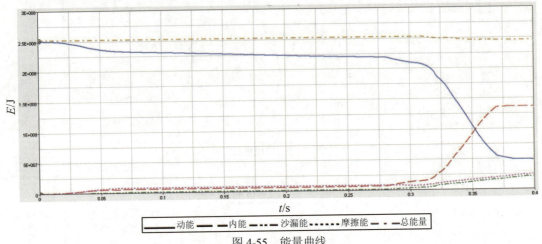

图 4-55　能量曲线

由图 4-55 可知：

A．在 0.05s 第一次碰撞后货车动能逐渐减少，内能和摩擦能逐渐增加，0.1s 后趋于平稳。在 0.25s 第二次碰撞后货车动能急剧减少，内能急剧增加，沙漏能和摩擦能逐渐增加，之后趋于平稳，总能量基本不变，符合能量守恒定律。

B．单点积分产生的沙漏能接近变形能的 10% 的允许范围，满足仿真精度需要。

C．从能量角度验证了仿真模型的可靠性，仿真能量结果基本合理。

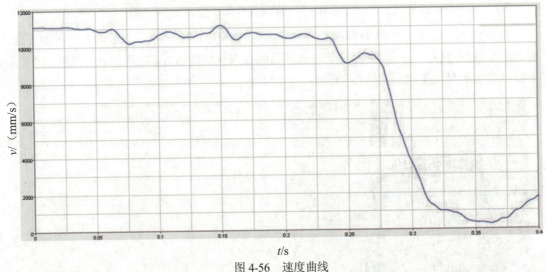

图 4-56　速度曲线

由图 4-56 可知，在 0.05s 第一次碰撞后车身速度略有降低，之后趋于平稳，在 0.25s 第二次碰撞后货车车身速度迅速降低，0.35s 之后车身速度保持着较为平稳的趋势，始终为正值，表明货车模型始终保持向前运动的趋势。

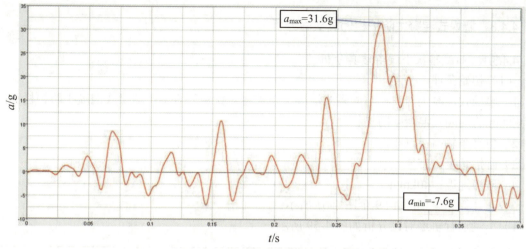

图 4-57　加速度曲线

由图 4-57 可知，在第二次碰撞时车身加速度达到峰值 31.6g，大于 20g 的安全控制要求，由于加速度相对较大，因此将会对车内乘客造成较严重的伤害。

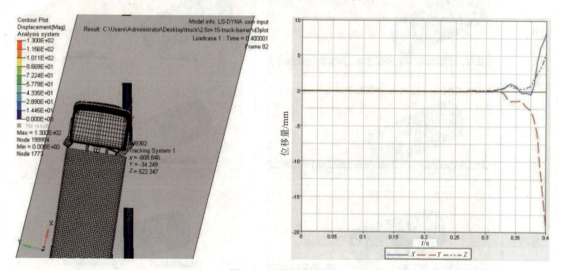

图 4-58　护栏位移量

由图 4-58 可知，在第二次碰撞后混凝土防护栏在 X、Y、Z 三个方向均发生了变形位移，最大位移量为 2.0cm，小于刚性护栏安全标准 10cm 的安全要求，说明满足护栏安全要求。

结论：通过混凝土防护栏在不同间距条件下的小货车碰撞实验可以发现，防护栏间距 1.5m 时，事故车辆的行车方向进行了及时的回正，小货车虽然发生了二次碰撞但只是较轻微刮擦，未对乘员造成较严重的伤害；而当防护栏间距为 2.0m 和 2.5m 时，也可以有效避免小货车冲出路外，但是小货车发生了二次碰撞，虽然总体上可以满足最低安全要求，但是由于碰撞产生了较大加速度，还是会对乘员造成较大的伤害，特别是当间距为 2.5m 时，碰撞加速度已经超出了安全要求。

因此，建议在条件允许的情况下，将混凝土防护栏的间距控制在 1.5m 以下，可以起到较好的防护效果，降低事故给司机和乘客造成的伤害程度。

4.4.3 墙垛式混凝土防护栏仿真实验分析

4.4.3.1 曲线路段小汽车仿真分析

（1）初始条件。

1）墙垛式混凝土防护栏与间隔式混凝土防护栏对比实验方案：墙垛式混凝土防护栏和间距为 2.0m 的间隔式混凝土防护栏。

2）仿真车辆：小汽车。

3）碰撞角度：25°。

4）碰撞速度：40km/h。

（2）计算结果如图 4-59 至图 4-67 所示。

1）车辆运行轨迹对比分析如图 4-59 所示。

时间/s	间距	
	墙垛式无间距	间隔式间距为 2.0m
0.0	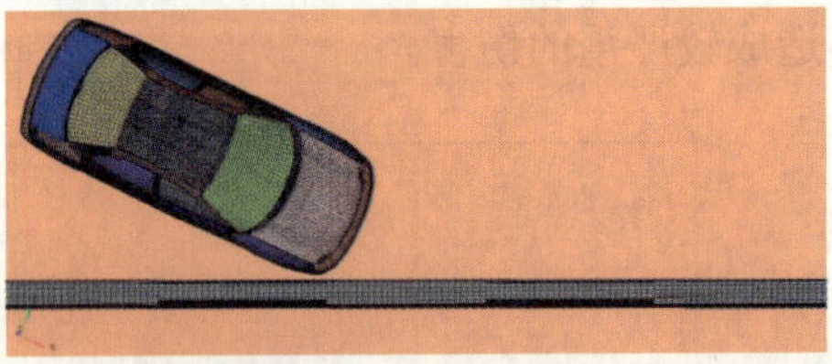	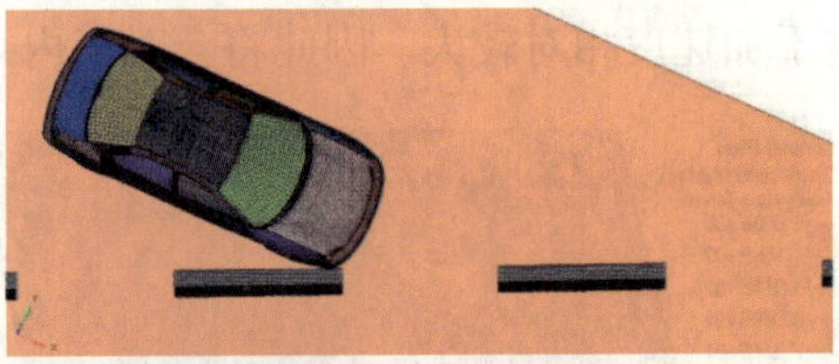
0.10	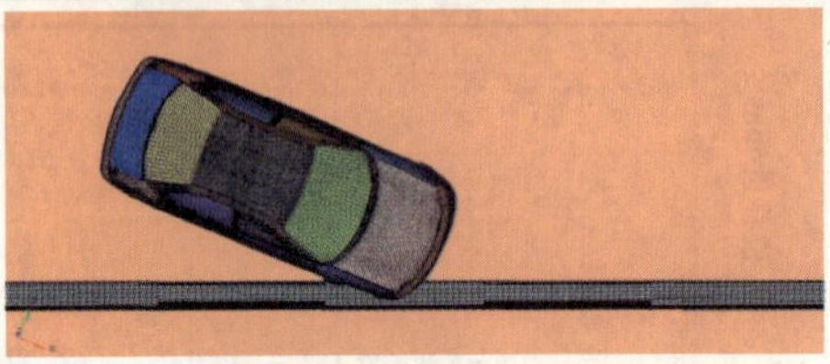	
0.20	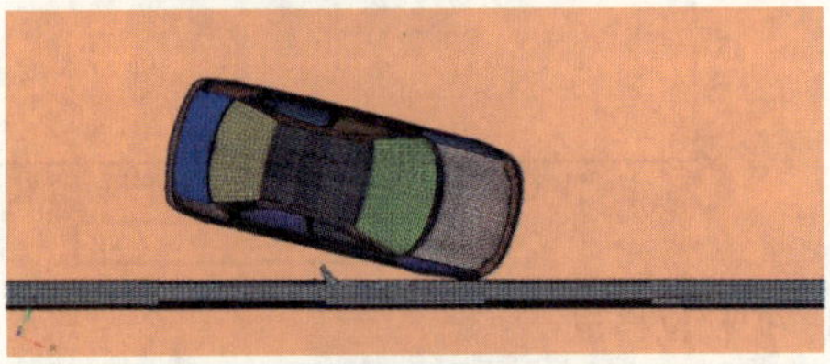	
0.30	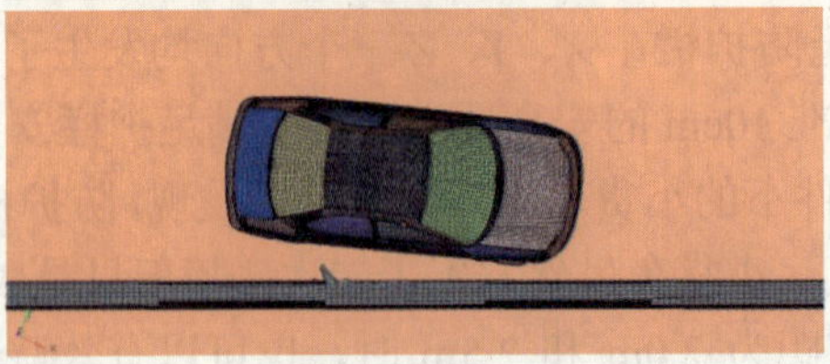	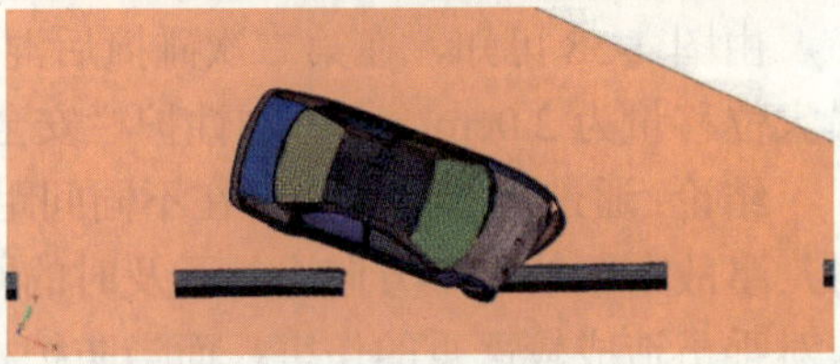
结果分析	墙垛式混凝土防护栏：事故车辆与护栏发生碰撞后行车方向得到及时矫正，保证了事故车辆未冲出路外，且重新回归至行车道	间距为 2.0m 的间隔式混凝土防护栏：事故车辆在第一次碰撞后行车方向得到一定的矫正，但是事故车辆发生了二次碰撞，虽然保证了未冲出路外，但护栏对事故车辆造成了阻绊，导致事故车辆发生阻绊偏转现象

图 4-59 车辆运行轨迹对比分析

2）车辆变形对比如图 4-60 所示。

时间/s	间距	
	墙垛式无间距	间隔式间距为 2.0m
0.0	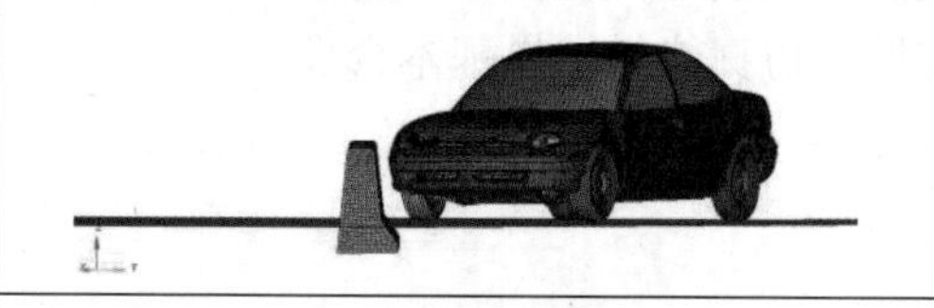	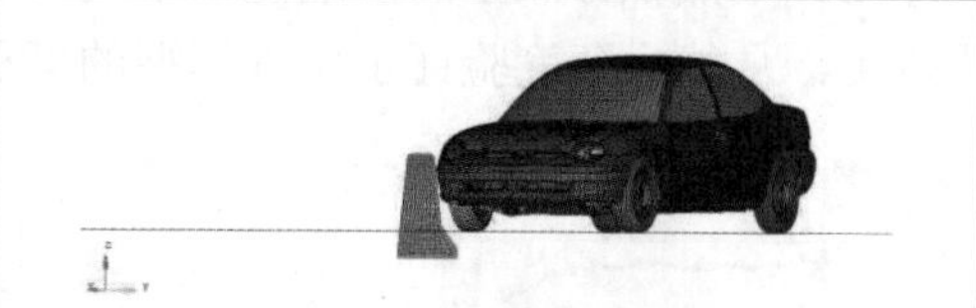
0.10	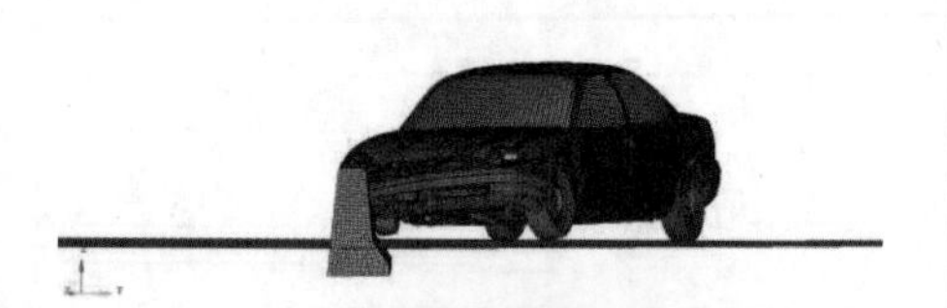	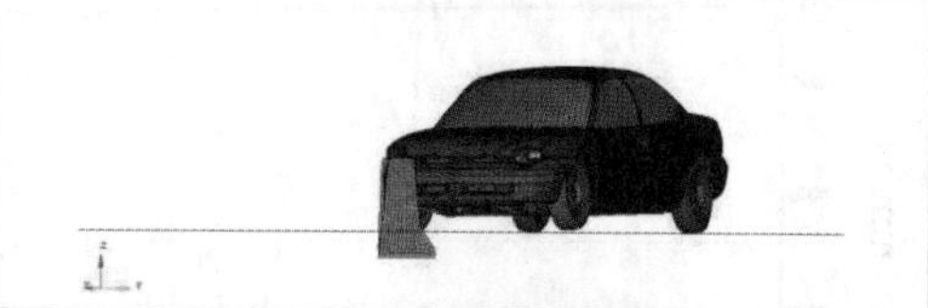
0.20		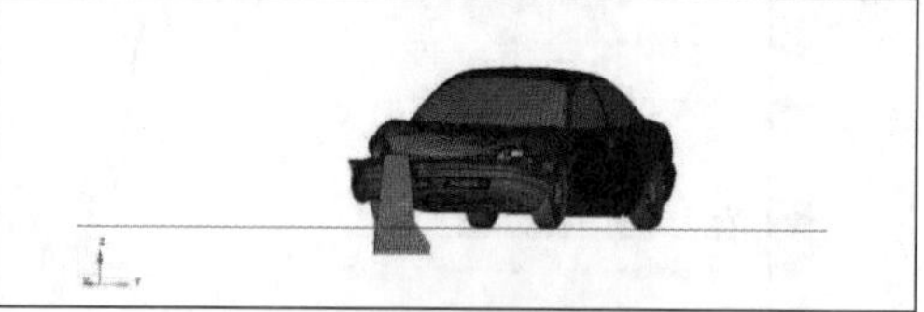
0.30	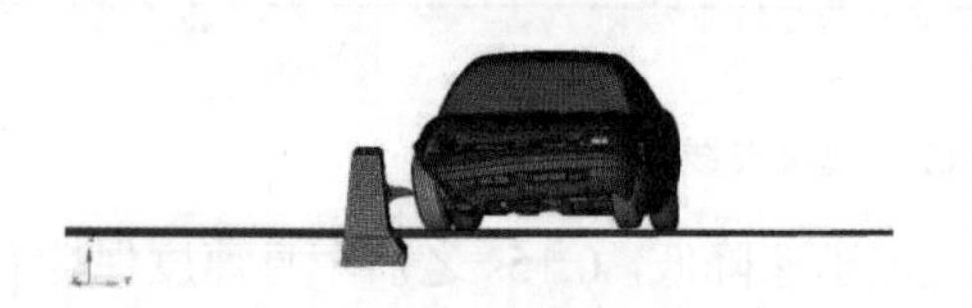	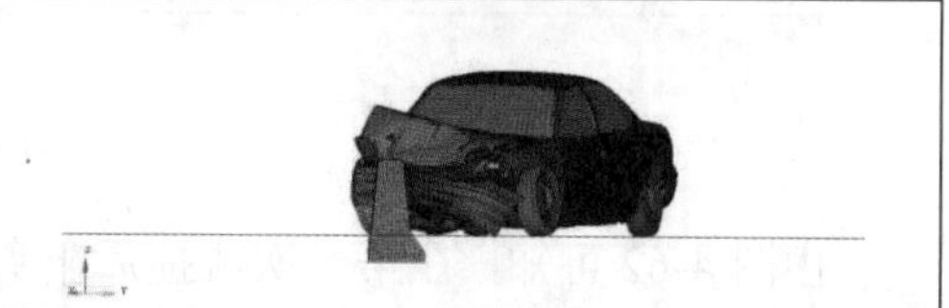
结果分析	墙垛式混凝土防护栏：事故车辆在与护栏发生碰撞后，事故车辆的行车方向得到及时矫正，车辆只发生较轻微的变形	间距为 2.0m 的间隔式混凝土防护栏：事故车辆行车方向得到一定矫正，保证了事故车辆未冲出路外，但是事故车辆发生了二次碰撞且发生较严重的变形

图 4-60　车辆变形对比

3）墙垛式混凝土防护栏。

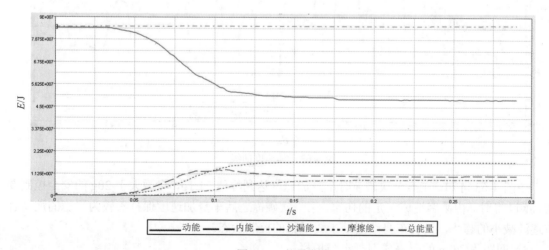

图 4-61　能量曲线

由图 4-61 可知：

A. 在 0.05s 第一次碰撞后小汽车动能逐渐减少，内能和摩擦能逐渐增加，之后总体趋于稳定，总能量保持不变，符合能量守恒定律。

B. 单点积分产生的沙漏能小于变形能的 10% 的允许范围，满足仿真精度需要。

C. 从能量角度验证了仿真模型的可靠性，仿真能量结果基本合理。

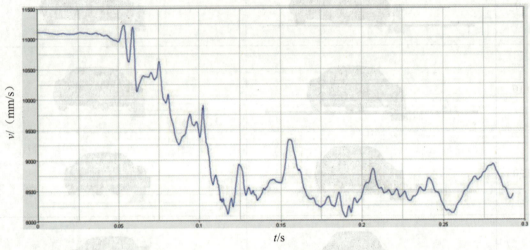

图 4-62   速度曲线

由图 4-62 可知，在第一次碰撞后车身速度迅速降低，0.15s 之后车身速度保持着较为平稳的趋势，始终为正值，表明小汽车模型始终保持向前运动的趋势。

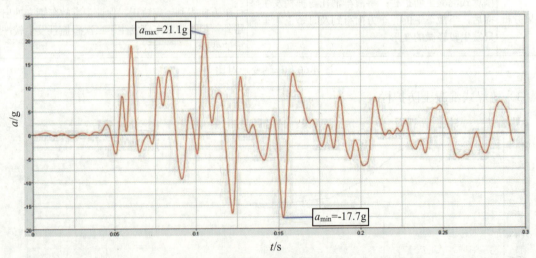

图 4-63   加速度曲线

由图 4-63 可知，在第一次碰撞时车身加速度达到峰值 21.1g，略微大于 20g 的安全控制要求，所以将对车内乘客造成一定的伤害。第一次碰撞之后车身加速度保持着较平稳的波动且有逐渐减小的趋势，说明车身渐渐处于较平稳的控制状态。

4）间距为 2.0m 的间隔式混凝土防护栏。

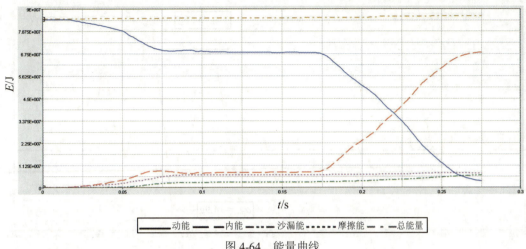

图 4-64　能量曲线

由图 4-64 可知：

A．在 0.05s 第一次碰撞后小汽车动能逐渐减少，内能和摩擦能逐渐增加后趋于平稳。在第二次碰撞后小汽车动能急剧减少，内能急剧增加，沙漏能和摩擦能逐渐增加，之后总体趋于平稳，总能量保持不变，符合能量守恒定律。

B．单点积分产生的沙漏能在最终接近变形能的 10% 的允许范围，满足仿真精度需要。

C．从能量角度验证了仿真模型的可靠性，仿真能量结果基本合理。

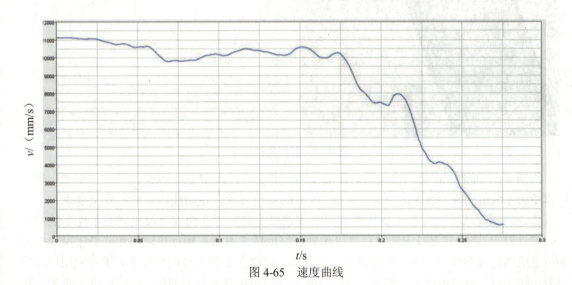

图 4-65　速度曲线

由图 4-65 可知，在 0.05s 第一次碰撞后车身速度略有降低，之后趋于平稳，在 0.2s 第二次碰撞后小汽车车身速度迅速降低，0.275s 之后车身速度保持着较为平稳的趋势，始终为正值，表明小汽车模型始终保持向前运动的趋势。

由图 4-66 可知，在第二次碰撞时车身加速度达到峰值 32.5g，大于 20g 的安全控制要求，所以会对车内乘客造成较大的伤害。

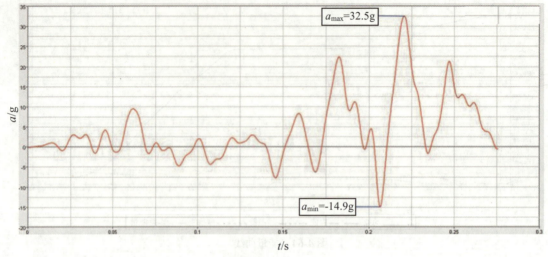

图 4-66　加速度曲线

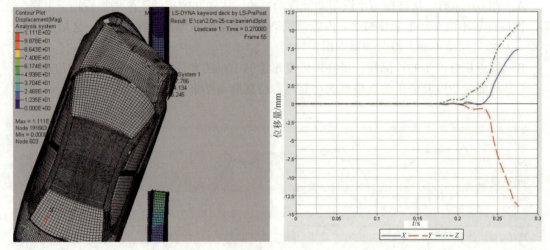

图 4-67　护栏位移量

由图 4-67 可知，在第二次碰撞后混凝土防护栏在 X、Y、Z 三个方向均发生了变形，最大位移量为 1.5cm，小于刚性护栏安全标准 10cm 的安全要求，说明能满足护栏安全要求。

结论：通过墙垛式混凝土防护栏和间隔式混凝土防护栏在曲线路段相同的条件下的对比实验可以看出，墙垛式混凝土防护栏可以起到较好地矫正事故车辆行车轨迹和降低碰撞冲击对乘员造成的伤害的作用，所以在路侧较危险路段，建议在条件允许的情况下，优先采用墙垛式混凝土防护栏，如果条件十分困难，则建议减小间隔防护栏之间的间距，一定程度上也可以起到减少事故人员伤亡的作用。

4.4.3.2　曲线路段小客车仿真分析

（1）初始条件。

1）墙垛式混凝土防护栏与间隔式混凝土防护栏对比实验方案：墙垛式混凝土防护栏和间距为 2.0m 的间隔式混凝土防护栏。

2）仿真车辆：小客车。

3）碰撞角度：25°。

4）碰撞速度：40km/h。

（2）计算结果如图 4-68 至图 4-77 所示。

1）车辆运行轨迹对比分析如图 4-68 所示。

时间/s	间距	
	墙垛式无间距	间隔式间距为 2.0m
0.0	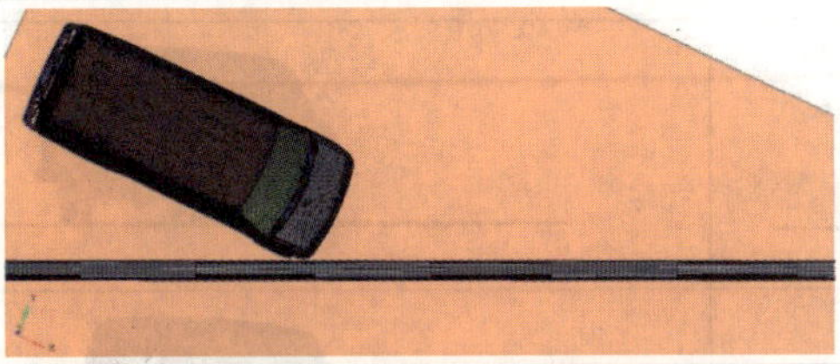	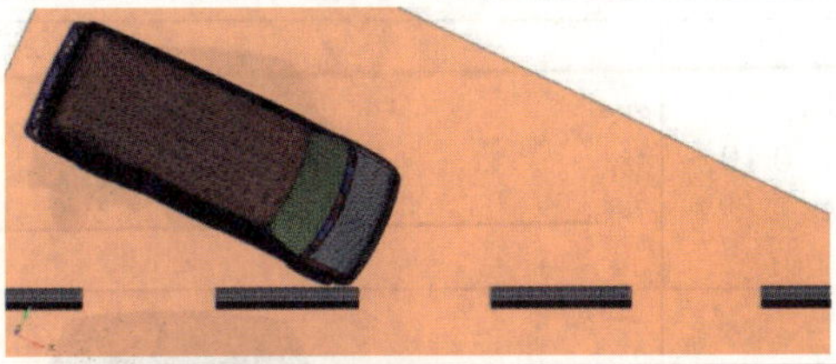
0.10	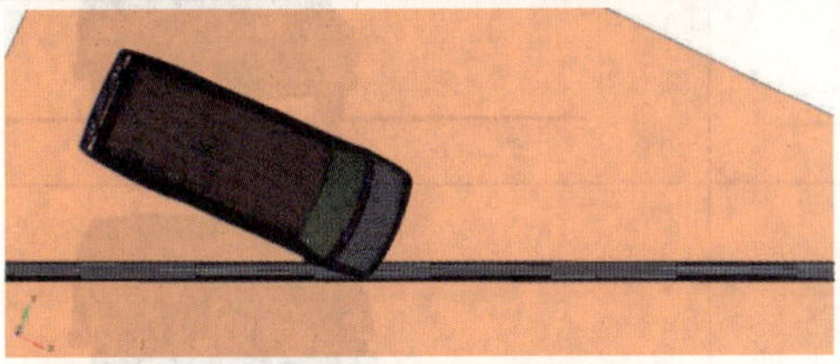	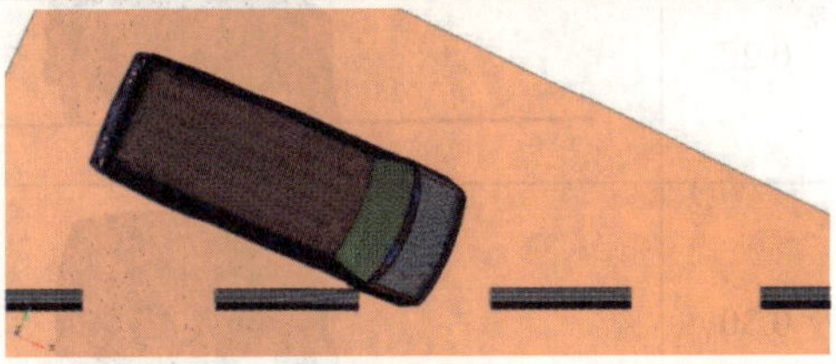
0.20	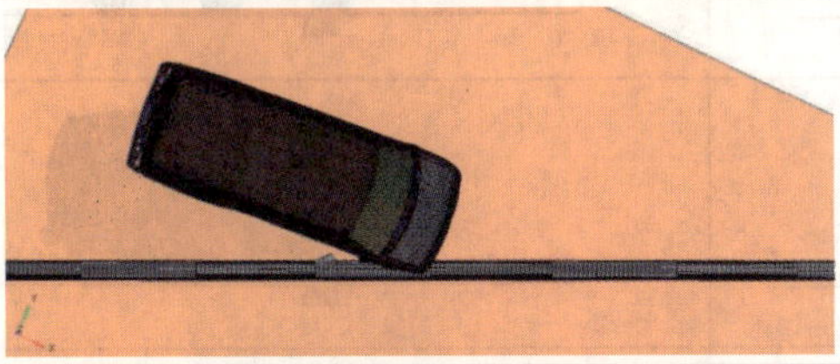	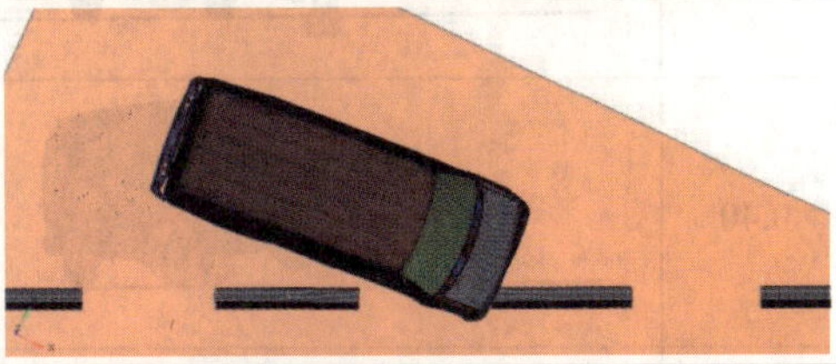
0.30	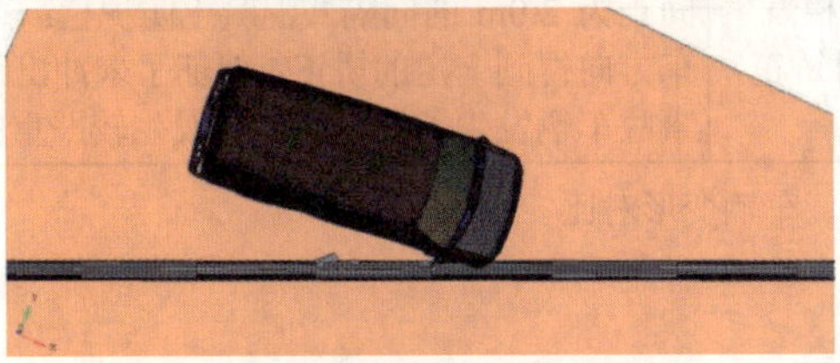	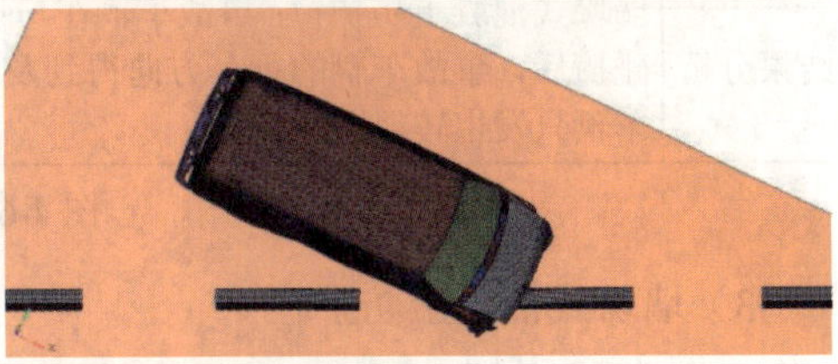
0.40	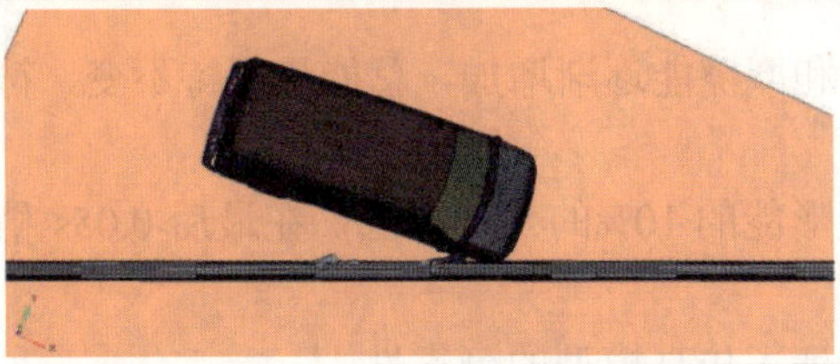	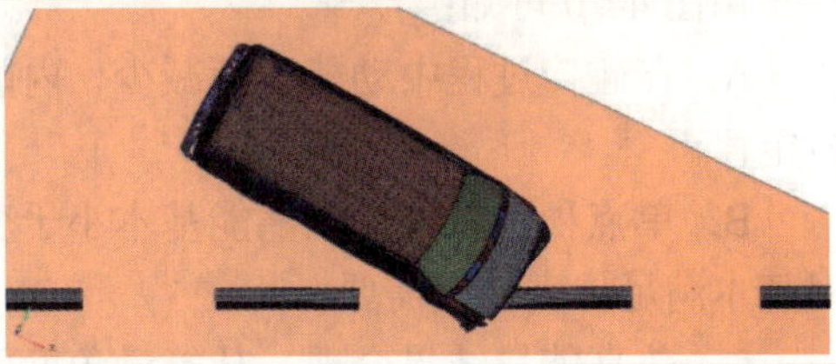
结果分析	墙垛式混凝土防护栏：事故车辆与护栏发生碰撞后行车方向得到及时矫正，保证了事故车辆未冲出路外，且重新回归至行车道	间距为 2.0m 的间隔式混凝土防护栏：事故车辆在第一次碰撞后行车方向得到一定的矫正，但是事故车辆发生了二次碰撞，虽然保证了未冲出路外，但对事故车辆造成阻绊，导致事故车辆发生较大幅度的阻绊偏转

图 4-68　车辆运行轨迹对比分析

2）车辆变形对比如图 4-69 所示。

时间/s	间距	
	墙垛式无间距	间隔式间距为 2.0m
0.0		
0.10		
0.20		
0.30		
0.40		
结果分析	墙垛式混凝土防护栏：事故车辆在与护栏发生碰撞后，事故车辆的行车方向得到及时矫正，车辆只发生较轻微的变形	间距为 2.0m 的间隔式混凝土防护栏：事故车辆行车方向得到一定的矫正，保证了未冲出路外，但是事故车辆发生了二次碰撞且发生较严重的变形

图 4-69　车辆变形对比

3）墙垛式混凝土防护栏。

由图 4-70 可知：

A. 在碰撞过程中动能逐渐减少，内能和摩擦能逐渐增加，总能量保持不变，符合能量守恒定律。

B. 单点积分产生的沙漏能基本小于变形能的 10% 的允许范围，在最后 0.05s 稍有变大，但基本满足仿真精度需要。

C. 仿真能量结果合理，从能量角度验证了仿真模型的可靠性。

由图 4-71 可知，在 0.05s 第一次碰撞后车身速度有一定幅度的降低，在 0.25s 第二次碰撞后车身速度又有一定幅度的降低，0.35s 之后车身速度保持着较为平稳的趋势，始终为正值，表明小客车模型始终保持向前运动的趋势。

由图 4-72 可知，在第二次碰撞时车身加速度达到峰值 8.0g，小于 20g 的安全控制要求，所以只对车内乘客造成较小的伤害。碰撞之后车身加速度保持着较为平稳的波动且有逐渐减小的趋势，说明车身处于较平稳的控制状态。

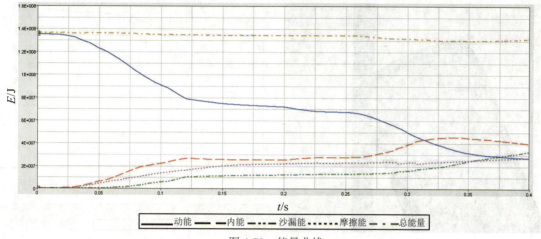

图 4-70　能量曲线

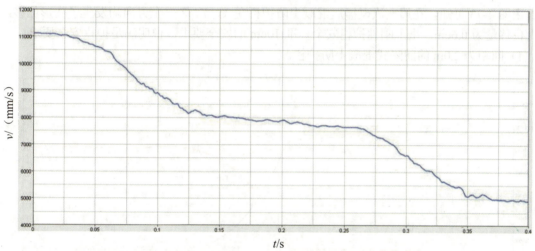

图 4-71　速度曲线

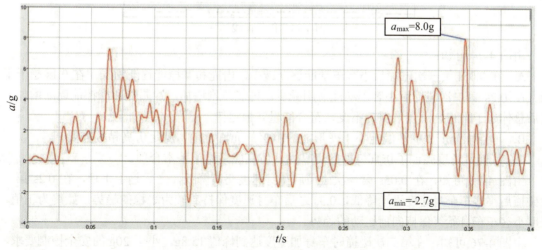

图 4-72　加速度曲线

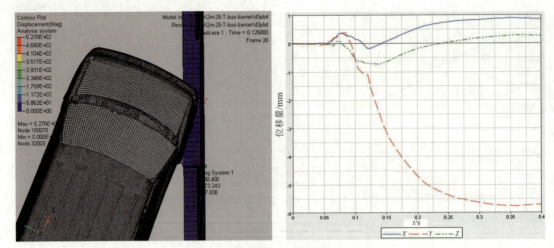

图 4-73 护栏位移量

由图 4-73 可知，在第一次碰撞后混凝土防护栏在 X、Y、Z 三个方向均发生了变形位移，最大位移量为 0.6cm，小于刚性护栏安全标准 10cm 的安全要求，说明满足护栏安全要求。

4）间距为 2.0m 的间隔式混凝土防护栏。

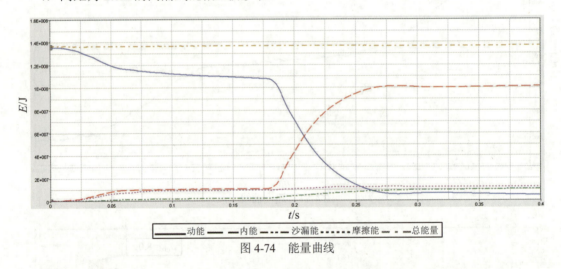

图 4-74 能量曲线

由图 4-74 可知：

A．在 0.05s 第一次碰撞后小客车动能逐渐减少，内能和摩擦能逐渐增加，在 0.1s 趋于平稳。在 0.2s 第二次碰撞后小客车动能急剧减少，内能急剧增加，沙漏能和摩擦能逐渐增加，之后总体趋于平稳，总能量保持不变，符合能量守恒定律。

B．单点积分产生的沙漏能小于变形能的 10% 的允许范围，满足仿真精度需要。

C．从能量角度验证了仿真模型的可靠性，仿真能量结果基本合理。

由图 4-75 可知，在 0.05s 第一次碰撞后车身速度略有降低，之后趋于平稳，在 0.2s 第二次碰撞后小客车车身速度迅速降低，0.3s 之后车身速度保持着较为平稳的趋势，始终为正值，表明小客车车身始终保持向前运动的趋势。

由图 4-76 可知，在第二次碰撞时车身加速度达到峰值 15.8g，小于 20g 的安全控制要求，但是由于加速度较大，将会对车内乘客造成较大的伤害。

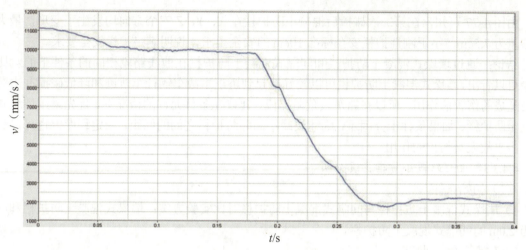

图 4-75　速度曲线

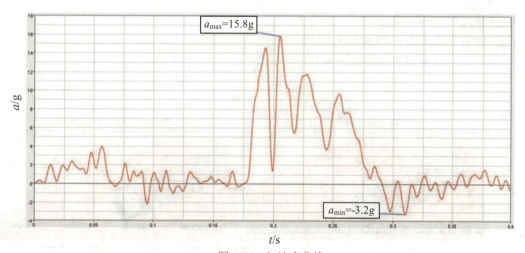

图 4-76　加速度曲线

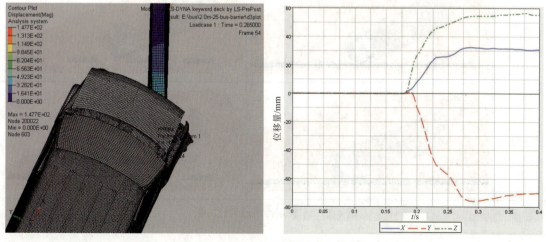

图 4-77　护栏位移量

由图 4-77 可知，在第二次碰撞后混凝土防护栏在 X、Y、Z 三个方向均发生了变形，最大位移量为 7.5cm，小于刚性护栏安全标准 10cm 的安全要求，说明满足护栏安全要求。

结论：通过墙垛式混凝土防护栏和间隔式混凝土防护栏在曲线路段相同的条件下的对比实验可以看出，墙垛式混凝土防护栏可以较好地起到矫正事故车辆行车轨迹和降低碰撞冲击对乘员造成的伤害的作用，所以在路侧较危险路段，建议在条件允许的情况下，优先采用墙垛式混凝土防护栏，如果条件十分困难，则建议减小间隔防护栏之间的间距，一定程度上也可以起到减少事故人员伤亡的作用。

4.4.3.3 曲线路段小货车仿真分析

（1）初始条件。

1）墙垛式混凝土防护栏与间隔式混凝土防护栏对比实验方案：墙垛式混凝土防护栏和间距为 2.0m 的间隔式混凝土防护栏。

2）仿真车辆：小货车。

3）碰撞角度：25°。

4）碰撞速度：40km/h。

（2）计算结果如图 4-78 至图 4-87 所示。

1）车辆运行轨迹对比分析如图 4-78 所示。

时间/s	间距	
	墙垛式无间距	间隔式间距为 2.0m
0.0	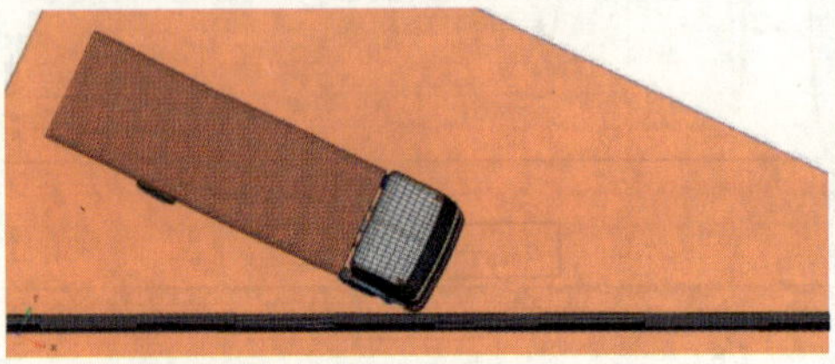	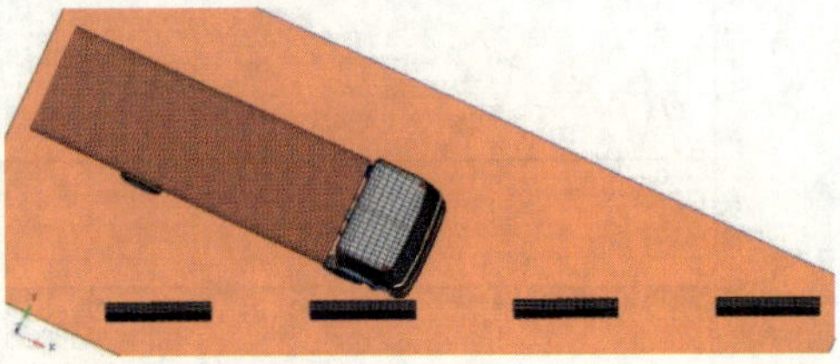
0.10	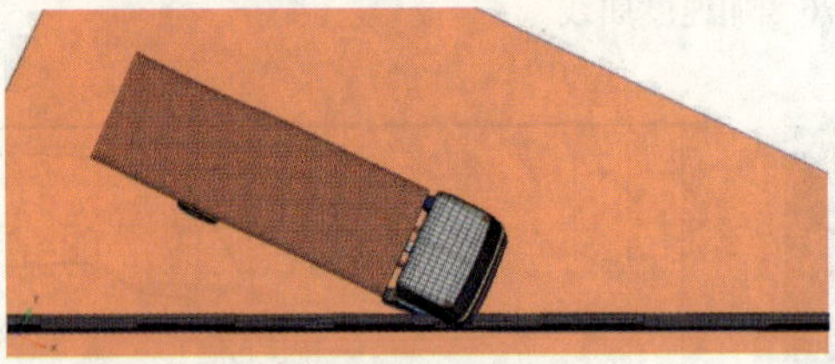	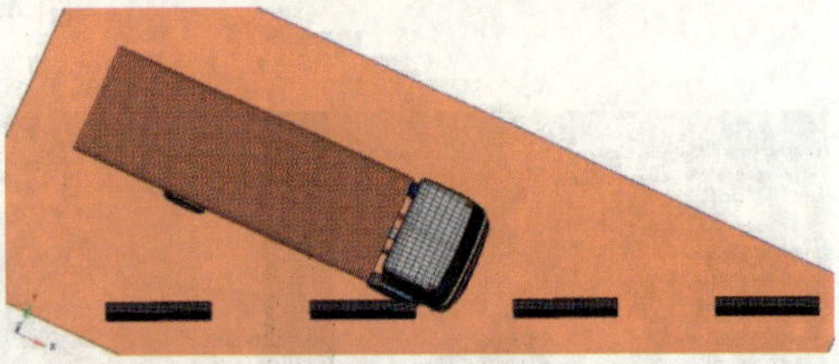
0.20	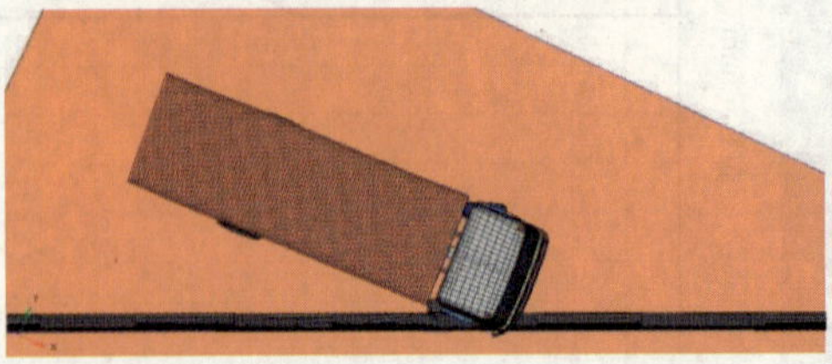	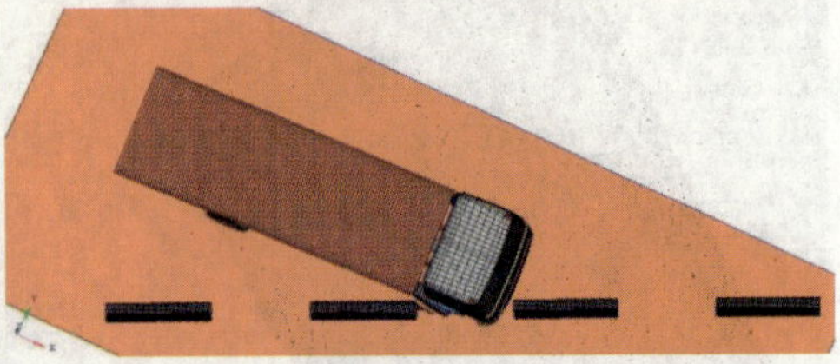

图 4-78 车辆运行轨迹对比分析

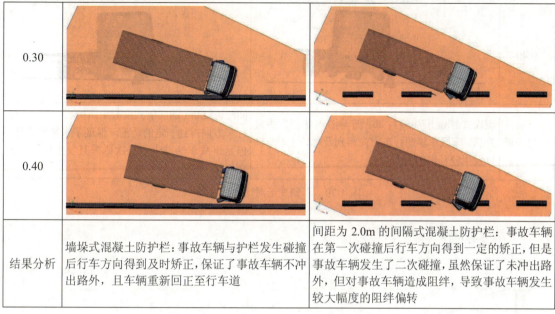

	墙垛式混凝土防护栏：事故车辆与护栏发生碰撞后行车方向得到及时矫正，保证了事故车辆不冲出路外，且车辆重新回正至行车道	间距为 2.0m 的间隔式混凝土防护栏：事故车辆在第一次碰撞后行车方向得到一定的矫正，但是事故车辆发生了二次碰撞，虽然保证了未冲出路外，但对事故车辆造成阻绊，导致事故车辆发生较大幅度的阻绊偏转
结果分析		

图 4-78 车辆运行轨迹对比分析（续图）

2）车辆变形对比如图 4-79 所示。

时间/s	间距	
	墙垛式无间距	间隔式间距为 2.0m
0.0		
0.10	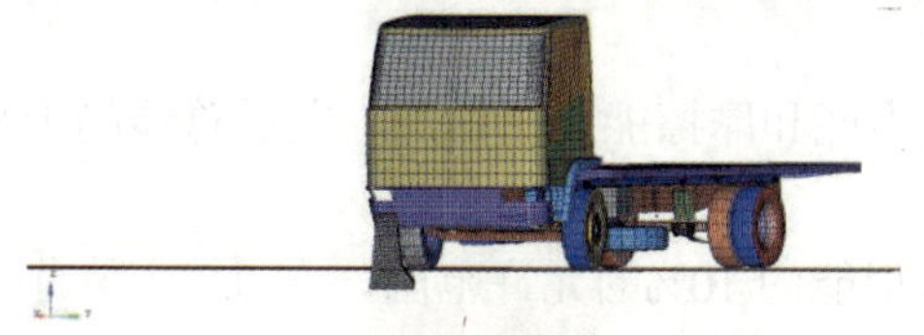	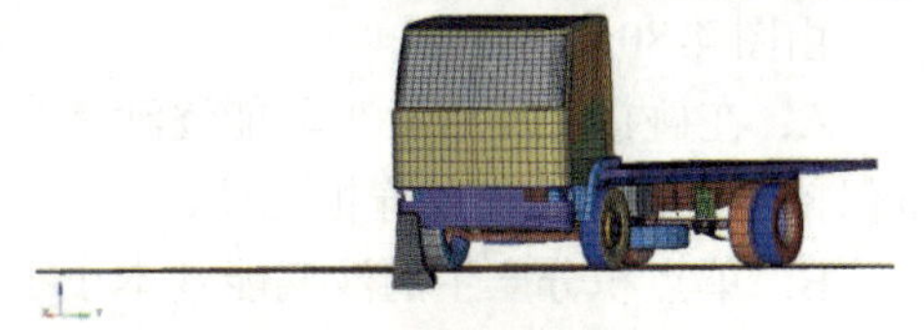
0.20	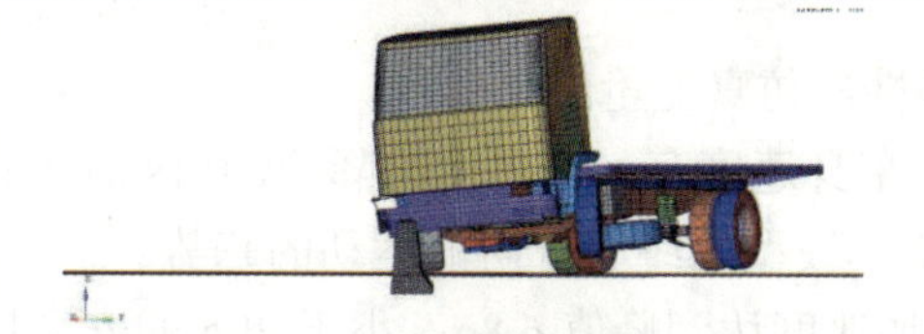	
0.30	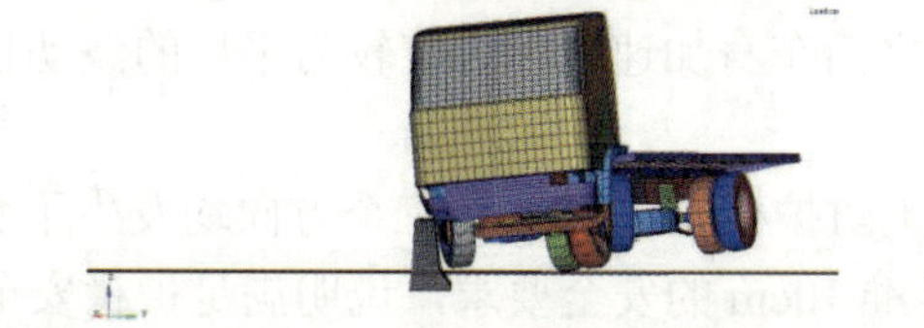	

图 4-79 车辆变形对比

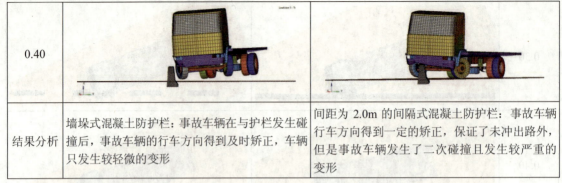

0.40		
结果分析	墙垛式混凝土防护栏：事故车辆在与护栏发生碰撞后，事故车辆的行车方向得到及时矫正，车辆只发生较轻微的变形	间距为 2.0m 的间隔式混凝土防护栏：事故车辆行车方向得到一定的矫正，保证了未冲出路外，但是事故车辆发生了二次碰撞且发生较严重的变形

图 4-79　车辆变形对比（续图）

3）墙垛式混凝土防护栏。

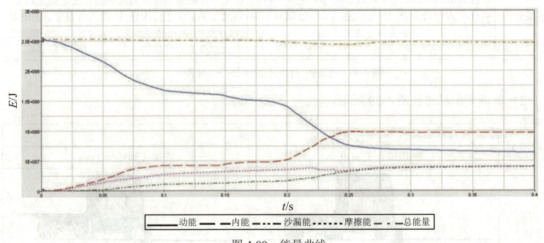

图 4-80　能量曲线

由图 4-80 可知：

A．在碰撞过程中货车动能逐渐减少，内能和摩擦能逐渐增加，之后总体趋于平稳，总能量保持不变，符合能量守恒定律。

B．单点积分产生的沙漏能基本小于变形能的 10% 的允许范围，在 0.25s 稍有变大，但基本满足仿真精度需要。

C．从能量角度验证了仿真模型的可靠性，仿真能量结果合理。

由图 4-81 可知，在 0.05s 第一次碰撞后车身速度有一定幅度的降低，0.1s 后车身速度保持着较为平稳的趋势，始终为正值，表明小货车模型始终保持向前运动的趋势。

由图 4-82 可知，在第一次碰撞时车身加速度达到峰值 6.8g，小于 20g 的安全控制要求，所以只会对车内乘客造成较小的伤害。碰撞之后车身加速度保持着较为平稳的波动且有逐渐减小的趋势，表明车身处于平稳控制的状态。

由图 4-83 可知，在第一次碰撞后混凝土防护栏在 X、Y、Z 三个方向均发生了变形位移，最大位移量为 2.5cm，小于刚性护栏安全标准 10cm 的安全要求，说明满足护栏安全要求。

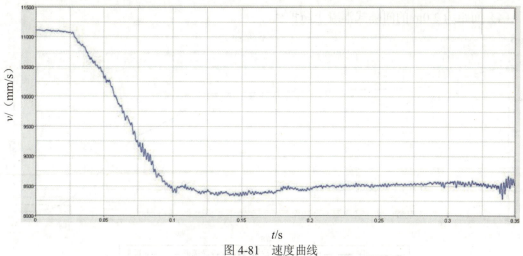

图 4-81　速度曲线

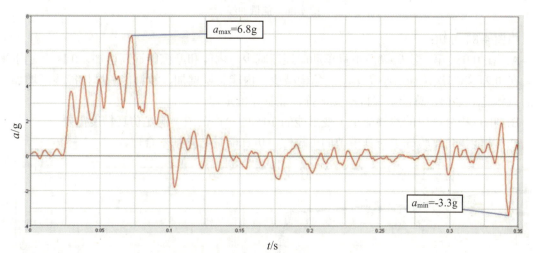

图 4-82　加速度曲线

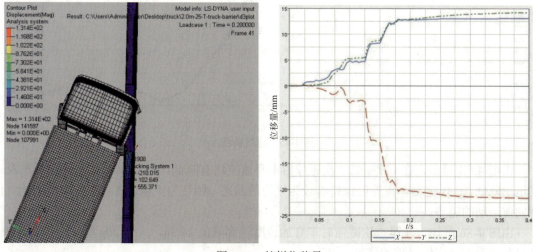

图 4-83　护栏位移量

（4）间距为 2.0m 的间隔式混凝土防护栏。

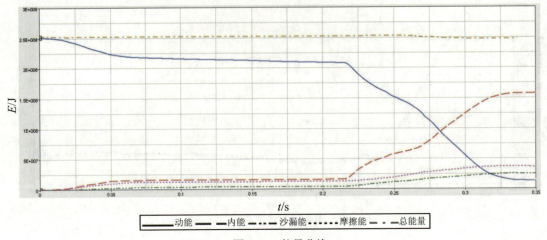

图 4-84　能量曲线

由图 4-84 可知：

A．在 0.05s 第一次碰撞后小货车动能逐渐减少，内能和摩擦能逐渐增加，0.1s 后趋于平稳。在 0.2s 第二次碰撞后小货车动能急剧减少，内能急剧增加，沙漏能和摩擦能逐渐增加，之后总体趋于平稳，总能量保持不变，符合能量守恒定律。

B．单点积分产生的沙漏能小于变形能的 10% 的允许范围，满足仿真精度需要。

C．从能量角度验证了仿真模型的可靠性，仿真能量结果基本合理。

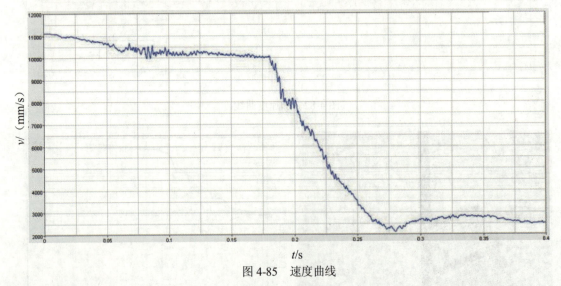

图 4-85　速度曲线

由图 4-85 可知，在 0.05s 第一次碰撞后车身速度略有降低，在 0.2s 第二次碰撞后车身速度迅速降低，0.3s 之后车身速度保持着较为平稳的状态，始终为正值，表明小货车模型始终保持向前运动的趋势。

由图 4-86 可知，在第二次碰撞时车身加速度达到峰值 24.3g，大于 20g 的安全控制要求，会对车内乘客造成较严重的伤害。

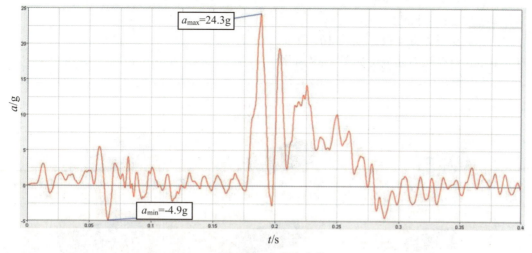

图 4-86　加速度曲线

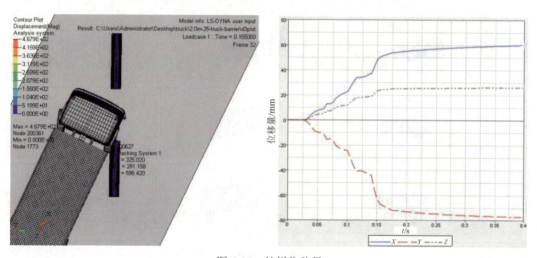

图 4-87　护栏位移量

由图 4-87 可知，在第一次碰撞后混凝土防护栏在 X、Y、Z 三个方向均发生了变形，最大位移量为 8.0cm，小于刚性护栏安全标准 10cm 的安全要求，说明满足护栏安全要求。

结论：通过墙垛式混凝土防护栏和间隔式混凝土防护栏在曲线路段相同的条件下的对比实验可以看出，墙垛式混凝土防护栏可以较好地起到矫正事故车辆行车轨迹和降低碰撞冲击对乘员造成的伤害的作用，所以在路侧较危险路段，建议在条件允许的情况下，优先采用墙垛式混凝土防护栏，如果条件十分困难，则建议减小间隔防护栏之间的间距，一定程度上也可以起到减少事故人员伤亡的作用。

4.4.4　油桶式混凝土防护栏仿真实验分析

（1）初始条件。

1）油桶式混凝土防护栏设置间距：2.0m。

2）仿真车辆：小汽车、小客车、小货车。

3）碰撞角度：15°。

4）碰撞速度：40km/h。

（2）计算结果如图 4-88 至图 4-101 所示。

1）车辆运行轨迹对比分析如图 4-88 所示。

时间/s	车型		
	小汽车	小客车	小货车
0.0	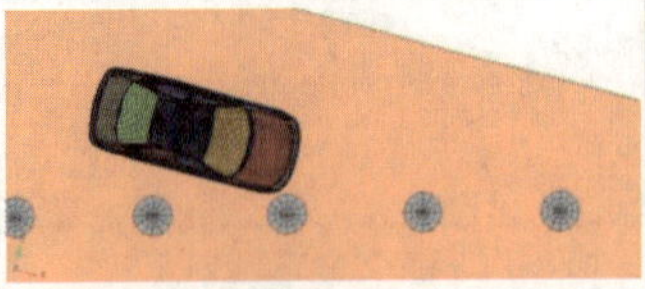	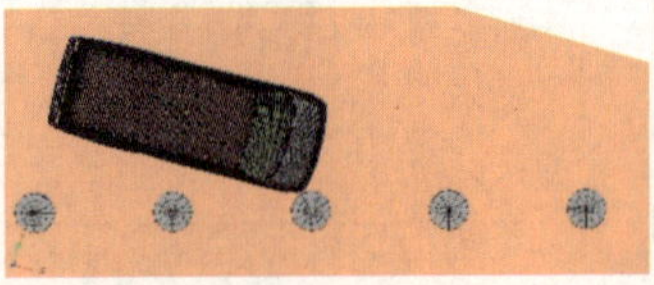	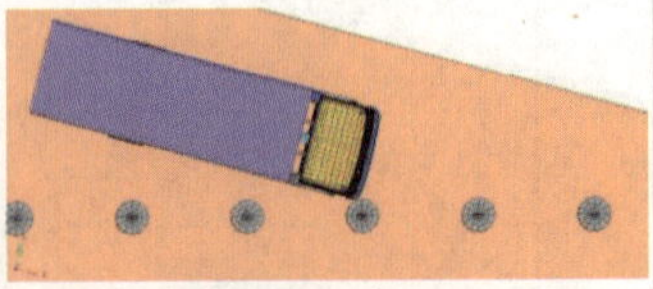
0.10	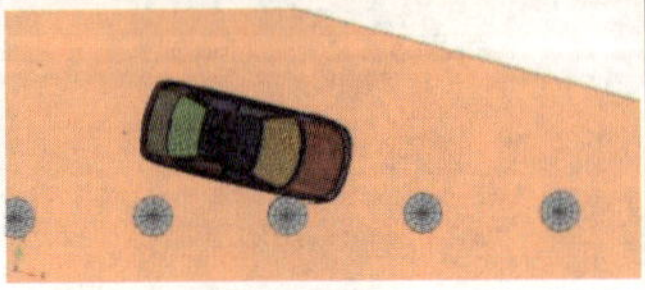	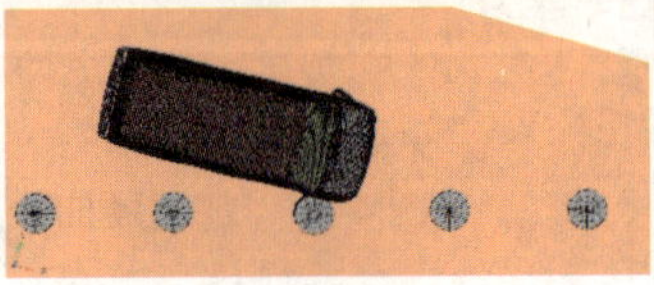	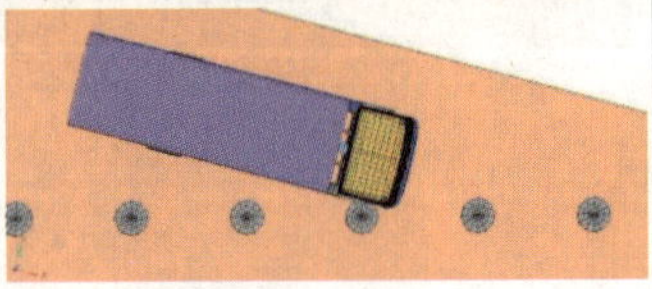
0.20	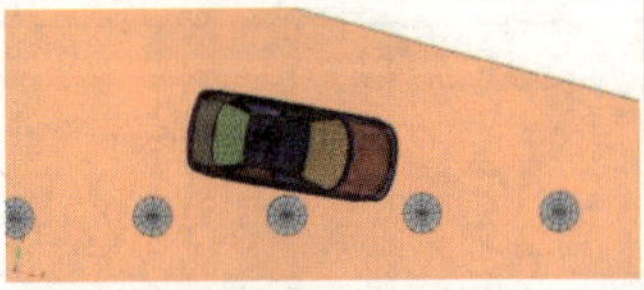	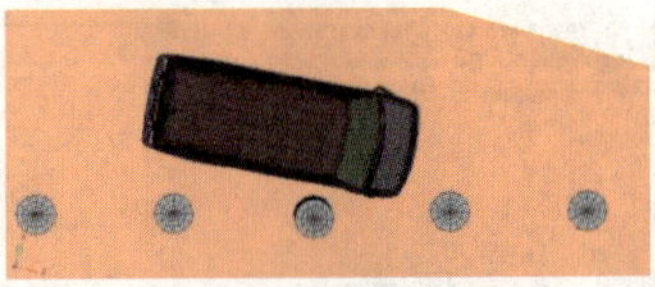	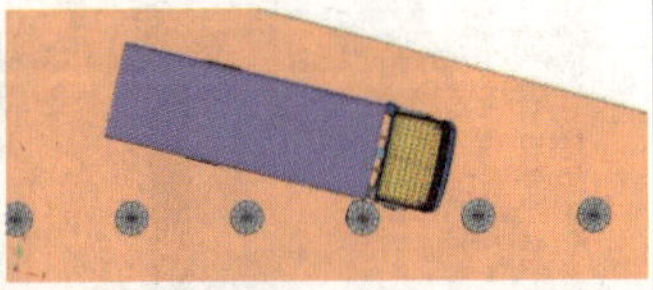
0.30	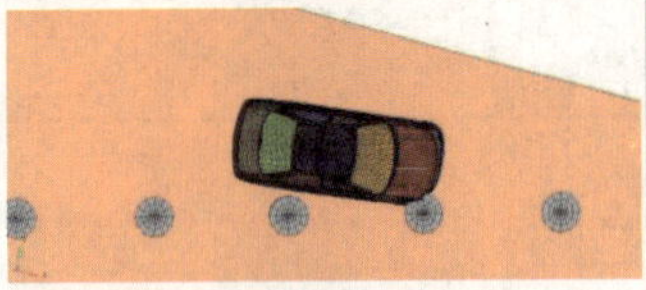	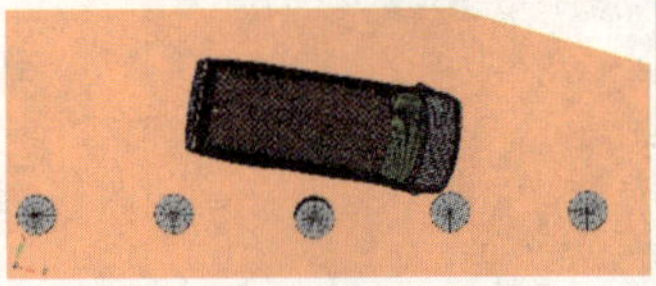	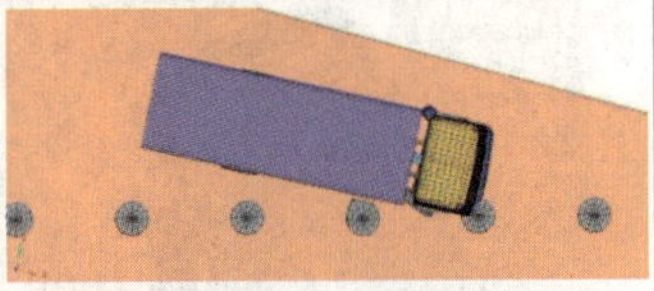
0.40	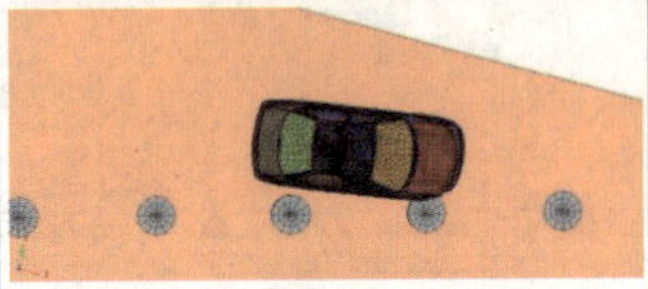	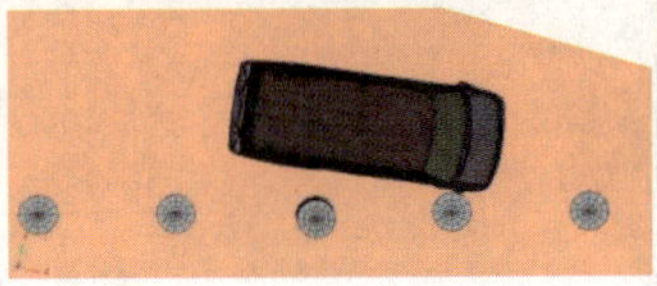	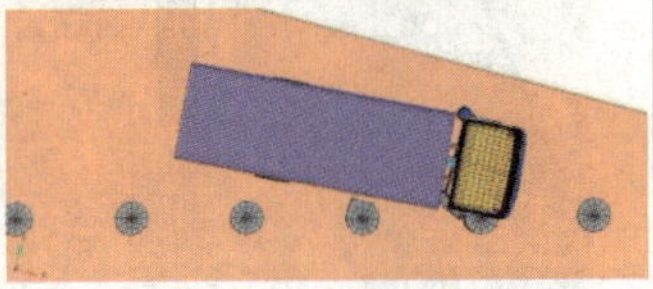
结果分析	小汽车：当事故车辆为小汽车时，由于小汽车的能量较小，事故车辆行车方向得到及时矫正，车辆重新回正至行车道	小客车：当事故车辆为小客车时，由于小客车的能量有所增加，混凝土防护栏发生较大变形，但事故车辆行车方向得到一定矫正，保证了未冲出路外，重新回正至行车道	小货车：当事故车辆为小货车时，由于小货车的能量较大，混凝土防护栏发生较大变形，事故车辆行车方向虽然得到一定矫正，保证了未冲出路外，但是在二次碰撞时发生阻绊偏转

图 4-88　车辆运行轨迹对比分析

2）车辆变形对比如图 4-89 所示。

时间/s	车型		
	小汽车	小客车	小货车
0.0		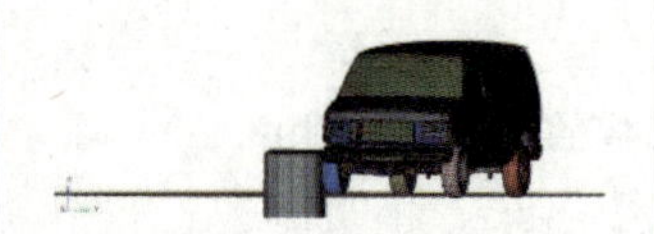	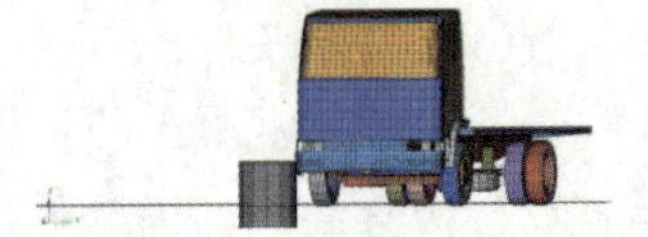

图 4-89　车辆变形对比

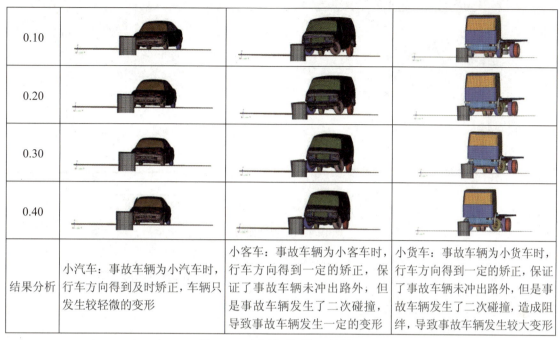

0.10			
0.20			
0.30			
0.40			
结果分析	小汽车：事故车辆为小汽车时，行车方向得到及时矫正，车辆只发生较轻微的变形	小客车：事故车辆为小客车时，行车方向得到一定的矫正，保证了事故车辆未冲出路外，但是事故车辆发生了二次碰撞，导致事故车辆发生一定的变形	小货车：事故车辆为小货车时，行车方向得到一定的矫正，保证了事故车辆未冲出路外，但是事故车辆发生了二次碰撞，造成阻绊，导致事故车辆发生较大变形

图 4-89　车辆变形对比（续图）

3）小汽车。

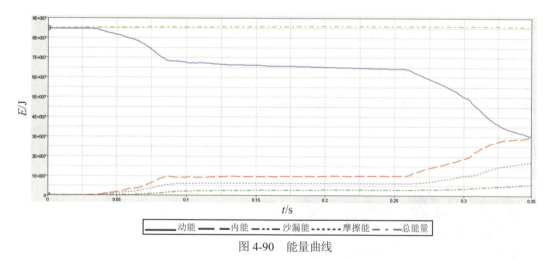

图 4-90　能量曲线

由图 4-90 可知：

A．在碰撞过程中经过 0.05s 和 0.25s 两次碰撞，小汽车动能逐渐减少，内能和摩擦能逐渐增加，之后总体趋于平稳，总能量保持不变，符合能量守恒定律。

B．单点积分产生的沙漏能基本小于变形能的 10% 的允许范围，基本满足仿真精度需要。

C．从能量角度验证了仿真模型的可靠性，仿真能量结果基本合理。

由图 4-91 可知，在 0.05s 第一次碰撞后小汽车车身速度有一定幅度的降低，之后趋于平稳，在 0.25s 第二次碰撞时，车身速度再有一定幅度的降低。0.35s 之后车身速度保持着较为平稳的状态，始终为正值，表明小汽车模型始终保持向前运动的趋势。

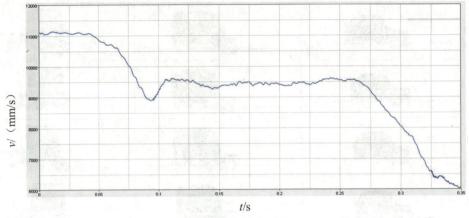

图 4-91　速度曲线

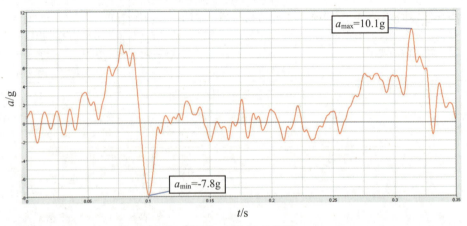

图 4-92　加速度曲线

由图 4-92 可知，在第二次碰撞时车身加速度达到峰值 10.1g，小于 20g 的安全控制要求，所以只会对车内乘客造成较小的伤害。碰撞之后车身加速度保持着较为平稳的波动且有逐渐减小的趋势，表明车身处于平稳控制的状态。

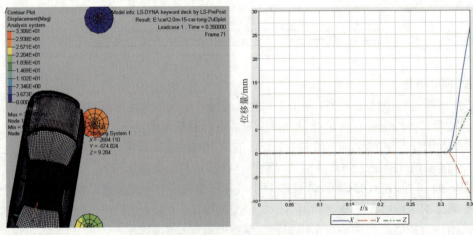

图 4-93　护栏位移量

由图 4-93 可知，第二次碰撞后混凝土防护栏在 X、Y、Z 三个方向均发生了变形位移，最大位移量为 2.7cm，小于刚性护栏安全标准 10cm 的安全要求，说明满足护栏安全要求。

4）小客车。

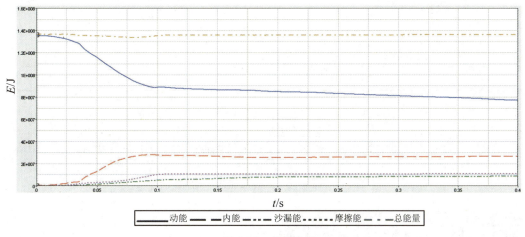

图 4-94　能量曲线

由图 4-94 可知：

A．在 0.05s 第一次碰撞后小客车动能逐渐减少，内能和摩擦能逐渐增加，在 0.2s 后趋于平稳，总能量保持不变，符合能量守恒定律。

B．单点积分产生的沙漏能基本小于变形能的 10% 的允许范围，基本满足仿真精度需要。

C．从能量角度验证了仿真模型的可靠性，仿真能量结果基本合理。

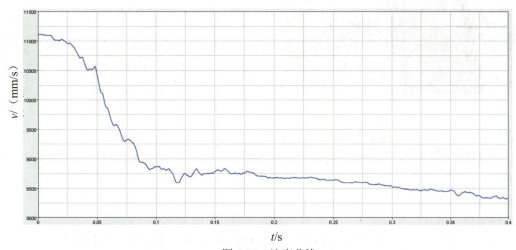

图 4-95　速度曲线

由图 4-95 可知，在 0.05s 第一次碰撞后车身速度有一定幅度的降低，0.15s 后小客车车身速度保持着较为平稳的趋势，始终为正值，表明小客车模型始终保持向前运动的趋势。

由图 4-96 可知，在第一次碰撞时车身加速度达到峰值 9.4g，小于 20g 的安全控制要求，所以只会对车内乘客造成较小的伤害。碰撞之后车身加速度保持着较为平稳的波动且有逐渐减小的趋势，表明车身逐渐趋于平稳控制的状态。

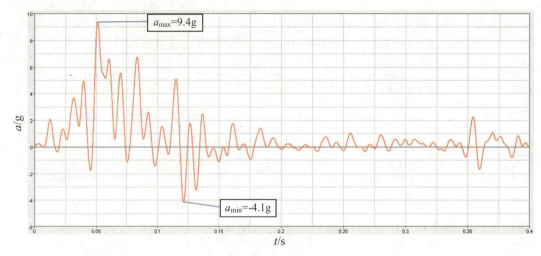

图 4-96　加速度曲线

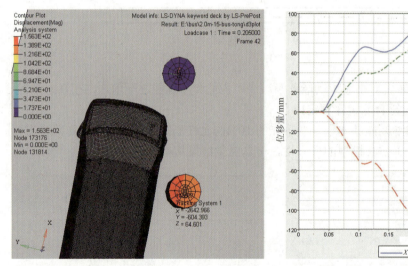
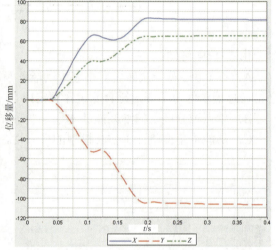

图 4-97　护栏位移量

由图 4-97 可知，在第一次碰撞后混凝土防护栏在 X、Y、Z 三个方向均发生了变形位移，最大位移量为 10.1cm，大于刚性护栏安全标准 10cm 的安全要求，说明此处护栏未满足护栏安全要求。

5）小货车。

由图 4-98 可知：

A．在 0.05s 和 0.25s 两次碰撞过程中车辆动能逐渐减少，内能和摩擦能逐渐增加，之后总体趋于平稳状态，总能量保持不变，符合能量守恒定律。

B．单点积分产生的沙漏能基本小于变形能的 10% 的允许范围，基本满足仿真精度需要。

C．从能量角度验证了仿真模型的可靠性，仿真能量结果合理。

由图 4-99 可知，在 0.05s 第一次碰撞后车身速度有一定幅度的降低，之后趋于平稳，在 0.25s 第二次碰撞后车身再次有一定幅度的降低，0.35s 后车身速度保持着较为平稳的趋势，始终为正值，表明小货车模型始终保持向前运动的趋势。

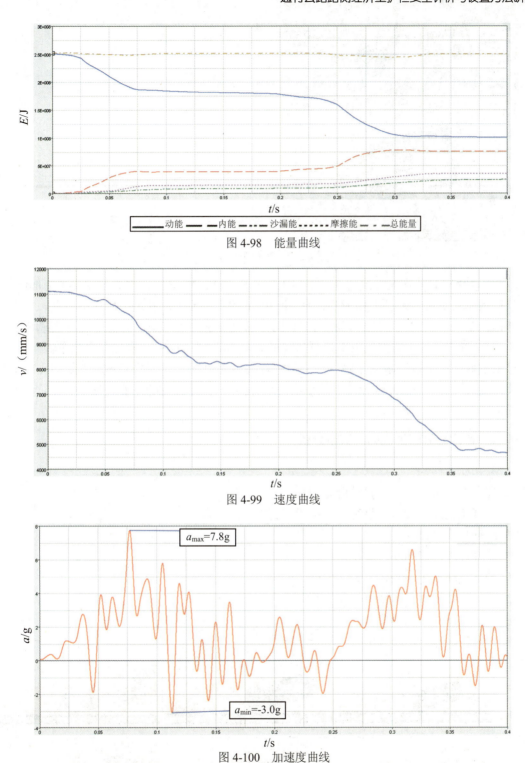

图 4-98　能量曲线

图 4-99　速度曲线

图 4-100　加速度曲线

由图 4-100 可知，在第一次碰撞时车身加速度达到峰值 7.8g，小于 20g 的安全控制要求，所以会对车内乘客造成较小的伤害。碰撞之后车身加速度保持着较为平稳的波动且有逐渐减小的趋势，表明车身逐渐处于平稳控制的状态。

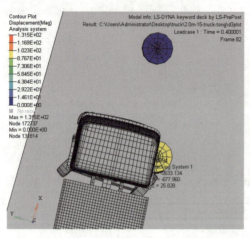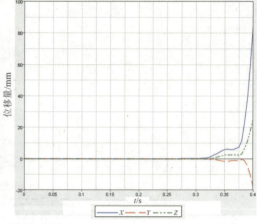

图 4-101 护栏位移量

由图 4-101 可知，在第二次碰撞后混凝土防护栏在 X、Y、Z 三个方向均发生了变形位移，最大位移量为 9.0cm，小于刚性护栏安全标准 10cm 的安全要求，满足护栏安全要求。

结论：与间隔式混凝土防护栏相比，在同样的碰撞条件（车型、碰撞速度、碰撞角度、间距）下，油桶式混凝土防护栏由于自身为圆形，具有流线型的特点，在受到事故车辆碰撞时，不但可以较好地起到矫正事故车辆行车方向的作用，还可以降低事故车辆发生阻绊现象的概率，减小车辆的变形和降低碰撞对事故车辆内乘客的伤害程度。因此，在一定条件下，油桶式防护栏也可作为简易护栏。

4.4.5 硬土石堆防护栏仿真实验分析

（1）初始条件。

1）硬土石堆防护栏：设置长度为 20m。

2）仿真车辆：小汽车、小客车、小货车。

3）碰撞角度：15°。

4）碰撞速度：40km/h。

（2）计算结果如图 4-102 至图 4-115 所示。

1）车辆运行轨迹对比分析如图 4-102 所示。

时间/s	车型		
	小汽车	小客车	小货车
0.0			
0.10			

图 4-102 车辆运行轨迹对比分析

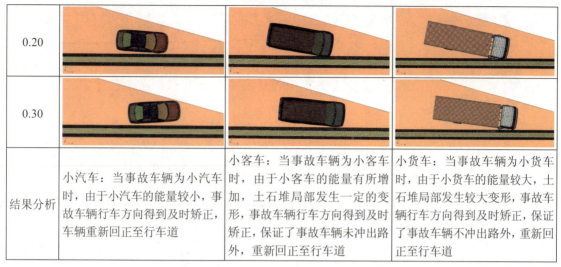

	小汽车	小客车	小货车
0.20			
0.30			
结果分析	小汽车：当事故车辆为小汽车时，由于小汽车的能量较小，事故车辆行车方向得到及时矫正，车辆重新回正至行车道	小客车：当事故车辆为小客车时，由于小客车的能量有所增加，土石堆局部发生一定的变形，事故车辆行车方向得到及时矫正，保证了事故车辆未冲出路外，重新回正至行车道	小货车：当事故车辆为小货车时，由于小货车的能量较大，土石堆局部发生较大变形，事故车辆行车方向得到及时矫正，保证了事故车辆不冲出路外，重新回正至行车道

图 4-102　车辆运行轨迹对比分析（续图）

2）车辆变形对比如图 4-103 所示。

时间/s	车型		
	小汽车	小客车	小货车
0.0			
0.10			
0.20			
0.30			
结果分析	小汽车：事故车辆为小汽车时，行车方向得到及时矫正，车辆只发生较轻微的变形	小客车：事故车辆为小客车时，行车方向得到一定矫正，保证了事故车辆未冲出路外，只发生较轻微的变形	小货车：事故车辆为小货车时，行车方向得到一定矫正，保证了事故车辆未冲出路外，只发生较轻微的变形

图 4-103　车辆变形对比

3）小汽车。

由图 4-104 可知：

A. 在碰撞过程中小汽车动能逐渐减少，内能和摩擦能逐渐增加，之后总体趋于稳定，总能量保持不变，符合能量守恒定律。

B. 单点积分产生的沙漏能小于变形能的 10% 的允许范围，基本满足仿真精度需要。

C. 从能量角度验证了仿真模型的可靠性，仿真能量结果基本合理。

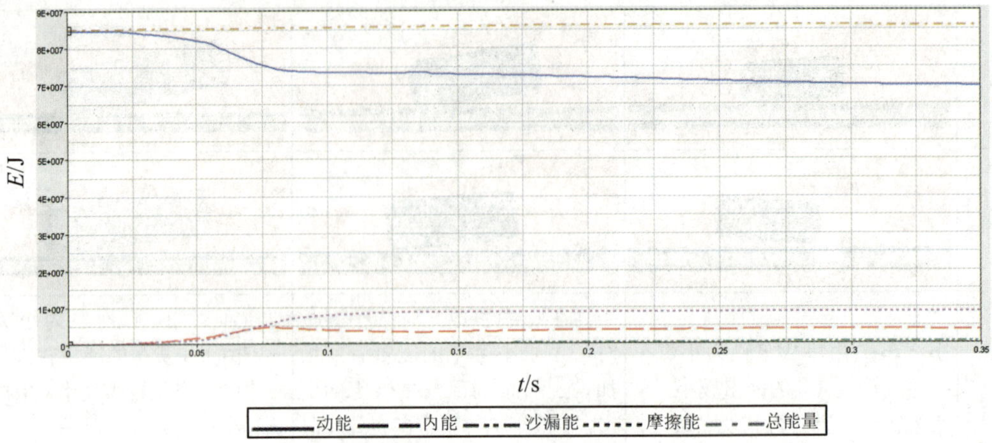

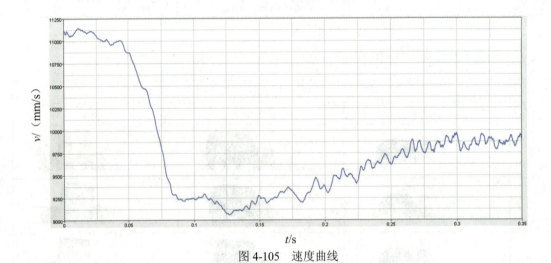

图 4-104　能量曲线

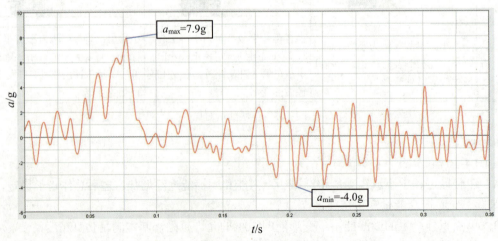

图 4-105　速度曲线

由图 4-105 可知，在 0.05s 第一次碰撞后车身速度迅速降低，0.1s 之后车身速度趋于平稳且略有提高，并始终为正值，表明小汽车模型始终保持向前运动的趋势。

图 4-106　加速度曲线

由图 4-106 可知，在第一次碰撞时车身加速度达到峰值 7.9g，小于 20g 的安全控制要求，所以只会对车内乘客造成较小的伤害。碰撞之后车身加速度保持着较为平稳的波动且有逐渐减小的趋势，表明车身逐渐趋于平稳控制的状态。

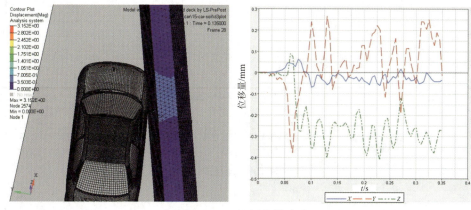

图 4-107　护栏位移量

由图 4-107 可知，在第一次碰撞后硬土石堆防护栏局部在 X、Y、Z 三个方向均发生了变形位移，位移量均较小，说明硬土石堆防护栏满足安全要求。

4）小客车。

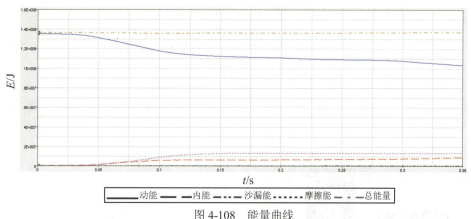

图 4-108　能量曲线

由图 4-108 可知：

A．在碰撞过程中小客车动能逐渐减少，内能和摩擦能逐渐增加，之后趋于稳定，总能量保持不变，符合能量守恒定律。

B．单点积分产生的沙漏能小于变形能的 10% 的允许范围，基本满足仿真精度需要。

C．从能量角度验证了仿真模型的可靠性，仿真能量结果合理。

由图 4-109 可知，在 0.05s 第一次碰撞后车身速度迅速降低，0.15s 后车身速度保持较为平稳的趋势，始终为正值，表明小客车模型始终保持向前运动的趋势。

由图 4-110 可知，在第一次碰撞时车身加速度达到峰值 4.1g，小于 20g 的安全控制要求，所以只会对车内乘客造成较小的伤害。碰撞之后车身加速度保持着较为平稳的波动且有逐渐减小的趋势，表明车身逐渐趋于平稳控制的状态。

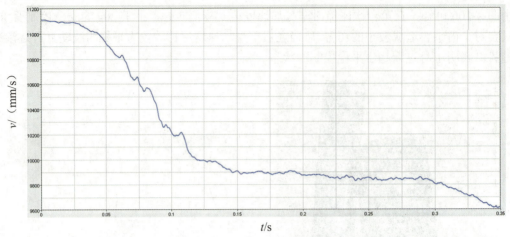

图 4-109　速度曲线

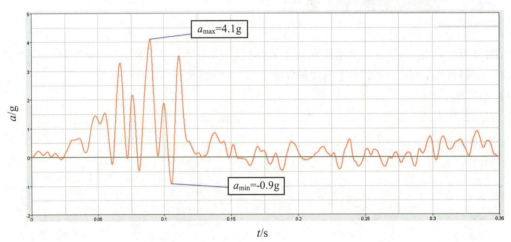

图 4-110　加速度曲线

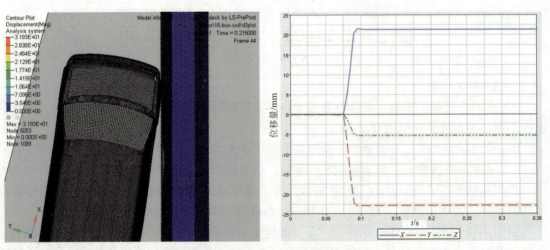

图 4-111　护栏位移量

由图 4-111 可知，在第一次碰撞后硬土石堆防护栏局部在 *X*、*Y*、*Z* 三个方向均发生了变形位移，位移量均较小，说明满足护栏安全要求。

5）小货车。

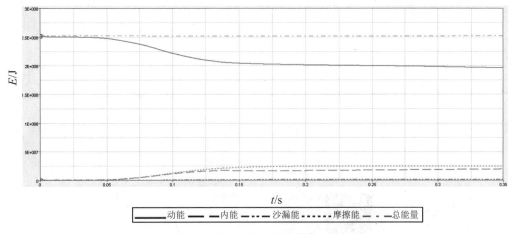

图 4-112　能量曲线

由图 4-112 可知：

A．在碰撞过程中小货车动能逐渐减少，内能和摩擦能逐渐增加，0.15s 后总体趋于平稳，总能量保持不变，符合能量守恒定律。

B．单点积分产生的沙漏能小于变形能的 10% 的允许范围，基本满足仿真精度需要。

C．从能量角度验证了仿真模型的可靠性，仿真能量结果合理。

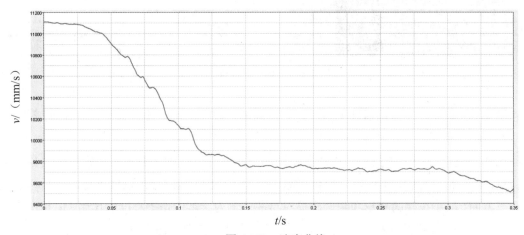

图 4-113　速度曲线

由图 4-113 可知，在第一次碰撞后车身速度迅速降低，0.15s 后趋于平稳，但小货车车身的速度始终为正值，表明小货车模型始终保持向前运动的趋势。

由图 4-114 可知，在第一次碰撞时车身加速度达到峰值 4.0g，小于 20g 的安全控制要求，所以只会对车内乘客造成较小的伤害。碰撞之后车身加速度保持着较为平稳的波动且有逐渐减小的趋势，表明车身逐渐趋于平稳控制的状态。

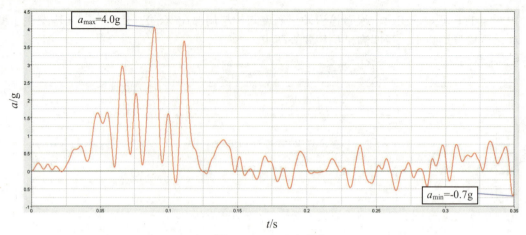

图 4-114　加速度曲线

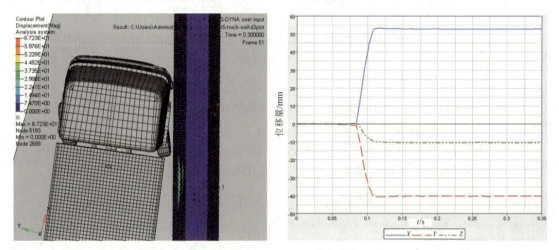

图 4-115　护栏位移量

由图 4-115 可知，在碰撞后硬土石堆防护栏局部在 X、Y、Z 三个方向均发生了变形位移，位移量均较小，说明满足护栏安全要求。

结论：与刚性混凝土防护栏相比，在相同的碰撞条件下，硬土石堆防护栏由于自身半刚性的特点，在防护过程中，不但可以避免事故车辆发生阻绊现象，还可以较好地起到矫正事故车辆行车方向、减小车辆的变形和降低碰撞对事故车辆内乘客的伤害程度的作用。但是由于其主要材料为土石，在稳固性和耐久性方面存在较大不足，特别是遇到雨季，受到雨水侵蚀后，土石堆强度将大大降低，一定程度上会失去护栏的防护作用。

4.4.6　路侧防护栏高度仿真实验分析

4.4.6.1　直线路段防护栏高度仿真分析

（1）初始条件。

1）混凝土防护栏：设置高度为 400mm、600mm。

2）仿真车辆：小汽车、小客车、小货车。

3）碰撞角度：15°。

4）碰撞速度：40km/h。

（2）计算结果如图 4-116 至图 4-119 所示。

1）混凝土防护栏高度为 400mm 的实验分析。

A. 车辆运行轨迹对比分析如图 4-116 所示。

时间/s	车型		
	小汽车	小客车	小货车
0.0	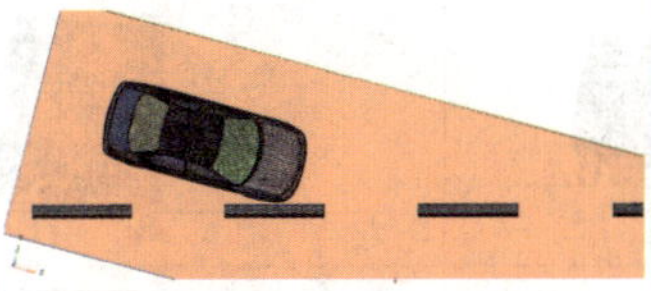	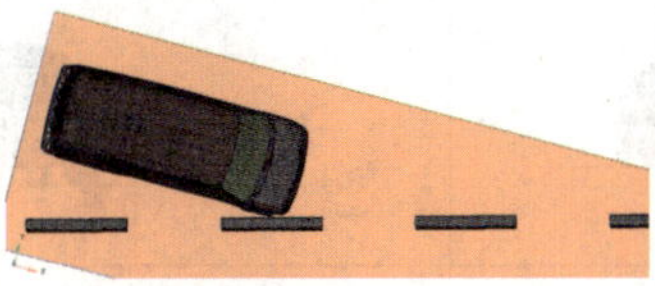	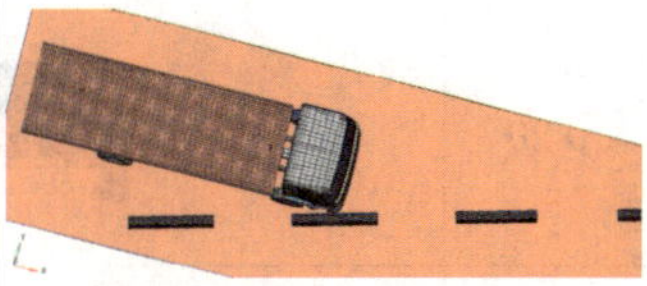
0.10	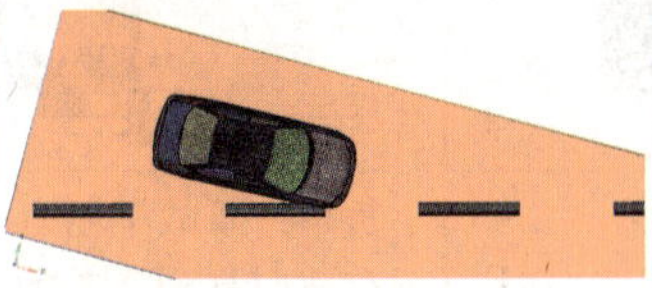	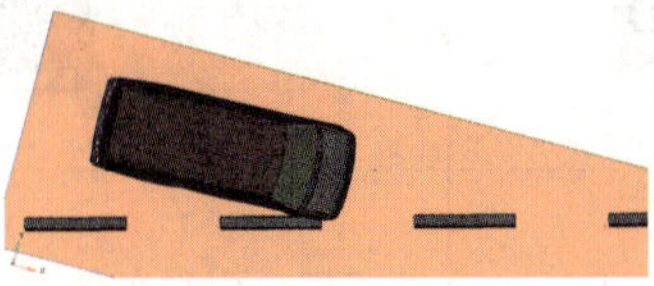	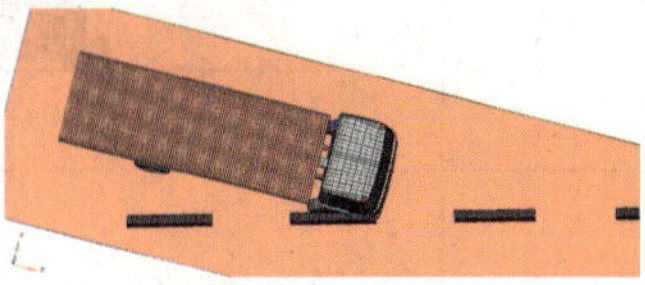
0.20	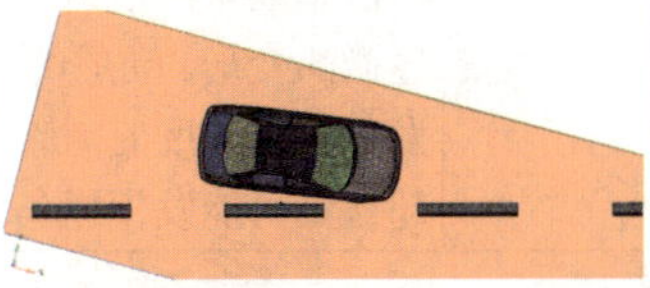	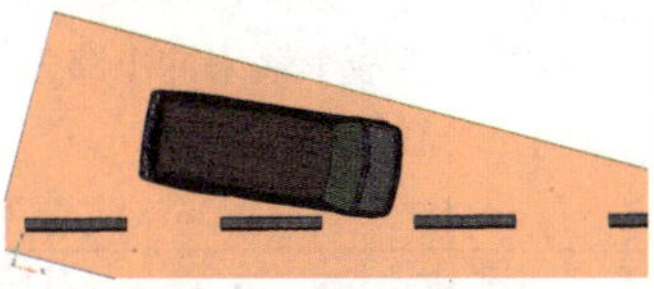	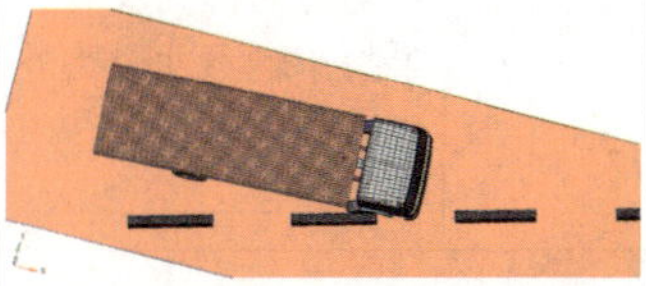
0.30	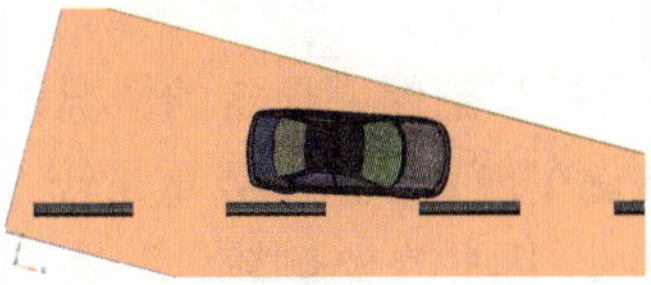	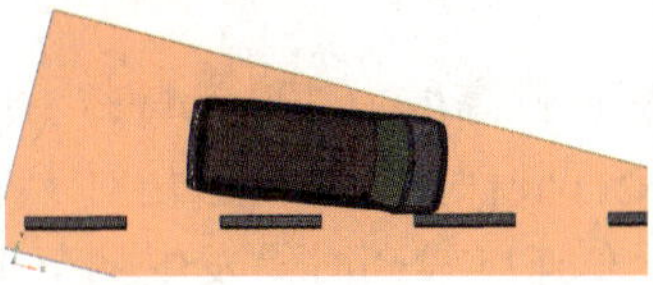	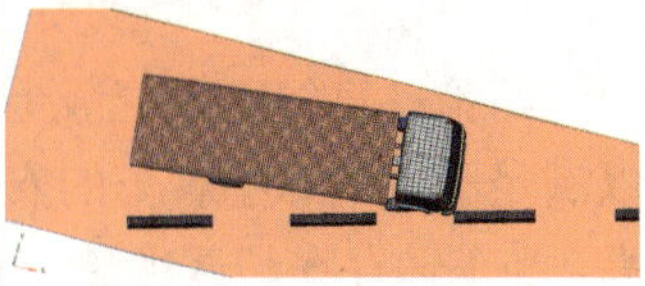
0.40	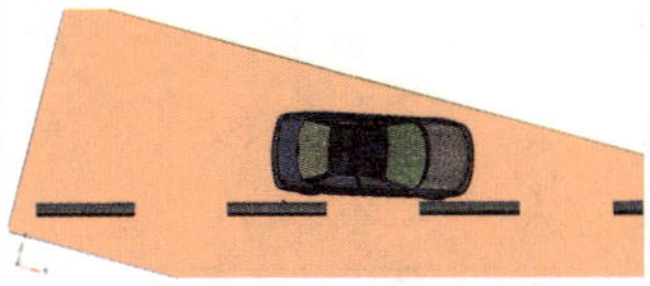	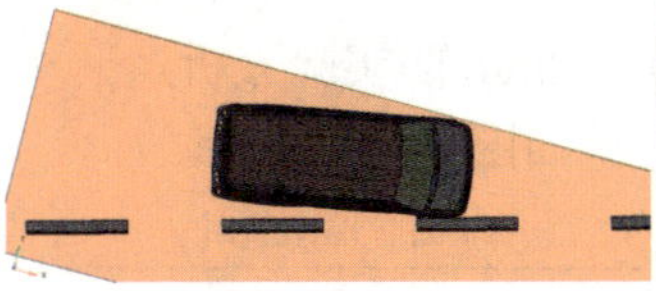	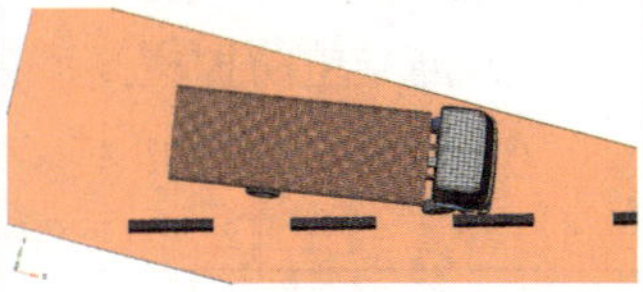
结果分析	小汽车：当事故车辆为小汽车时，行车方向得到及时矫正，保证了事故车辆未冲出路外并重新回正至行车道	小客车：当事故车辆为小客车时，行车方向得到及时矫正，保证了事故车辆未冲出路外并重新回正至行车道	小货车：当事故车辆为小货车时，行车方向得到及时矫正，保证了事故车辆不冲出路外并重新回正至行车道

图 4-116 车辆运行轨迹对比分析

B. 车辆变形对比如图 4-117 所示。

时间/s	车型		
	小汽车	小客车	小货车
0.0			
0.10			
0.20			
0.30			
结果分析	小汽车：事故车辆为小汽车时，行车方向得到及时矫正，保证了事故车辆不冲出路外，只发生较轻微的变形	小客车：事故车辆为小货车时，行车方向得到一定矫正，保证了事故车辆未冲出路外，只发生较轻微的变形	小货车：事故车辆为小货车时，行车方向得到一定矫正，保证了事故车辆未冲出路外，只发生较轻微的变形。但在 0.2s 左右车辆发生一定程度的侧倾，如果车辆超载则可能发生翻车事故

图 4-117 车辆变形对比

结论：直线路段混凝土防护栏高度为 400mm 时，在护栏基础保证稳定的情况下，基本可以满足小汽车和小客车的安全行驶保障要求，但是对于小货车而言，由于载重量较大，重心较高，当车辆存在超载现象或行车速度较高时易发生翻车事故，因此在路侧较危险路段建议采取护栏加高的处理措施。

2）混凝土防护栏高度为 600mm 的实验分析。

A. 车辆运行轨迹对比分析如图 4-118 所示。

时间/s	车型		
	小汽车	小客车	小货车
0.0			

图 4-118 车辆运行轨迹对比分析

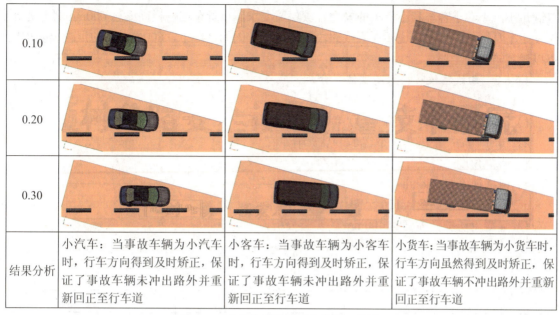

0.10			
0.20			
0.30			
结果分析	小汽车：当事故车辆为小汽车时，行车方向得到及时矫正，保证了事故车辆未冲出路外并重新回正至行车道	小客车：当事故车辆为小客车时，行车方向得到及时矫正，保证了事故车辆未冲出路外并重新回正至行车道	小货车：当事故车辆为小货车时，行车方向虽然得到及时矫正，保证了事故车辆不冲出路外并重新回正至行车道

图 4-118　车辆运行轨迹对比分析（续图）

B. 车辆变形对比如图 4-119 所示。

时间/s	车型		
	小汽车	小客车	小货车
0.0			
0.10			
0.20			
0.30			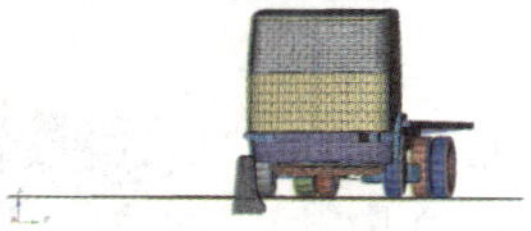
结果分析	小汽车：事故车辆为小汽车时，行车方向得到及时矫正，保证了事故车辆未冲出路外，只发生较轻微的变形	小汽车：事故车辆为小客车时，行车方向得到一定矫正，保证了事故车辆未冲出路外，只发生较轻微的变形	小货车：事故车辆为小货车时，行车方向得到一定矫正，保证了事故车辆未冲出路外，只发生较轻微的变形

图 4-119　车辆变形对比

结论：直线路段混凝土防护栏高度为 600mm 时，在护栏基础保证稳定的情况下，基本可以满足小汽车、小客车和小货车的安全行驶保障要求，小货车在护栏高度达 600mm 的情况下未发生车身倾斜的现象，说明在直线路段护栏基础牢固的情况下，600mm 高的混凝土防护栏可以满足防护安全要求。

4.4.6.2 曲线路段防护栏高度仿真分析

（1）初始条件。

1）混凝土防护栏：设置高度为 400mm、600mm。

2）仿真车辆：小汽车、小客车、小货车。

3）碰撞角度：25°。

4）碰撞速度：40km/h。

（2）计算结果如图 4-120 至图 4-123 所示。

1）混凝土防护栏高度为 400mm 的实验分析。

A. 车辆运行轨迹对比分析如图 4-120 所示。

时间/s	车型		
	小汽车	小客车	小货车
0.0	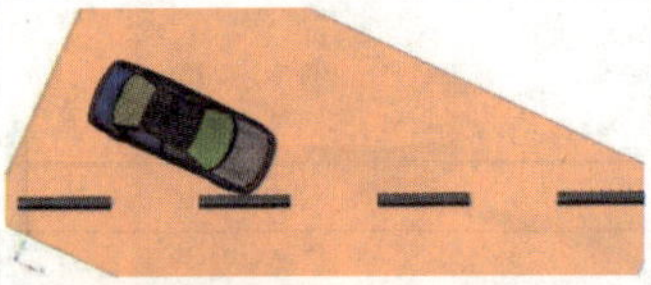	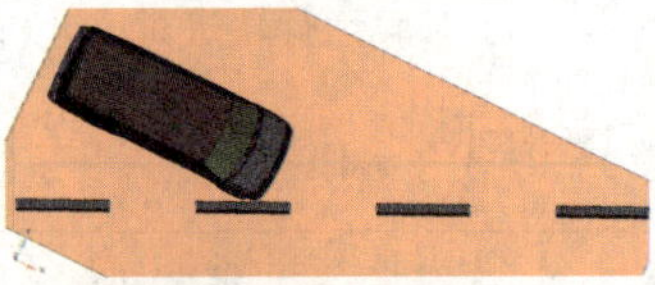	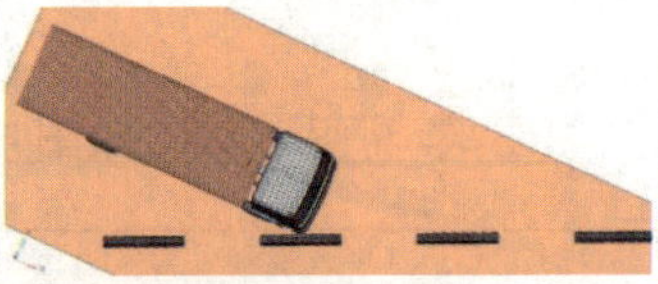
0.10	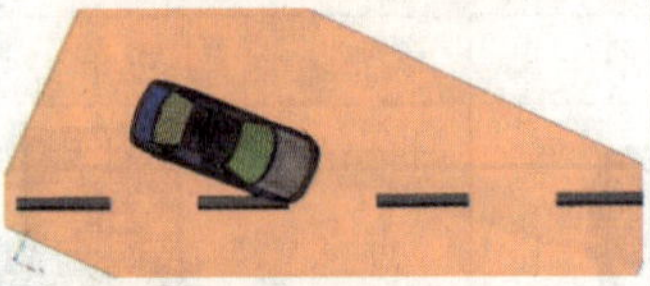	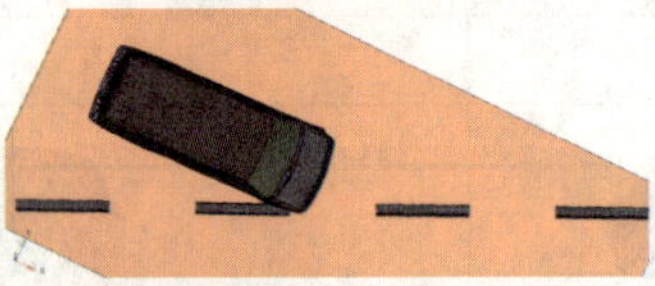	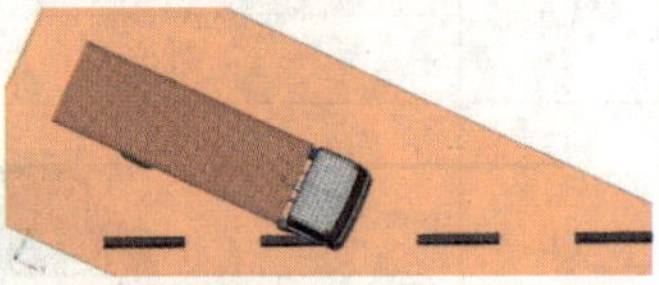
0.20	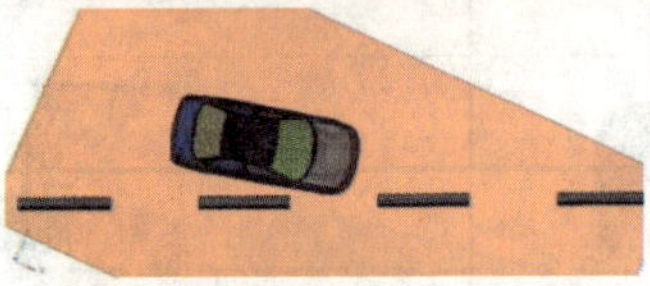	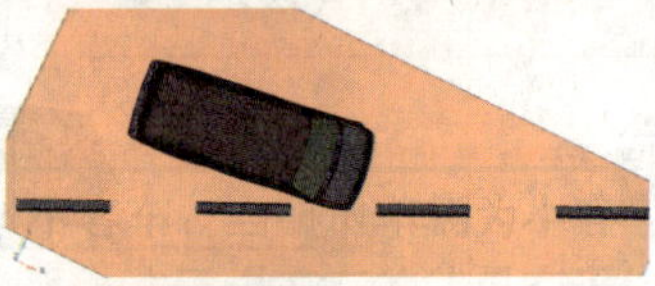	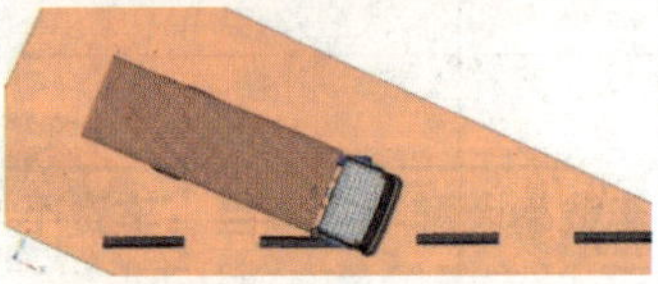
0.30	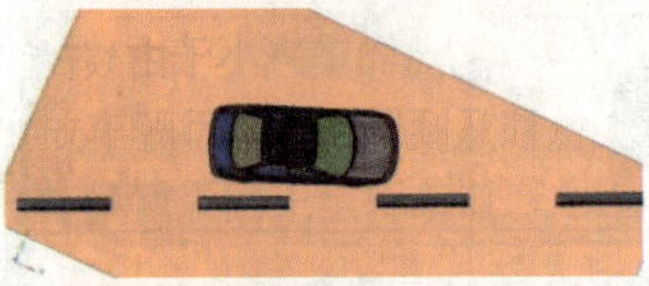	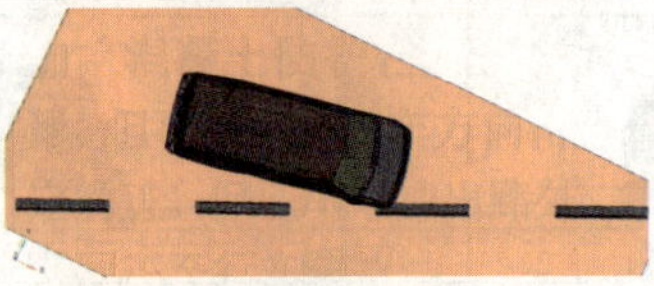	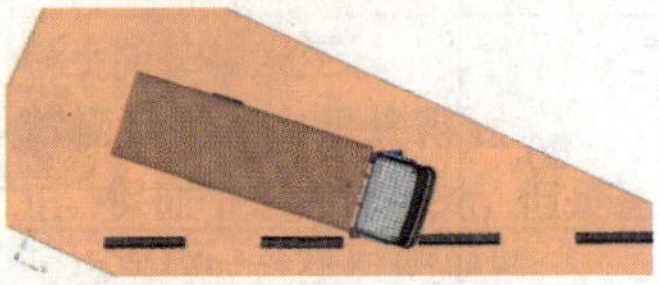
0.40	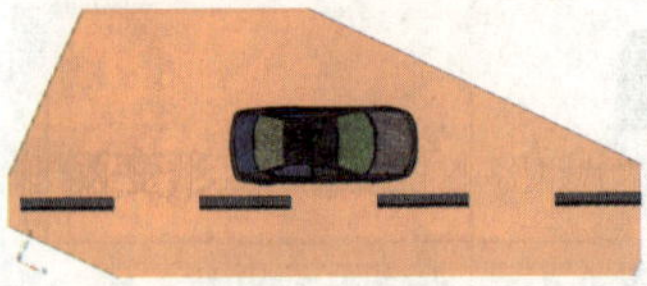	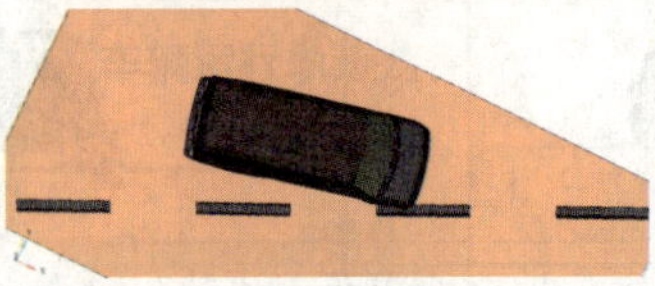	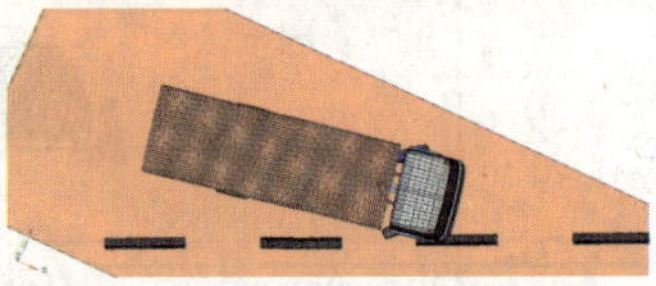
结果分析	小汽车：当事故车辆为小汽车时，行车方向得到及时矫正，保证了事故车辆未冲出路外并重新回正至行车道	小客车：当事故车辆为小客车时，行车方向得到及时矫正，保证了事故车辆未冲出路外并重新回正至行车道	小货车：当事故车辆为小货车时，行车方向得到及时矫正，保证了事故车辆不冲出路外并重新回正至行车道

图 4-120 车辆运行轨迹对比分析

B. 车辆变形对比如图 4-121 所示。

时间/s	车型		
	小汽车	小客车	小货车
0.0			
0.10			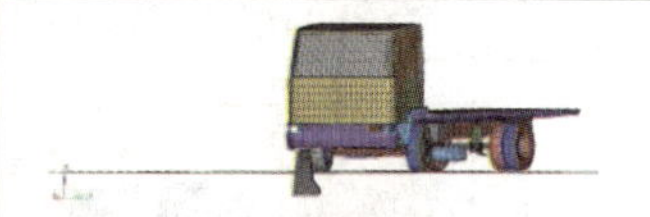
0.20			
0.30			
结果分析	小汽车：事故车辆为小汽车时，行车方向得到及时矫正，保证了事故车辆未冲出路外，只发生较轻微的变形	小客车：事故车辆为小汽车时，行车方向得到一定矫正，保证了事故车辆未冲出路外，只发生较轻微的变形	小货车：事故车辆为小货车时，行车方向得到一定矫正，保证了事故车辆未冲出路外，车辆只发生较小的变形。但在 0.2s 之后车辆发生一定程度的侧倾，如果车辆超载则可能发生翻车事故

图 4-121　车辆变形对比

结论：曲线路段混凝土防护栏高度为 400mm 时，在护栏基础保证稳定的情况下，基本可以满足小汽车和小客车的安全行驶保障要求，但是对于小货车而言，由于载重量较大，重心较高，当车辆存在超载现象或行车速度较高时易发生翻车事故，因此在路侧较危险路段建议采取护栏加高的处理措施。

2）混凝土防护栏高度为 600mm 的实验分析。

A. 车辆运行轨迹对比分析如图 4-122 所示。

时间/s	车型		
	小汽车	小客车	小货车
0.0	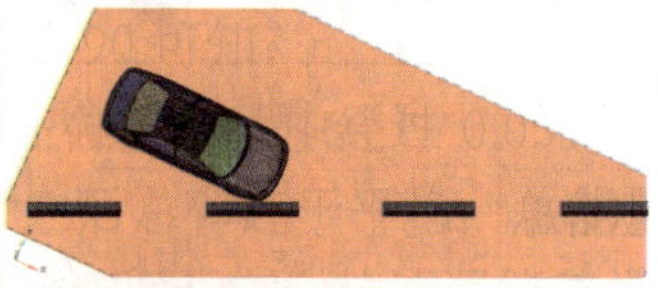	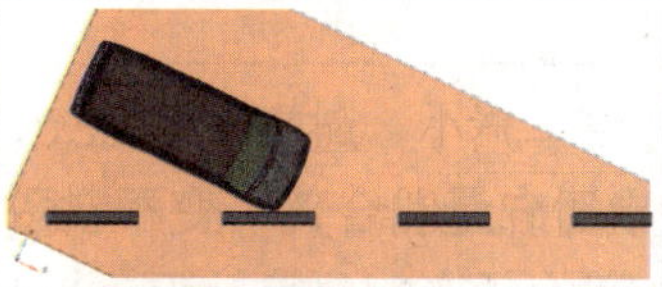	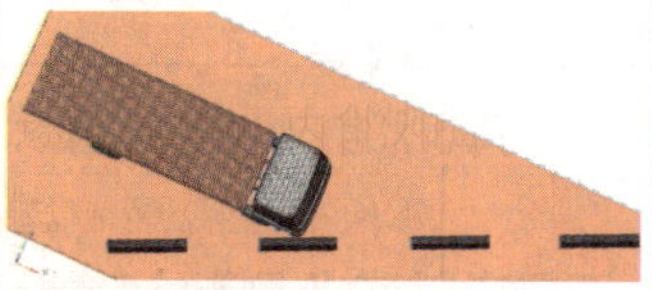
0.10	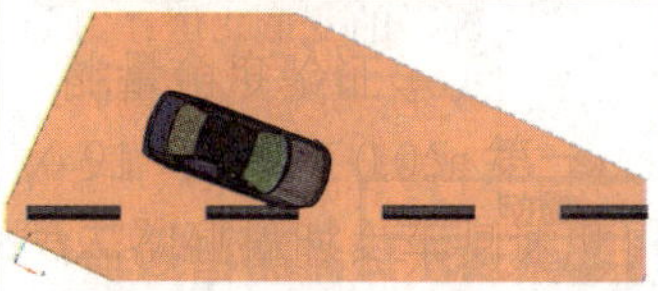	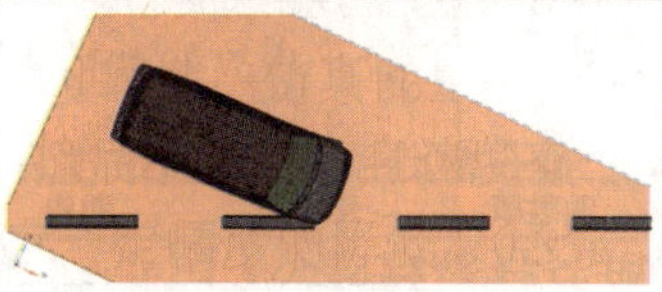	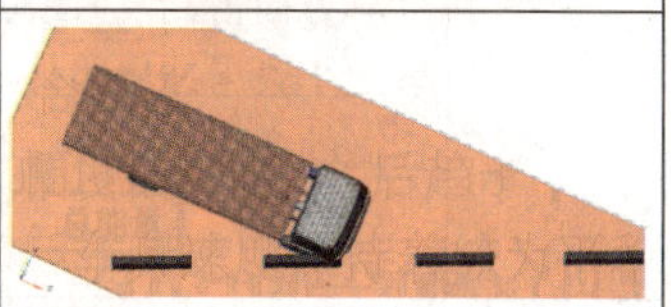

图 4-122　车辆运行轨迹对比分析

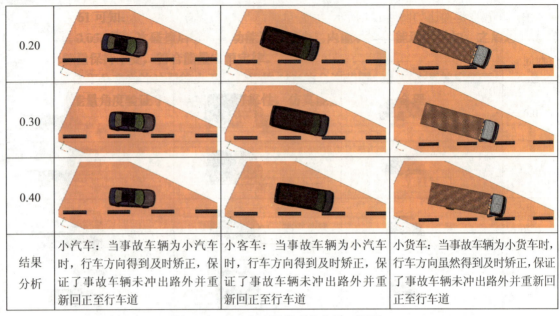

0.20			
0.30			
0.40			
结果分析	小汽车：当事故车辆为小汽车时，行车方向得到及时矫正，保证了事故车辆未冲出路外并重新回正至行车道	小客车：当事故车辆为小汽车时，行车方向得到及时矫正，保证了事故车辆未冲出路外并重新回正至行车道	小货车：当事故车辆为小货车时，行车方向虽然得到及时矫正，保证了事故车辆未冲出路外并重新回正至行车道

图 4-122　车辆运行轨迹对比分析（续图）

B. 车辆变形对比如图 4-123 所示。

时间/s	车型		
	小汽车	小客车	小货车
0.0s		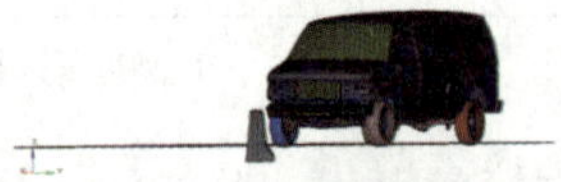	
0.10s			
0.20s		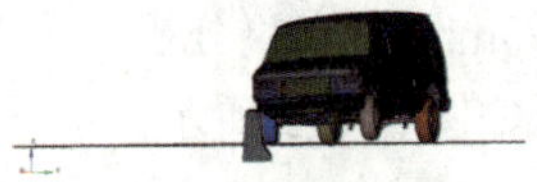	
0.30s			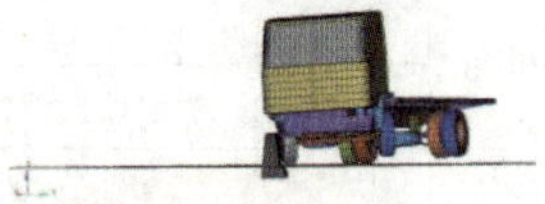
结果分析	小汽车：事故车辆为小汽车时，行车方向得到及时矫正，保证了事故车辆未冲出路外，只发生较轻微的变形	小客车：事故车辆为小客车时，行车方向得到一定矫正，保证了事故车辆未冲出路外，只发生较轻微的变形	小货车：事故车辆为小货车时，行车方向得到一定矫正，保证了事故车辆未冲出路外，只发生较轻微的变形。但在 0.2s 之后车辆发生一定程度的侧倾，在 0.35s 时车身位置恢复，但如果车辆超载或速度较快则可能发生翻车事故

图 4-123　车辆变形对比

结论：曲线路段混凝土防护栏高度为 600mm 时，在护栏基础保证稳定的情况下，基本可以满足小汽车、小汽车和小货车的安全行驶保障要求。但是，小货车超载或时速较高可能导致货车发生翻车事故，有必要在路侧危险、小货车较多路段适当提高混凝土防护栏高度，以保证行车安全。

4.4.7 通村公路护栏碰撞仿真实验结论

通过 36 组汽车－护栏有限元碰撞仿真实验的对比分析，对于四种简易护栏的设置，主要可以得出以下结论：

（1）简易护栏间距研究。

1）间隔式混凝土防护栏：护栏间距为 1.5m 时，事故车辆的行车方向进行了及时的回正，未对乘员造成较严重的伤害；护栏间距为 2.0m 时，总体上可以满足最低安全要求，但碰撞加速度过大会对乘员造成较大的伤害，特别是护栏间距为 2.5m 时，碰撞加速度已经超出了安全要求。

建议在条件允许的情况下，将防护栏的间距控制在 1.5m 以下，可以起到较好的防护效果，降低事故对司机和乘客的伤害程度。

2）墙垛式混凝土防护栏：墙垛式混凝土防护栏可以较好地起到矫正事故车辆行车轨迹和降低碰撞冲击对乘员造成的伤害的作用。

在路侧较危险路段，建议在条件允许的情况下，优先采用墙垛式混凝土防护栏，如条件十分困难，则建议减小护栏之间的间距，一定程度上也可以起到减少事故人员伤亡的作用。

3）油桶式混凝土防护栏：油桶式混凝土防护栏由于自身为圆形，具有流线型的特点，在受到事故车辆碰撞时，不但可以较好地起到矫正事故车辆行车方向的作用，还可以降低事故车辆发生阻绊现象的概率，减小车辆的变形和降低碰撞对事故车辆内乘客的伤害程度。

在允许的条件下，油桶式混凝土防护栏可作为简易护栏。

4）硬土石堆防护栏：在防护过程中，不但可以避免事故车辆发生阻绊现象，还可以较好地起到矫正事故车辆行车方向、减小车辆的变形和降低碰撞对事故车辆内乘客的伤害程度的作用。

但是由于其主要材料为土石，在稳固性和耐久性方面存在较大不足，特别是遇到雨季，受到雨水侵蚀后，土石堆强度将大大降低，一定程度上会失去护栏的防护作用。

（2）简易护栏高度研究。

1）直线路段：

A. 混凝土防护栏高度为 400mm 时：在护栏基础保证稳定的情况下，基本可以满足小汽车和小客车的安全行驶保障要求。对于小货车，由于载重量较大，重心较高，当车辆存在超载现象或行车速度较高时易发生翻车事故，因此在小货车比重较多、路侧较危险路段建议采取护栏加高的处理措施。

B. 混凝土防护栏高度为 600mm 时：在护栏基础保证稳定的情况下，基本可以满足小汽车、小客车和小货车的安全行驶保障要求，小货车在护栏高度达 600mm 的情况下未发生车身倾斜的现象，说明在直线路段护栏基础牢固的情况下，600mm 高的混凝土防护栏可以满足防护安全要求。

2）曲线路段：

A．混凝土防护栏高度为 400mm 时，在护栏基础保证稳定的情况下，基本可以满足小汽车和小客车的安全行驶保障要求。对于小货车，由于载重量较大，重心较高，当车辆存在超载现象或行车速度较高时易发生翻车事故，因此在小货车比重较大、路侧较危险路段建议采取护栏加高的处理措施。

B．混凝土防护栏高度为 600mm 时，在护栏基础保证稳定的情况下，基本可以满足小汽车、小客车和小货车的安全行驶保障要求。但是，小货车超载或时速较高可能导致货车发生翻车事故，有必要在小货车比重较大、路侧较危险路段采取护栏加高的处理措施。

4.5　通村公路护栏设置建议

在对通村公路现有的路侧低造价简易安全防护设施安全状况进行调研分析的基础上，通过有限元模拟仿真试验，对通村公路常见路侧简易防护设施进行安全性能分析。

通村公路简易路侧安全防护设施设置建议见表 4-8。

表 4-8　通村公路简易路侧安全防护设施设置建议

护栏		设置方法	设置路段	建设成本/（元/米）
间隔式混凝土防护栏		建议间距为 1.5～2.0m；建议高度为 400mm，货车较多路段护栏高度建议在 600mm 以上	直线路段，路侧地势较缓，较为安全路段	150～200
墙垛式混凝土防护栏		建议凹槽间距为 1.5～2.0m，凹槽深度小于等于 300mm；建议设置高度为 400mm，货车较多路段护栏高度建议在 600mm 以上	曲线路段，路侧地势较陡，较为危险路段	180～250
油桶式混凝土防护栏		建议间距为 1.5～2.0m；建议设置高度为 400mm，货车较多路段护栏高度建议在 600mm 以上	直线路段，路侧地势较缓，较为安全路段	100～150
硬土石堆防护栏		建议长度视路侧地形而定；建议高度大于等于 1200mm	直线路段，路侧地势较缓，较为安全路段	40～70

4.5.1　示警墩

示警墩具有一定的防护和视线诱导功能，施工、维护简单，造价较低，通常设于交通量较小或路侧危险程度较低且视线良好的路段。示警墩的一次设置最小长度为 10m。为了改善夜间行车条件，提升诱导功能，可以在示警墩顶面沿道路一侧设置反光道钉，每个示警墩设置 3 个。间隔式混凝土示警墩如图 4-124 所示。

图 4-124　间隔式混凝土示警墩

示警墩净距 L=1.5～2m，长度为 200cm，宽度 d=30～50cm，高度 h_1=40～80cm，埋深 h_2=40～50cm，墩身表面用红白相间 10cm 的反光油漆涂刷。示警墩结构与细部尺寸如图 4-125 所示。

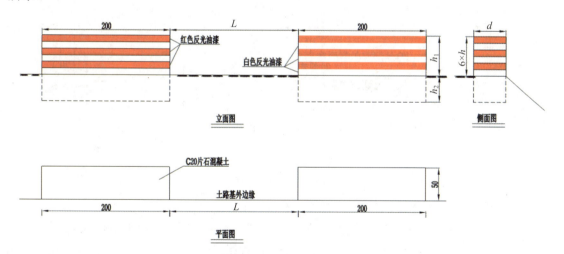

图 4-125　示警墩结构与细部尺寸（单位：cm）

（1）施工材料：C20 混凝土，片石，油漆。

（2）施工工艺：准备工作→支模板→混凝土浇筑→养生拆模→刷漆。

（3）施工要点：保证基础埋深大于 40cm、片石含量足够、混凝土强度达标。

4.5.2　墙垛式护栏

墙垛式护栏防护性能较好，施工、维护方便。因在护栏顶部采用墙垛式造型，在防护的同时可降低行车压抑感,适用于有景观要求的通村公路。墙垛式护栏一次设置最小长度为15m,襟边预留宽度不小于15cm。墙垛式护栏如图4-126所示。

图 4-126　墙垛式护栏

墙垛式护栏包括现浇混凝土基础和浆砌块石(砖)城垛两个部分,墙垛式护栏长度 L_1=1.5～2m, L_2=1.5～2m,宽度 d=30～50cm,高度 h_1=30～40cm, h_2=30～50cm,埋深 h_3=40～50cm,墩身表面用红白相间10cm的反光油漆涂刷。墙垛式护栏结构与细部尺寸如图4-127所示。

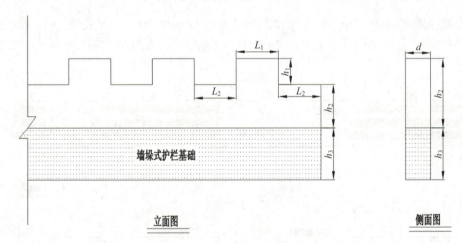

图 4-127　墙垛式护栏结构与细部尺寸(单位:cm)

(1)施工材料:C25混凝土、片石、块石、油漆。

(2)施工工艺:准备工作→模板支护→混凝土浇筑→养生拆模→砌筑城垛→刷漆。

(3)施工要点:保证基础埋深不小于40m。连续最小长度不小于15m,襟边预留宽度小于15cm,控制高程、混凝土强度达标。片石含量足够,设置泄水口。

4.5.3　油桶拦挡

油桶拦挡是利用废旧沥青桶、汽油桶填装沙石或以油桶为模具在里面填筑混凝土生成混凝土桩,并固定于路肩上的路侧拦挡设施。油桶拦挡具有一定的防护功能和较好的视线诱导功能,且具有一定的缓冲功能,发生碰撞后对车辆损坏较小。油桶拦挡制作简单,施工方便,造价较低。油桶拦挡对路侧空间要求较大,适用于路侧边坡较为平缓、路侧净宽大于1.5m的路段。油桶拦挡的一次设置最小长度为 15m。

油桶拦挡按照基础部位是否相连分为基础独立式（图 4-128）和基础连续式（图 4-129）两种。基础独立式油桶相邻净间距 $L=1.5\sim2m$，基础连续式油桶净间距 $L=2\sim3m$，油桶高度 $h_1=60\sim80cm$，埋深深度 $h_2=40\sim60cm$，油桶式混凝土桩半径 $D=60\sim80cm$，油桶底部周围包裹混凝土厚度必须大于 20cm。油桶拦挡的设计尺寸参见图 4-130 和图 4-131。

图 4-128　基础独立式油桶拦挡　　　　　　　　图 4-129　基础连续式油桶拦挡

（1）施工材料：高为 120cm、直径为 80cm 的表面无破损的油桶，砂或碎石，油漆或反光膜，C20 混凝土。

（2）施工工艺：开挖基坑→安置油桶→浇筑基础→回填土夯实→装填填料→封顶→刷漆或粘贴反光膜。

（3）施工要点：保证基础埋深不小于 40m，油桶底部包裹混凝土厚度不小于 20cm。尺寸控制，混凝土强度达标。

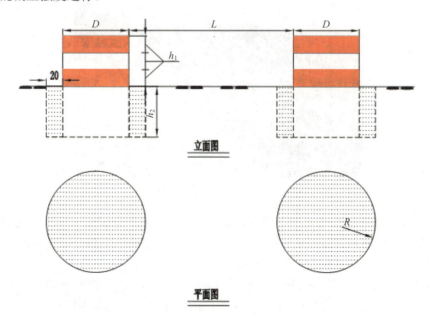

图 4-130　基础独立式油桶拦挡结构与细部尺寸（单位：cm）

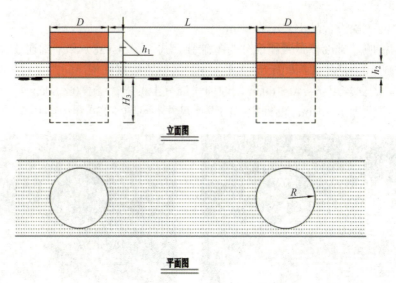

图 4-131　基础连续式油桶拦挡结构与细部尺寸（单位：cm）

4.5.4　硬土石堆护栏

硬土石堆护栏是采用散碎土石堆积的方式，设置路侧的简易防护设施，土石设置造价较低，较容易设置，可以就近利用土石材料，一定程度上可以预防事故车辆冲出路外，降低驾驶员及乘客的伤亡程度，但是在雨水充沛的月份将会降低土石防护设施的强度，不利于其发挥阻拦作用。硬土石堆护栏适用于路侧边坡较为平缓、路侧净宽大于 2～3m 的路段，一次设置最小长度为 20m。硬土石堆护栏如图 4-132 所示。

图 4-132　硬土石堆护栏

为弥补硬土石堆在强度方面的不足，提高土石堆外形的可塑造性，本课题建议在设置硬土石堆时，在土石中掺入贫混凝土、粉煤灰，还可以掺和适当的植物纤维如麦秸秆等材料，可以较大程度地提高土石堆的强度、减小变形。

硬土石堆护栏高度 $H=1.0～1.5m$，上部宽带 $D_1=30～50cm$，下部宽度 $D_2=1500～2500cm$，硬土石堆护栏底部埋深大于 20cm。硬土石堆护栏的设计尺寸参见图 4-133。

（1）施工材料：道路路侧硬质土石，砂或碎石，贫混凝土，粉煤灰，矿渣，麦秸秆等植物纤维材料。

（2）施工工艺：开挖基坑→准备土石材料→添加外加剂材料→搅拌混合材料→回填土夯实塑形。

（3）施工要点：保证土石材料适当的湿度，保证混合材料搅拌均匀，保证基础埋深不小于 20m。尺寸控制，保证土石堆夯实强度达标。

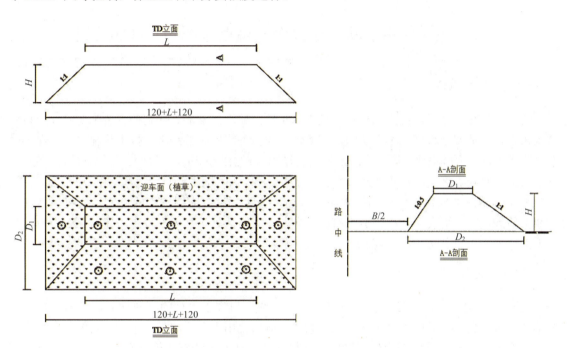

图 4-133　硬土石堆护栏结构与细部尺寸（单位：cm）

第5章 通村公路主动安全设施设置方法

5.1 通村公路主动安全设施设置指导思想及实施原则

5.1.1 指导思想

对于通村公路来说，由于里程长，技术水平低，缺乏足够的、稳定的资金来源，完全按照需求来设置交通安全设施是不现实的，需要针对通村公路实际的经济、技术状况，以"保证效益、降低投资"为最主要原则，合理地选用、设置通村公路主动安全设施。为保证"保证效益、降低投资"原则的落实，要从"突出重点、分类实施"和"因地制宜、简约实用"两方面着手。

投资成本高的安保工程处治技术不适合通村公路，没有应用推广的价值。通村公路安保的核心问题是：采用安保工程低成本有效处置技术，即从处治技术及安保方案方面、材料选择方面、结构形式选择方面进行考虑。

5.1.2 实施原则

通村公路主要承担沿线村庄居民出行以及节假日自驾车出行的交通功能，除节假日外，交通量不大，交通组成以小汽车和农用车为主。道路使用者对道路环境熟悉，宜采用易于维护且造价低廉、主动引导的综合处置措施。通村公路主动安全设施实施原则如下：

（1）根据旧路平、纵指标及路侧环境状况，充分考虑交通现状，按照"安全、经济、有效"的技术指导思想确定。

（2）注重实际，因地制宜，就地取材，体现特色，简约实用。结合道路目前路侧环境情况及沿线土石分布状况，灵活布置示警设施、交通标志、标线等主动安全设施，不要求全线整齐划一。充分发挥设计创造性，采取实用性和安全性结合的原则，以提高通村公路的安全水平为准则。

（3）突出重点，分类实施。突出对重点隐患路段的处理，不同路段采取不同的处置策略。对于重点隐患路段，采取主动诱导和被动防护相结合的措施。对于一般路段，则以诱导、警示为主要原则，其中交通标志"路面化"，以降低造价，提高警示效果；交通标线以示廓、诱导为主；减速设施以实用、降低养护成本且具有一定舒适性（考虑旅游车辆的需求）为主。

5.2 交通标志

交通标志是用图形符号、颜色和文字向公路使用者传递特定信息，帮助交通参与者正确找到目的地，确定交通参与者所在位置并分配道路网中交通流的设施。交通标志的设计包括交通标志的位置、版面设计和结构设计等内容。

通村公路主要涉及的交通标志以警告、禁令、指路标志等为主，如图 5-1 所示。随着社会各界对交通安全的不断重视，通村公路上的交通标志也在不断地改善。与高速公路、干线公路相比，通村公路上的交通标志设置差距较大，从根本上讲，达不到醒目牢固、齐全完善的目标。对于一些四级单车道公路或者等级外的通村公路上的重点路段，应该重点设置警示、警告标志。受资金限制，此类标志缺失较为严重，如平面交叉处未设置警告标志、指路标志（图 5-2）。县级交通主管部门或公路管理机构没有根据辖区内的实际情况，按照通村公路等级和使用功能统一设置完善的交通标志，导致通村公路上标志结构尺寸、设置位置均不规范。同时，由于受眼前利益驱使，通村公路上经常出现盗窃标志的情况，而钢、铝材料的标志又是最容易被盗窃的一类标志。

（a）警告标志

（b）禁令标志

（c）指路标志

（d）指示标志

图 5-1　通村公路主要交通标志

图 5-2　平面交叉路口未设标志

通村公路交通标志布设应充分考虑交通组成和交通出行特点，以警告标志为主，本着经济有效的原则，材料和结构形式选择因地制宜，灵活应用。

5.2.1 交通标志的尺寸

不同等级的道路对交通标志的大小有不同的要求，这是由道路设计车速决定的。在等级较高、车速较快时，驾驶员视认距离缩短、视认能力降低，这时就需要尺寸较大的交通标志才能满足视认性要求；反之，在等级较低、车速较慢的通村公路上，驾驶员在很远处就能清晰地看到交通标志上的信息。根据通村公路的实际情况，较小尺寸的交通标志就可以满足使用要求。一般采用以下规定。

设计速度在 40km/h 及以上的通村公路，三角形标牌边长设计为 90cm，圆形标牌直径设计为 80cm，八角形标牌外径设计为 80cm，村名、地名标志牌设计为 120cm×80cm，指路标志牌设计为 120cm×200cm 面板，字体大小应满足《道路交通标志和标线》（GB 5678）的要求。设计速度小于 40km/h 的三、四级公路，标志尺寸可适当减小，但降低幅度应不大于 20cm。

5.2.2 交通标志的材料

（1）面板材质。标志版面材料可以选用铝合金钢板，用于大型指路标志，但铝板造价较高，回收利用价值高，失窃严重。从目前建材领域的发展趋势来看，PVC 塑料型材板（图 5-3）和玻璃钢复合材料不失为很好的替代产品。二者的性能稳定、强度较高、重量轻、外形美观、成本低，特别是其回收利用价值极低，基本能解决困扰交通行业多年的标志牌盗失问题。

此外对于单车道通村公路路段还可以采用木板、混凝土、铁板、石头面或砖墙面等简易材料来制作交通标志牌，既环保又节约成本，如图 5-4 所示。

图 5-3　PVC 塑料材板

图 5-4　混凝土标志牌

（2）反光材料。村道外的通村公路上的警告、禁令类标志图案应采用三级反光膜或达到三级反光膜同等性能的反光材料。指路标志图案应采用四级反光膜或达到四级反光膜同等反光性能的反光材料。村道的指路标志可不要求反光性能。

对于非铝制板材，如木材、石头、混凝土等表面贴反光膜，应选用适用于粗糙多孔材料专用的反光膜，确保粘贴牢固可靠，遇水不发生剥离现象。

（3）交通标志的立柱。标志立柱可以采用 H 型钢、槽钢、管钢等材料制作，或采用钢筋混凝土杆，临时性也可以采用木柱。在经济条件紧张的通村地区，也可将面板直接悬挂于附近路侧树干等载体上，或采用其他可靠的支撑方式。

在农村地区还可以采用方钢式立柱，如图 5-5 所示。这种立柱四面被密集钻孔，具有安装方便、美观大方、维护简单、可随意调整标志牌的高度和方向、碰撞作用力小等优点。但需要注意的是，立柱应能满足当地最大设计风载。

图 5-5　方钢式标志立柱

5.2.3　交通标志的设置方法

（1）交通标志结构形式。在通村公路上标志的支撑形式宜采用单柱式和附着式。

由于通村公路路面宽度较小，一般为双向两车道或单车道道路，而且交通量小，一般为小型车，设计车速较低，所以车辆在行驶中，路侧交通标志的可视性较好，单柱式交通标志就能够达到使用效果，而且单柱式交通标志造价低、施工便利，与道路的景观协调性也较好，如图 5-6 所示。采用附着式设置时，可利用路侧山石、灯杆、行道树等结构物，如图 5-7 所示。

图 5-6　单柱式交通标志　　　　　　　图 5-7　标志附着于路侧树上

在通村公路上，为减少标志牌的频繁使用，可以采用路面图文标识，即以路面文字或图案的方式向驾驶员传达前方路况或当前所应采取的操作。这种标识简单明了，易于维护，容易引导驾驶员视线，且造价低，适用于通村公路，如图 5-8 所示。

（a）向左急弯路面标志　　　　　　　（b）限速路面标志

图 5-8　路面图文标识

（2）布设方法。通村公路交通标志的布设应充分利用沿线地形和地物进行布设，采取路面标志和简易支撑结构相结合的方式。

1）暗弯路段，可采取路面标志与路侧岩壁标志相结合的方式，内侧车道采用路侧岩壁标志、外侧车道警告采用路面标志，如图 5-9 所示。

图 5-9　路侧岩壁标志

2）外侧车道有树木、杆柱可以利用时，可将交通标志牌或凸面镜等布设于树木杆柱之上，如图 5-10 所示。

图 5-10　外侧标志布设于杆柱之上

3）条件允许时，有平整的岩壁（土壁）和挡墙可以利用时，可将标志喷涂于岩壁之上。如图 5-11 所示。

图 5-11　墙体绘画

5.2.4　交通标志的施工

（1）所有交通标志均应按设计文件的要求确定设置位置。

（2）标志基础的地基承载力应满足设计文件的规定。设计文件中未规定时，地基承载力不得小于 150kPa。基础的施工应符合现行《公路桥涵施工技术规范》（JTJ 041）的规定，浇筑混凝土时，应注意准确设置地脚螺栓和底座法兰盘。

（3）标志立柱必须在基础混凝土强度达到设计强度的 80%以上时才能安装。

（4）路侧柱式标志板可通过抱箍固定在立柱上。

（5）标志板安装到位后，应进行板面平整度和安装角度的调整。

（6）里程碑、公路界碑应按实际里程准确定位和设置。其混凝土预制件的施工及强度应符合现行《公路桥涵施工技术规范》（JTJ 041）和设计文件的规定。除设计文件另有规定外，里程碑、公路界碑应根据现行《道路交通标志和标线》（GB 5768）的规定制作和刷漆。

5.2.5　新型交通标志

在通村公路上设置交通标志时，在满足交通安全的前提下，应考虑公路的旅游功能，故应综合考虑到周边环境景观要求及道路使用者在美学方面的欣赏特点，在标志牌的整体设计上，可以采取多样化的形式，可采用双面形式，双面标志牌的引入可以减少标志牌立柱的数量，一方面可以降低公路路侧环境视觉上的复杂性，另一方面提高了路侧交通安全性。在公路标志牌的内容设置上，结合公路沿线分布的不同景观特色，可以设计具有鲜明图案的、简单明了易懂的、可视性良好的个性化版面，如图 5-12 至图 5-15 所示。通过这些具有个性的指示标志牌，道路使用者可以很轻松地了解到周边公路环境的特点，从而为他们更好地欣赏沿线风光提供了可能。另外，通村公路有些路段电力供应困难，为了达到节能的目的，可以采用太阳能交通标志（图 5-14），同时也可以通过节能环保的太阳能标志提高标志夜间的视认性。

图 5-12　大图形标志

图 5-13　个性化标志

图 5-14　太阳能标志

图 5-15　石材标志

在山区通村公路上设置交通标志时，考虑到山区通村石材丰富，可利用修建公路时废弃的石材做简易交通标志（图 5-15），既节约成本，又环保，还能使公路交通安全设施很好地融合于山区环境，美化了山区公路景观。

5.3 交通标线

道路交通标线是交通安全设施的重要组成部分，由漆画于路面上的各种线条、箭头、文字、立面标记、突起路标和轮廓标等构成，是引导驾驶员视线、管制驾驶员驾驶行为的重要设施。但是目前通村公路上交通标线尤为缺乏，四级以下公路上几乎没有标线设置，其他等级通村公路上标线设置得也很少，即使有也达不到行车安全的要求。这使得在交通混杂的通村公路上，各种交通参与者更加各行其"道"，在一定程度上为通村公路交通事故的发生埋下了隐患。因此，在通村公路上设置相应的交通标线是十分必要的。

5.3.1 交通标线的材料

通村公路交通标线可采用常温型和热熔型标线材料。在年平均日交通量 $AADT \geqslant 300$ 辆的路段宜采用热熔型标线材料。

5.3.2 交通标线设置方法

交通标线与其他交通安全设施相比造价较低，但是在规范各种交通方式的交通行为、保障行车安全上的作用是其他交通安全设施所不能替代的。为了发挥交通标线对交通流的引导作用，应按照"设置规范、线形流畅、衔接合理"的原则设置交通标线。

（1）路面中心线。对于路面宽度大于等于 6m 的通村公路，推荐设置黄色道路中心线分隔对向行驶的交通流，如图 5-16 所示。路面中心线的划法如图 5-17 所示，图中单位为 cm。在不能满足会车视距要求的路段或穿越乡、村、镇等路段，应画黄色中心实线，线宽可设为15cm，路面宽度受限制时可设为 10cm。

图 5-16 通村公路路面中心线

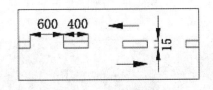

图 5-17 路面中心线的划法

（2）车行道边缘线。通村公路一般路段可不划道路边缘线，但在连续下坡、弯坡、连续弯道、宽路基接窄桥等容易引发交通事故的路段宜设置道路边缘线。穿村镇路侧较宽的路段，宜设置车行道边缘线，以划分机动车和非机动车行驶界限。道路边缘线为白色实或虚线，线宽为 15cm，受路面宽度限制时可采用 10cm 的线宽，如图 5-18 所示。

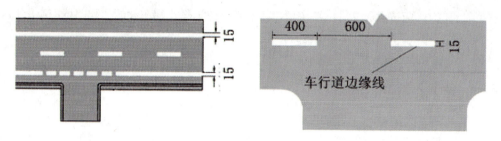

图 5-18　车行道边缘线尺寸

（3）振动标线。振动标线是把路面一部分设置成凹槽或凸起的形式，其方向垂直于行车方向，如图 5-19 所示。

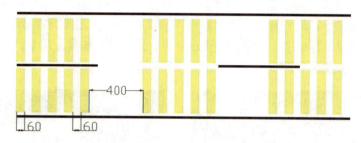

图 5-19　振动标线

振动标线的工作原理是当车辆驶过时，通过轮胎碾压不平整面层引起的噪声和振动来警示注意力不集中的司机。其设计尺寸见表 5-1。

表 5-1　振动标线设计尺寸　　　　　　　　　　　　　　　　　　　　　单位：cm

每组标线间距	线宽	相邻两条线的间距	起伏高度
400	60	60	0.5～0.6

（4）人行横道线。公路平面交叉和行人横过公路较为集中且无过街设施的路段应施画人行横道线。其设置形式和规格如下：

1）人行横道线间距不宜小于 150m。

2）人行横道线一般与道路中线垂直，最小宽度为 300cm，并可根据行人交通量以 100cm 为一级加宽。人行横道线线条宜与道路中线平行，线条宽度应为 40cm 或 45cm，间隔宜为 60cm。

3）未设置"停车让行"标志或无信号灯控制路段设置人行横道线时，应设置停止线和人行横道线预告标志，并配合人行横道指示标志。

5.3.3　交通标线的施工

（1）路面应清洁干燥，不得存在松散颗粒、灰尘、沥青渣、油污或其他有害材料。

（2）应根据公路横断面的具体尺寸和设计文件的要求确定标线位置和标线宽度、长度，在路面上画出标线位置。

（3）正式施画前应进行试画，以检验画线车的行驶速度、线宽、标线厚度、玻璃珠散布量等能否满足要求，调试合格后才能开始正式施工。

（4）施工时，应按设计文件的要求留出排水孔，位于禁止超车线的突起路标应空出其位置。

（5）对施工中存在的缺陷，应及时修整。

（6）成型标线带和防滑彩色路面标线的施工应符合产品使用说明书的规定。

5.3.4　新型交通标线

近几年来随着我国交通事业的发展，也出现了一些新型的道路交通标线，对我国道路交通安全的保障起到了很大的作用，在经济条件允许的情况下也可将这些新型标线应用到通村公路上，根据以往的应用情况，这些新型交通标线往往能收到明显的效果。下面主要介绍立体标线。

立体标线就是把平面图形模拟成立体图形，该标线可利用人们对颜色的视觉反差，使驾驶员在很远的地方就看到前方道路出现"立体状物体"，从而不自觉地为车辆减速。这类标线主要适用于交通量较小，运行速度较高且路面干净需要减速的路段。该标线由"白、黄、蓝"三色标带组成，设置于行车道上，亮丽的警示色彩、美观的立体设计图案，能使驾驶员产生降低车速的明显心理效果，如图 5-20 所示。

图 5-20　立体标线

5.4　视线诱导设施

5.4.1　线形诱导标

在受山体、树木或房屋等阻挡或存在其他因素使驾驶员难以明了前方线形走向，易发生交通事故的小半径弯道外侧，可视具体情况设置一定数量的线形诱导标，如图 5-21 所示。

（1）通村公路线形诱导标的尺寸不得小于 220mm×400mm。

（2）线形诱导标的设置数量和间距应根据曲线半径、曲线长度、偏角大小确定。偏角较小的曲线路段，可在曲线中点位置设一块诱导标；偏角较大、曲线较长的弯道，可根据需要设置若干块诱导标，应保证驾驶人员在曲线范围内连续看到不少于 3 块诱导标。设置如图 5-22 所示。

图 5-21　线形诱导标

图 5-22　线形诱导标设置示例

　　具体设置如图 5-23 所示，对于行车方向右转曲线，在道路中心线延长线上确定 A 点，对于行车方向左转曲线，在车道右边缘线延长线上确定 A 点。然后参考表 5-2 根据不同的曲线半径选择不同的间距 S。在曲线上从 A 点逆行车方向 2 倍 S 处，设置第一个线形诱导标；在曲线上从 A 点按间距 S 值顺行车方向依次设置直至曲线终点。最后一块线形诱导标应位于曲线终点或越过曲线终点。

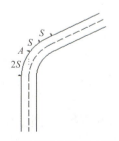

图 5-23　线形诱导标设置方法示例

表 5-2　线形诱导标间距 S

曲线半径/m	线性诱导标间距 S
	驶入弯道85%位车速
	<80km/h
<50	10
50～99	12
100～149	18
150～199	24
200～249	30
250～299	36
≥300	40

（3）一般情况下，使用指示性诱导标，为蓝底白图案；在经常发生驶出路外事故、事故严重度较高或需强烈警示驾驶员注意的曲线路段，可使用警告性线形诱导标，为红底白图案。

（4）线形诱导标的下缘至路面的高度应为 120～150cm，版面应尽可能垂直于驾驶员视线。

（5）线性诱导标一般为单柱支撑方式，桥梁及有混凝土护栏路段可采用附着式支撑方式。对于通村公路，若资金短缺，可采用铝背基反光膜固定在混凝土护栏上的形式，如图 5-24 所示。

图 5-24　简易线性诱导标

5.4.2　示警桩和示警墩

（1）示警桩。示警桩是设置在公路土路肩上进行视线诱导的工程设施，设置方法如下：

1）对路侧有深度大于 3m 的塘或路堤高差大于 4m 的陡坎、急弯、车道数或车道宽度有变化及连续急弯陡坡等没有设置护栏的路段，应设置示警桩，且示警桩上宜贴四级及以上反光膜，以提高夜间诱导效果。

2）在气候条件恶劣、线形条件差和事故多发地段宜设置高强级以上等级反光膜的示警桩。

3）示警桩的间距为 4～6m。

4）示警桩结构尺寸：示警桩高度为 120cm，施工埋深为 40cm，露出地面高度为 80cm，并自上而下按红白相间的顺序刷涂油漆或粘贴反光膜。钢筋砼示警桩横截面尺寸为 15cm×15cm，采用 PVC 管灌注砼示警桩时，PVC 管的管径通常为 160mm，壁厚通常为 3mm。

示警桩设置示例如图 5-25 所示。

（a）钢筋砼示警桩（未贴反光膜）

（b）钢筋砼示警桩（贴反光膜）

（c）PVC 管灌注砼示警桩（贴反光膜）

（d）钢筋砼示警桩刷漆

图 5-25　示警桩设置示例

（2）示警墩。示警墩是设置在路肩墙上的进行视线诱导的设施。示警墩一般以水泥混凝土浇筑而成，一般采用 C20 混凝土，内部可不配筋。示警墩外形尺寸一般为 200cm×80cm×40cm，路面以上高度为 60cm，埋入路面以下为 20cm，间隔为 2m。也可以对示警墩的外形进行适当的变化，如图 5-26 所示。

图 5-26　示警墩设置示例

（3）道口标柱。道口标柱设在公路沿线较小平面交叉两侧，用来提醒主线车辆提高警觉，防范小支路车辆突然出现而造成意外。在通村公路通过城镇或人口较多地区时常采用。

道口标柱应设置在主线交叉口两侧，宽度 $L \leqslant 4.5\text{m}$ 的路口两侧各设置一根，宽度 $4.5\text{m} \leqslant L \leqslant 6.5\text{m}$ 的路口两侧各设置两根。示警桩与道口标柱连续设置时，应采用取消交叉口附近的示警桩或采用不同的示警桩形式，以突出道口标柱的存在。

如图 5-27 所示，内侧道口标柱距支路中心 5～10m，外侧道桩距内侧道口标柱 2m，道口标柱距主路路面边缘 75cm。

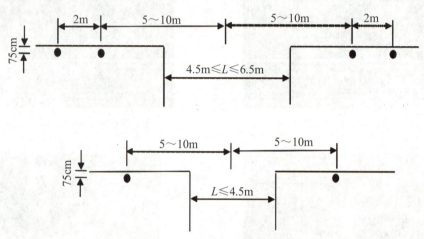

图 5-27　道口标柱设置示意

一般道口标柱断面为圆形，可采用混凝土柱或钢柱，如图 5-28 所示。道口标柱可采用其他材料代替，如油桶示警墩等，但应保证其可视性，如图 5-29 所示。

图 5-28　柱式道口标柱

图 5-29　油桶式道口标柱

5.4.3　其他就地取材诱导设施

通村公路路侧的诱导设施可以就地取材，陕南山区可以采用形状较为规则的石头贴反光膜后摆放在路侧引导视线，也可采用木质示警桩；陕北黄土高原地区可以采用堆土；路侧两旁有行道树可以刷白树干引导视线；过村镇路段可以采用在墙体、灯杆、电线杆上贴反光膜的方式引导视线，如图 5-30 所示。

（a）木质示警桩

（b）堆土防护

（c）树木诱导标

（d）反光膜附着于电线杆上

图 5-30　就地取材诱导设施

5.4.4　视线诱导设施的施工

（1）视线诱导设施的施工应在路面施工完成后进行。附着于护栏上的视线诱导设施，可在护栏安装过程中或在护栏安装完成后进行施工。

（2）在施工安装前，应对全线视线诱导设施的埋设条件、位置、数量进行核对，并作出详细的施工组织设计。

（3）轮廓标应按设计图量距定位。附着于护栏上的轮廓标可按立柱间距定位。分流、合流诱导标和线形诱导标均应按设计图量距定位。

（4）柱式轮廓标混凝土基础可采用现浇或预制的方法施工，并应符合现行《公路桥涵施工技术规范》（JTJ 041）的规定，预制时应按设计文件的规定预埋连接件。柱式轮廓标安装时，柱体应垂直于水平面，三角形柱体的顶角平分线应垂直于公路中心线，柱体与混凝土基础之间可用螺栓连接。

（5）附着式轮廓标应按照放样确定的位置进行安装。反射器的安装角度应符合设计文件的规定。安装高度宜尽量统一，并应连接牢固。

5.5　视线改善设施

5.5.1　开挖视距台

开挖视距台即清除视距范围内的植物和土方等遮挡视线的障碍物，如图 5-31 所示。这种方式适用于通视区域内障碍物较易移除的视距不良路段，视距改善效果较好，同时能改善路侧环境，若视距遮挡障碍物为大方量土石或房屋等，开挖视距台会造价较高。

在弯道路段视距改善中应保证最小视距 *AB*（图 5-32）满足表 5-3。

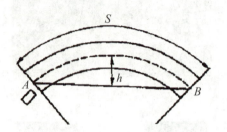

图 5-31　视距台　　　　　　　　　　　图 5-32　弯道视距改善示意图

表 5-3　停车视距

设计速度/（km/h）	60	40	30	20
停车视距/m	75	40	30	20

5.5.2　凸面镜

在视距不足的小半径弯道外侧可按照凸面反光镜，并配合视线诱导设施一起使用，提高行车安全性。

（1）凸面镜的材料。镜面采用聚乙烯材料，镜背采用合成树脂类材料（如玻璃钢），采用碳素结构钢作为紧固材料，镜面与镜背边缘采用橡胶垫密封。

（2）凸面镜的设置方法。通村公路上宜采用直径为 600mm、800mm、1200mm 的凸面反光镜，必须现场调节安装，设置时应考虑到行车双向视距要求，以双方向驾驶员都能利用反光镜看到对方车道路况为准。

在山区通村公路上，凸面反光镜一般设置于小半径弯道外侧（曲线半径小于 15m）处，或者有效视距小于 20m 的弯道处，一般配合视线诱导标一同使用，如图 5-33 所示。设置凸面反光镜有利于驾驶员看见对面的交通流并及时采取措施，增大了视野与视距，价廉实用。

在通村公路上，凸面镜的布设应充分利用沿线地物，不拘泥于单柱式，可以附着在电线杆、岩壁等处，既节约成本，又简单环保。

图 5-33　凸面镜设置示例

（3）凸面镜的施工。

1）公路用凸面反光镜应按设计文件的规定量距定位。

2）混凝土基础可采用现浇或预制的方法施工，并应符合现行《公路桥涵施工技术规范》（JTJ 041）的规定，预制时应按设计文件的规定预埋连接件。

3）反光镜镜面安装角度需顾及车道双方向视距，以行车道双方向均能通过反光镜看到对向车道为准，可现场进行调整。

5.6　减速设施

减速设施应设置在由于行驶速度过快而引发交通事故的路段，其结构形式应按照车辆通过时既能降低速度又不影响行车舒适的原则进行选取，同时还应综合考虑对路面排水是否有影响、后期养护是否方便。对于过村镇、学校及平交道口、连续下坡、急弯等需要过往车辆减速慢行的路段均应设置减速设施，并设置相应的标志标线进行预告、警告，提醒（提示）驾驶员注意安全、减速慢行。

5.6.1　减速丘

减速丘是指在路幅宽度范围内较正常路面高度隆起的强制性减速措施，可采用沥青混凝土或水泥混凝土两种材料施工，如图 5-34 所示。减速丘沿公路纵向一般为 5～10m，宽度一般与路幅同宽，高度一般为 5～10cm，可以有效降低车速，但是对行车的舒适性有一定影响。

图 5-34　沥青混凝土减速丘

减速丘一般用于低等级公路，设置在进入村镇、学校等行人交通量大的路段前方，个别交叉口前也可以设置在一般路段，尤其是长下坡或小半径曲线前，使驾驶者降低车速。设置时应全断面铺设，并设置相应的减速丘标志和标线，提示驾驶员注意减速丘的存在并及时采取减速措施，避免车辆在通过减速丘时出现剧烈的颠簸甚至意外。也可以根据过城镇、村庄路段的限制车速，在减速丘前设置相应的限速标志。减速丘设置示意图如图 5-35 所示。

设置减速丘时应注意以下几点：

（1）减速丘应全断面布置，如果只是在下坡方向布置（半幅路），车辆为了避免行驶其上的不舒适感，会绕行而占用对向车道，更容易造成车辆对撞。

（2）布置减速丘的路段，应提前告知驾驶员；否则，驾驶员如果没有及时发现减速丘（尤其是夜晚），车速较高时也容易发生事故。预告信息可以用标志或标线来表示。

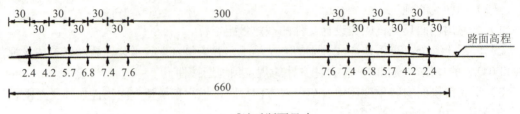

（a）减速丘断面尺寸

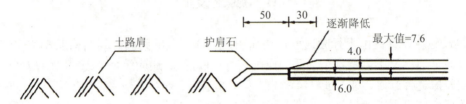

（b）减速丘纵向边缘处理示意图

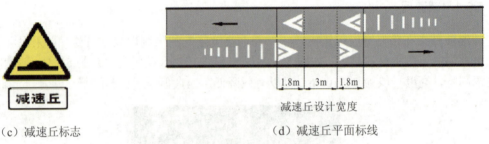

（c）减速丘标志　　　　　　　　　　（d）减速丘平面标线

图 5-35　减速丘设置示意图

（3）减速丘在施工时应注意和原有路面的结合，防止接缝处破裂水渗入路基造成病害，应特别注意沥青路面的渗水问题。

（4）设置慢缓坡型减速丘时应确保减速丘平台的纵向宽度至少为 3m，防止车速稍高时出现跳车和小客车底盘拖地的情况。

5.6.2　减速带

减速带是指在路幅宽度范围内较正常路面高度隆起的强制性减速措施。在通村公路上设置减速带时，设置原则与一般公路相同，但在设置尺寸及材料形式上应综合考虑通村公路的设计车速、车型及经济条件等因素，以合理地选取。

（1）热熔型减速带。热熔型减速带是通过专用喷涂设备将环氧树脂涂料喷涂在路面上，经过快速固化形成方块或圆点状的突起减速带，多以方块状为主，颜色一般为白色，如图 5-36 所示。

热熔型减速带适用于重载车辆较少且路面条件好、干净整洁的通村公路或通村景区道路。一般设置在平面交叉处、过村镇路段、学校门前等穿越公路频率较大的路段。热熔型减速带一般布局和尺寸如图 5-37 所示。

图 5-36 热熔型减速带

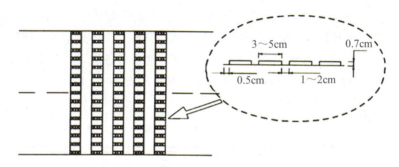

图 5-37 热熔型减速带布局和尺寸

（2）橡胶减速带。橡胶减速带适用于运行速度较低且需要强制减速的路段。其颜色由黑黄两色组成，色彩醒目，表面设凹凸条纹，可确保雨雪天的防滑效能，如图 5-38 所示。车辆通过时会产生较大的震动，速度过快时会有剧烈颠簸。为了避免剧烈颠簸，驾驶员通常会强制降低速度，其减速效果明显。但是对行车舒适性影响较大，应慎重选用。

橡胶减速带可直接用膨胀螺栓固定于路面，施工相对简便，对车辆正常通行影响较小，适用于交通量大的通村公路。减速带高度不应大于 7cm。设置橡胶减速带时必须与减速带警告标志配合使用，标志前置距离为 1.5～2V（以 m 计；其 V 为设置路段的设计车速，按 km/h 计）。

图 5-38 橡胶减速带

（3）鹅卵石（块石）减速带。鹅卵石减速带具有耐磨性强、施工简单、取材容易、造价低等特点，对中、小型车辆的减速效果较好，适用于路面宽度为 3～6m，路面为水泥路面，以中、小型车辆为主且交通量较大的乡道、村道等低等级通村公路，如图 5-39 所示。

图 5-39 鹅卵石减速带

鹅卵石减速带作为一种低造价的简易减速带，它由水泥和鹅卵石（块石）构成。一般就地选材，对鹅卵石（块石）进行简单筛选后，人工地将石料一块块地植入刚浇筑在路面上的水泥带状结构物中（或直接植入水泥面层中）。鹅卵石减速带每条的尺寸与小型减速丘一样，嵌入的石料直径以 3～5cm 为宜。鹅卵石布设示意图如图 5-40 所示。

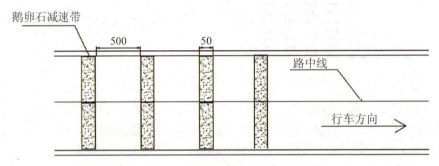

图 5-40 卵石布设示意图

（4）条石减速带。条石（水泥台）减速带适用于村镇路段等运行车速较低的路段。一般用于路面宽度在 4.5m 以下，交通量较小的低等级水泥路面公路，如图 5-41 所示。

条石（水泥台）减速带选择的石材尺寸以长 30cm、宽 20cm 为宜。条石布设的横向间距为 40cm，纵向间距为 40cm，凸出路面高度为 5cm，条石边缘及棱角应做打磨处理。其具体布设方法如图 5-42 所示。

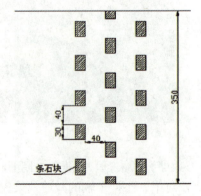

图 5-41 条石减速带　　　　图 5-42 条石减速带布设示意图

5.5.3 减速路面

减速路面是一种有效的速度控制设施，在通村公路穿越村庄和学校等行人较多的路段，公路长下坡底端、公路急弯等需要车辆强制减速路段可设置减速路面。通村公路常用的有：弹石路面、条石路面、砖砌路面、毛石混凝土路面、砾石路面等，如图 5-43 至图 5-47 所示。下面对其中四种进行介绍。

（1）弹石路面。弹石路面是块石、条石、小方石等石料修筑成的路面，如图 5-43 所示。弹石的规格要求（包括形状、尺寸、强度等）见表 5-4，具体的设计方法可参考《弹石路面设计施工技术指南》。

图 5-43　弹石路面

表 5-4　弹石的规格要求

指标		参考值
几何尺寸	长宽比	1.5～2
	最小厚度	10cm
	最小宽度	10cm
强度耐久性	最小平均抗压强度	30MPa
	石质	Ⅲ级别
	磨耗率	＜5%

（2）条石路面。条石路面的主要材料一般为宽 15cm、长 60cm 的条石，如图 5-44 所示。

（3）砖砌路面。砖砌路面是指用混凝土砖块铺筑的路面，如图 5-45 所示。砖砌路面相比沥青、水泥路面建设成本低、施工简便、养护方便、耐久性好，可以充分利用当地材料，具有控制车速的作用，设计时应满足当地交通荷载。

图 5-44　条石路面　　　　　　　　图 5-45　砖砌路面

（4）砾石路面。砾石路面是在混凝土路面上嵌铺一层粒径为 3～5cm 的磨圆度较好的坚硬砾石，车辆通过时可产生轻微颠簸，从而提醒驾驶员减速慢行。砾石路面单组长度一般为 20～30m，每组设置减速路面不得小于 3 组，间距为 50～80m。砾石路面造价低、施工方便，一般适用于长下坡及村镇路段。

图 5-46　毛石混凝土路面

图 5-47　砾石路面

5.7　路面有效宽度增加设施

5.7.1　路肩设置

对于路面宽度不足 4.5m 的通村公路，路肩应尽量硬化并和路面保持同一高度。陕南山区可采用天然沙砾，关中地区可采用塑性高的黏土，陕北地区可采用矿渣、红砖进行路肩加固、硬化，如图 5-48 所示。对于沥青混凝土路面，如果路肩无法硬化，应在路面与土路肩交界处设置路缘砖，避免出现啃边现象，如图 5-49 所示。

图 5-48　天然沙砾路肩

图 5-49　路缘砖

5.7.2　错车道的设置

错车道是在单车道道路上，可通视的一定距离内，供车辆交错避让用的一段加宽车道，如图 5-50 所示。在通村公路单车道路段修建错车道是从安全设施角度来解决现存的通村公路错车安全问题的有效手段。

对于因地形条件限制，路面宽度小于 4.5 米、路基宽度小于 5.5 米的路段，应在地形条件允许、通视良好的地点设置错车道，便于驾驶者及早发现对方车辆，及时进行避让。错车道设置间距宜在 300～500m 的范围内。错车道形式应为喇叭形，宽度应不小于 2 米，有效长度应不小于 10 米（图 5-51）。错车道路面宜采用砂石、灰土、泥灰结碎石、水稳碎石、沥青碎石或水泥混凝土等形式进行硬化。

图 5-50　错车道

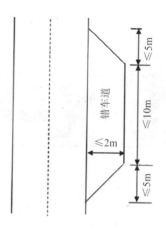

图 5-51　错车道设置图

5.8　避险车道

避险车道是特指在正常行车道以外设置的，专用于道路危险路段，供制动失控车辆紧急避险，以免造成重大伤亡和损失的车道。一条完整的避险车道一般由标志标线、避险车道引道、减速路面、路侧护栏、端部防撞设施、施救设施和服务设施等组成。

（1）避险车道类型。根据避险车道的坡床减速原理的不同，避险车道可分为三种类型：重力型、沙堆型、制动床型。重力型是靠陡峭的坡度使车辆减速的。沙堆型是将松散、干燥的沙子堆积在上坡形式的避险车道上，靠重力及沙堆阻力来使车辆减速。制动砂床主要通过沙砾的滚动阻力使失控车辆减速或停止，通常建成上坡式。由于重力型和沙堆型避险车道存在着较大的弊端，现在工程中已渐渐停止使用。制动砂床的高安全性、不受避险车道坡度限制等优点，使其成为最普遍的避险车道形式。

（2）避险车道设置位置。连续下坡路段或陡坡路段与小半径平曲线相连接处往往是事故多发路段，在连续下坡或陡坡路段小半径曲线前方，车辆驶入小半径曲线前，宜沿公路曲线切线方向设置避险车道。避险车道宜设置在连续长大下坡路段的下半部和人口稠密区之前。避险车道入口应尽量布置在平面指标较高路段，并尽量以切线方式从主线切出，确保失控车辆安全、顺利驶入。

（3）避险车道设置要求。

1）线形要求：平面线形为直线，与行车道夹角以 3°～5° 为宜。

2）材料选择：建议坡床采用直径为 2～3cm 的碎石或砾石。

3）填筑厚度：最大厚度为 0.8m，入口处 20m 范围内粒料填筑厚度由 0.1m 逐渐过渡到 0.8m。

4）引道长度：80m，引道路侧拓宽 3.5m，路面采用鹅卵石弹石路面，引道的设置位置应保证驾驶员能够看清避险车道的全貌。

5）避险车道长度：100m。

6）坡床的纵坡度取 15%。

7）避险车道宽度：最小宽度为 8m，条件受限时≤4.5m。

8）避险车道的提前告示设置在避险车道的道路上，在其前方适当位置应至少设置一块避险车道标志，如图 5-52 所示，用以提醒驾驶人注意是否使用避险车道。如果条件允许，宜在避险车道前 2km、1km、500m 左右及其他适宜位置设置预告标志，如图 5-53 所示。

图 5-52　避险车道标志　　　　　　　图 5-53　避险车道预告标志

在避险车道类型的选择上，山区通村公路应首选上坡道型避险车道，如图 5-54 所示。在没有足够空间的情况下，可选择设置沙堆型避险车道，如图 5-55 所示，但应保持沙子松散、干燥。由于通村公路上交通量较小，建议避险车道的宽度不小于 4.5m，纵坡度为 5%～10%。

图 5-54　上坡道型避险车道

图 5-55　沙堆型避险车道

避险车道制动床中的材料应是干净的、不易被压实的且具有较高滚动阻力的材料。采用的集料应是圆形的、未被压碎的、绝大部分是单一尺寸的材料。最常用的材料是细砾、砂砾、沙子。

第6章 通村公路减速设施效能分析与评价

6.1 通村公路减速设施的选用理念

由于交通事故具有很强的突发性和偶然性，而且交通安全设施设置成本所涉及的因素较多，选用交通安全设施是一件很复杂的工作。对于广大的通村公路来说，由于技术水平低，缺乏足够的、稳定的资金来源，完全按照需求来设置交通安全设施是不现实的，这就需要针对通村公路实际的经济、技术状况，以最小的投入获得最理想的使用效果为原则，合理地选用、设置通村公路交通安全设施。

（1）可行性观念。对于通村公路来说，可行性观念至关重要。特别是对于广大的农村地区来说，各地区之间经济发展水平差距巨大，各地要根据当地的实际情况来合理选用和设置安全设施，作出的每一个决策都必须技术上可行，经济上合理，避免浪费社会资源。

（2）"以人为本"的设置理念。在安全设施不能同时保证驾驶员生命安全和道路财产损失较小的情况下，应该把驾驶员及乘客的生命安全放在首位，即在公路上较危险的路段适当增设安全设施，在较安全的路段可以适当降低选用标准，以充分体现公路及其附属设施的人性化建设思想。

（3）适当超前的意识。我国公路建设事业正在飞速发展，对于通村公路来说，在经济条件允许的前提下，应本着适当超前的原则，适当提高交通安全设施的设置标准，以避免在道路改扩建后，原有的安全设施不能满足要求而必须进行二次投资所造成的资源浪费。

（4）科学决策观念。影响交通安全设施设置成本的因素是十分复杂的，在当今公路科技日新月异的情况下更是如此，仅凭个人经验的主观判断是远远不够的，必须借助现代科技方法与手段来进行决策，才能保证决策的科学性与合理性。

6.2 通村公路常用减速设施

目前限速标志及速度管理方面的法律条文在各等级公路上得到了广泛的运用，但限速标志及法律对影响驾驶员行车速度的选择存在一定的局限性。在需要限速的区域，驾驶员并不是均按照限速标志规定选择行驶车速。总体来说，现有的限速效果并不是很好，这主要因为限速设施的设计与设置具有盲目性。

本课题基于"因地制宜、以人为本"的原则，在现有速度控制技术方法的基础上，重点通过对驾驶员驾驶行为、交通心理进行研究，提出切实可行的限速工程措施。目前最常见的限速措施是基于驾驶员的视觉、错觉、听觉方面的工程措施。

（1）减速振动标线。

1）减速振动标线是在路面上喷涂专用涂料，经过快速固化形成的突起减速带，突起高度一般为5～6mm，而且有反光效果，如图6-1所示。车辆行驶在振动型减速标线上时，会产生轻微的振动，这种振动从车辆座椅传递给驾驶员，使其产生不舒服的感觉；而且，当汽车轮胎碾压在标线上时，会发出刺耳的共鸣声，刺激着驾驶员的耳膜，使其产生听觉；此外，标线的突起形状使其具有反光效果，即使在雨天的夜晚，标线也有较好的视认性，能给驾驶员造成强烈的视觉冲击。因此，在听觉和视觉的双重刺激下，驾驶员会自觉降速。但振动减速标线仍存在以下需要改进的问题：易剥落、易被磨平、强制减速的效果不明显。

图 6-1　减速振动标线

振动减速标线一般设置在连续弯道路段、经过学校区的路段、长下坡路段、隧道出口进入弯桥前的连接路段和视距不良路段。

根据问卷调查，振动减速标线对小客车的作用远大于大客车和货车。大客车和货车对振动减速标线不敏感，基本感觉不到振动或者感觉轻微，通过时基本维持原有车速；绝大多数小客车驾驶员通过减速标线时会减速，但通过后会立即提速。这说明振动减速标线对小客车的减速效果较好，但持续性差。

2）常用的标线涂料有普通热熔型和热熔喷涂型两种类型，其成本分析见表 6-1。

表 6-1　两种标线涂料成本分析　　　　　　　　　　　　　　　　单位：元/m^2

项目	原材料成本	面撒玻璃珠	施工成本	综合成本
普通热熔型	26	1	4	31
热熔喷涂型	20	1	6	27

注　标线宽度以 15cm 计。

从表 6-1 我们可以看出，虽然喷涂型的施工成本比较高，但因其施画厚度较薄，在综合成本上降低了造价。

（2）减速带。国内道路限速方面采用的装置主要是驼峰式减速带，适用于城市道路、收费站、匝道口、居民区附近。它可由水泥浇筑成型，也可以使用橡胶材料固定于路面。瓦楞式的橡胶减速带不仅可以有效地降低车速，还可以减少噪声污染，吸震减震效果佳。水泥台减速带是在道路表面用水泥浇筑的凸出地面的圆拱，如图 6-2 所示。由于水泥台的刚性太强，对车辆造成的损坏大，且安装和拆卸时易对路面造成损坏，因此大多数减速带都采用橡胶减速带，如图 6-3 所示。橡胶减速带由橡胶和添加物经模板压制而成，表面具有花纹或凸点，颜色一般为黄黑相间，尺寸见表 6-2。

图 6-2　水泥台减速带

图 6-3　橡胶减速带

表 6-2　橡胶减速带的设计尺寸　　　　　　　　　　　　　　　　　　单位：mm

中段长度	中段宽度	中段高度	端头长度	端头宽度	端头高度
500	550	75	250	550	75

减速带能使所有车辆强制减速，且减速幅度较大，几乎所有通过车辆都被强制减速 10～25km/h 才能安全通过减速带，在通村公路上常用于穿越城镇、村庄和学校的路段。

（3）物理减速路面。物理减速路面是强制减速设施之一，设置在路段上，使驾驶者降低车速。常用的为比利时路面，适用于山区公路，是用一定尺寸的石块砌在水泥混凝土路槽内形成高低不平的路面，其不平度一般为±2.5cm，长度为 500～1000m，如图 6-4 所示。

图 6-4　物理减速路面

车辆在驶过时，凹凸不平的面层对驾驶者造成强烈的颠簸，从而使驾驶者降低车速，通村公路上这种减速带减速效果比较明显。在设置比利时路面的时候，要注意路面下的排水处理，防止水渗入路基造成病害。设置比利时路面的路段起点宜设置相应的警告标志。

6.3　减速设施效能分析与评价

6.3.1　交叉口减速标线效能分析与评价

交叉口减速标线应用于交叉口路段附近，用于警示和提醒主路车辆交叉口的接入。本课题对比分析了某通村公路交叉口减速标线实施前后车辆的行驶特性，并评价了交叉口减速标线实施效果。在现场观测期间，在交叉口一侧设 3 个 MC 终端，分别对 3 个断面进行了行驶速度的观测。

（1）行驶速度分析。研究人员在交叉口减速标线的一端设置 3 个 MC 终端，记录车辆驶入、驶出交叉口减速过程中的速度特性。交叉口减速标线实施前后交通调查数据表明，小客车和摩托车是该路段的主要交通组成部分，为此，主要从小客车和摩托车两方面进行交叉口减速标线实施效果的评价。实施前后各观测断面主要速度指标对比见表 6-3。实施前后路段速度指标对比见表 6-4。

表 6-3 实施前后各观测断面速度指标对比　　　　　　　　单位：km/h

类型			V_{15}	平均速度	V_{85}	标准差	$V_{85}-V_{15}$
断面 1	摩托车	实施前	36.0	45.0	54.1	8.0	18.1
		实施后	30.7	42.2	52.7	10.5	22.0
	小客车	实施前	39.3	52.7	63.8	12.4	24.5
		实施后	33.4	45.4	56.6	12.1	23.2
	所有车型	实施前	37.5	49.8	61.8	11.2	24.3
		实施后	30.3	45.0	56.7	12.6	26.4
		变化量	↓7.2	↓4.8	↓5.1	↑1.4	↑2.1
断面 2	摩托车	实施前	34.6	43.5	51.6	8.5	17.0
		实施后	26.7	34.9	46.5	10.1	19.8
	小客车	实施前	35.7	50.2	64.3	13.2	28.6
		实施后	30.5	40.4	48.0	8.8	17.5
	所有车型	实施前	35.2	47.6	60.6	12.0	25.4
		实施后	27.0	39.2	49.3	10.3	22.3
		变化量	↓8.2	↓8.4	↓11.3	↓1.7	↓3.0
断面 3	摩托车	实施前	33.4	43.2	52.6	9.2	19.2
		实施后	28.9	38.6	45.5	9.4	16.6
	小客车	实施前	36.5	48.8	62.4	12.5	25.9
		实施后	33.8	41.8	52.2	9.9	18.4
	所有车型	实施前	33.9	46.5	61.4	12.2	27.5
		实施后	33.4	40.8	49.3	9.5	15.9
		变化量	↓0.5	↓5.7	↓12.1	↓2.7	↓11.6

注　路段指标变化量为断面 3 与 1 断面相应指标的差。

表 6-4 实施前后路段速度指标对比　　　　　　　　单位：km/h

类型		平均速度	V_{85}
摩托车	实施前	1.80	1.50
	实施后	3.60	7.20
小客车	实施前	3.90	1.40
	实施后	3.60	4.40
所有车型	实施前	3.30	0.40
	实施后	4.20	7.40

由表 6-3 和表 6-4 所列的统计数据可知：

1）断面 1（标线进入视野断面附近）处交叉口减速标线实施后运行速度略有降低，机动车运行速度由设置该标线前的 61.8km/h 减小至 56.7km/h，平均速度也减小 4.8km/h；断面 2 处（驶入标线路段前）运行速度和平均速度降低明显，分别下降 11.3km/h 和 8.4km/h；断面 3 处运行速度和平均速度分别下降 12.1km/h 和 5.7km/h。此外，断面 3 速度观测值标准差也由实施前的 12.2km/h 减小为 9.5km/h，这说明标线实施后该断面处机动车运行速度更趋一致。上述数据都表明，减速提示标线路段起点断面机动车运行速度下降约 11km/h，终点断面机动车运行速度下降约 12km/h。

2）从整个观测路段来看，设置交叉口减速标线后，机动车在通过该路段时，V_{85} 变化量较明显（实施前 0.4km/h，实施后 7.4km/h）。这说明减速提示标线实施后，机动车在接近交叉口过程中运行速度比设置该标线前明显减少。

3）从车型来看，摩托车和小客车运行速度分别降低为：断面 1 处 1.4km/h 和 7.2km/h，断面 2 处 5.1km/h 和 16.3km/h，断面 3 处 7.1km/h 和 10.2km/h。可见减速提示标线对小客车的影响较摩托车影响显著。

为直观表述交叉口减速标线实施前后机动车的速度变化，研究人员对各断面机动车运行速度分布进行了对比分析，如图 6-5 所示。

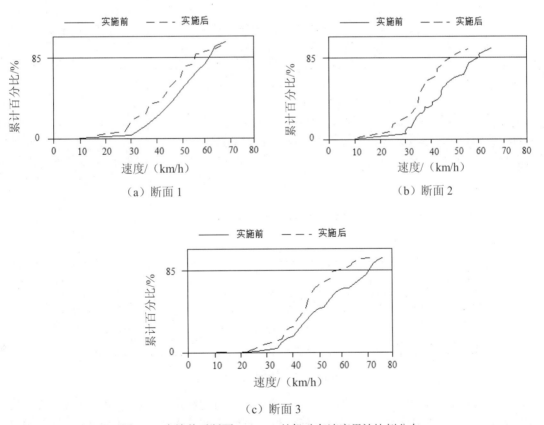

（a）断面 1　　　　　　　　　　　（b）断面 2

（c）断面 3

图 6-5　实施前后断面 1、2、3 处机动车速度累计比例分布

从图 6-5 可以看出，实施后各断面机动车运行速度 V_{85} 有明显降低。断面 1、断面 2 处速

度为30km/h的机动车比例有所提高。各断面行驶速度较高的机动车比例,特别是速度在60km/h以上的机动车比例有所降低。此外,实施前后速度为25km/h的机动车的比例变化不大,这表明交叉口减速标线对低速车辆影响不大。

(2)减速效果评价。对交叉口减速标线主要以交通量较大的小客车和摩托车为例进行了分析,得到以下主要结论:交叉口减速标线实施前后两次交通调查观测数据表明,交叉口减速标线实施后路段平均速度和运行速度下降5~10km/h。其中,减速提示标线路段起点断面机动车运行速度下降约11km/h,终点断面机动车运行速度下降约12km/h。该标线对提示机动车驾驶员注意路口、减速慢行有一定作用。综上,交叉口减速标线对靠近交叉口的机动车有较为明显的减速作用。

6.3.2 减速丘效能分析与评价

《公路安全保障工程实施技术指南》给出了减速丘的设计标准,如图6-6所示。针对该减速丘在通村公路上的应用效果,研究人员分别在通村公路的穿村路段和事故多发路段进行了车速观测。

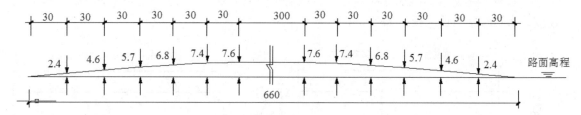

图6-6 减速丘断面尺寸图(单位:mm)

(1)穿村路段减速丘。在通村公路进入村庄前一减速丘附近开展穿村路段减速丘减速效果的现场观测,5道气压管速度检测传感器分别布设于减速丘前105m、减速丘前25m、减速丘顶面、减速丘后25m和减速丘后65m(前后方向以村外向村内方向为准),如图6-7和图6-8所示。

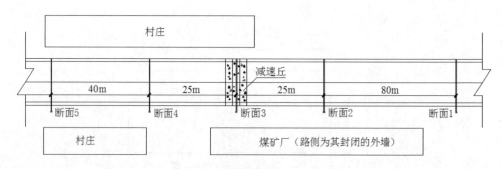

图6-7 数据采集断面布设示意图

为了深入把握减速丘对各种车型不同的影响,分析中将通村公路车辆分为摩托车类、小型车类和大型车类三大类。摩托车类包括轴距小于1.7m的摩托车、电动车等;小型车类包括轴距在1.7~3.2m之间的小客车、小货车以及小型农用车等;大型车类包括轴距大于3.2m的各类大客车、大货车等。

（a）进村方向

（b）出村方向

图 6-8　观测现场

1）进村方向速度变化分析。进村方向三大类车型经过减速丘时的速度如表 6-5 和图 6-9 所示。在图 6-9 中，横坐标为负值的表示尚未通过减速丘。从图 6-9 可以看出，不同车型在各断面处的平均车速差异性较大，但各类车型在经过减速丘时车速的变化趋势基本一致；接近减速丘时，车速下降，并且越接近减速丘，车辆减速越大，通过减速丘后，车速有一定程度的反弹。减速丘的设置起到了明显的减速效果。

表 6-5　进村方向机动车平均速度表　　　　　　　　　　　　　单位：km/h

类型	断面 1	断面 2	断面 3	断面 4	断面 5
摩托车类	28.12	24.6	18.62	19.73	22.97
小型车类	39	29.37	19.29	21.52	26.22
大型车类	30.23	22.02	13.64	14.29	20.2

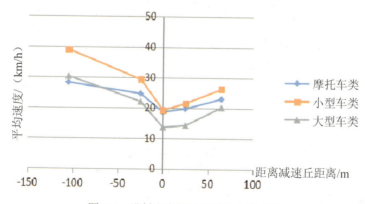

图 6-9　进村方向机动车平均车速变化

进一步分析各车型在接近减速丘和离开减速丘的车速变化情况，见表 6-4。从表 6-4 可以看出，由于车辆不同的轴距尺寸以及不同车辆驶过减速丘时不同的驾乘感觉，减速丘对小型车类和大型车类的车辆影响较大（车速下降幅度大），对摩托车类的影响相对较小。结合表 6-6 和图 6-9 还可以发现，通过减速丘时，大型车类车辆的速度明显地低于摩托车类和小型车类的车速，摩托车类和小型车类的速度相差无几。

通过上述分析可知，机动车辆在通过减速丘进村后，速度反弹较快。针对该现象，为了遏制车辆速度进一步增大，应考虑在村内增设减速丘，设置间距可根据穿村路段小型车类通过减速丘后的 85% 运行车速的增长趋势以及限速值进行确定。

表 6-6 进村方向机动车车速变化

类型	到达减速丘时的降低量/（km/h）	越过减速丘时的增加量/（km/h）	到达减速丘时的降幅/%	越过减速丘时的升幅/%
摩托车类	9.5	4.35	33.78	23.36
小型车类	19.71	6.93	50.54	35.93
大型车类	16.59	6.56	54.88	48.09

2）出村方向速度变化分析。出村方向三大类车型经过减速丘时的速度情况如表 6-7 和图 6-10 所示，图 6-10 中横坐标为负值的表示尚未通过减速丘。从图 6-10 可以看出，不同车型在各断面处的平均车速差异性较大，但各类车型在经过减速丘时车速的变化趋势基本一致：接近减速丘时，车速下降，通过减速丘后车速有反弹明显。减速丘的设置起到了明显的减速效果。

表 6-7 出村方向机动车平均速度   单位：km/h

类型	断面 5	断面 4	断面 3	断面 2	断面 1
摩托车类	22.04	21.53	16.39	19.23	24.19
小型车类	28.01	23.76	17.3	22.13	32.09
大型车类	24.18	21.02	13.78	16.86	27.19

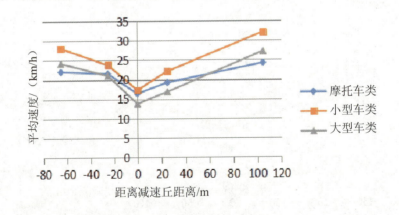

图 6-10 出村方向机动车平均车速变化

进一步分析各车型在接近减速丘和离开减速丘的车速变化情况，见表 6-8。从表 6-8 可以看出，由于车辆不同的轴距尺寸以及不同车辆驶过减速丘时不同的驾乘感觉，减速丘对小型车类和大型车类的车辆影响较大（车速下降幅度大），对摩托车类的影响相对较小。结合表 6-8 和图 6-10 还可以发现，通过减速丘时，大型车类车辆的速度明显地低于摩托车类和小型车类车辆的速度，摩托车类和小型车类车辆的速度相差较小。

表 6-8　出村方向机动车车速变化

类型	到达减速丘时的降低量/（km/h）	越过减速丘时的增加量/（km/h）	到达减速丘时的降幅/%	越过减速丘时的升幅/%
摩托车类	5.56	7.8	25.64	47.59
小型车类	10.71	14.79	38.24	85.49
大型车类	10.4	13.41	43.01	97.31

通过上述分析可知，穿村路段减速设施的设置明显地降低了过往各类车辆的行驶车速，有利于穿村路段的交通安全。鉴于机动车辆在通过减速丘进村后，速度反弹较快，为了遏制车辆速度进一步增大，应考虑在村内增设减速丘，设置间距可根据穿村路段小型车类车辆通过减速丘后的 85% 运行车速的增长趋势以及限速值进行确定。

（2）事故多发路段减速丘。事故多发段减速丘效果观测选择在一陡坡为 4%、两个半径分别为 27m 和 36m 的反向曲线路段，反向曲线间直线较短，平曲线 1 的弯道内侧被山体遮挡，视距不良。减速丘位于反向圆曲线间直线上靠近曲线 1 的中点处，5 道气压管速度检测传感器分别布设于减速丘前 60m、减速丘前 30m、减速丘顶面、减速丘后 30m 和减速丘后 60m（前后方向以下坡方向为准），如图 6-11 至图 6-13 所示。

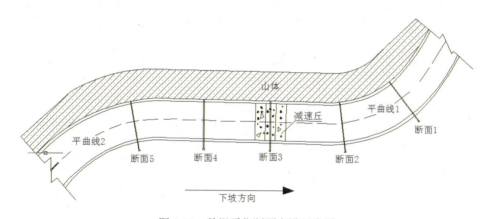

图 6-11　数据采集断面布设示意图

（a）上坡方向　　　　　　　　　　　　　（b）下坡方向

图 6-12　观测现场

图 6-13　减速丘

将通村公路车辆分为摩托车类和除摩托车外的其他机动车类两大类。

1）上坡方向速度变化分析。上坡方向各车型经过减速丘时的速度情况如表 6-9 和图 6-14 所示，图 6-14 中横坐标为负值的表示尚未通过减速丘。从图 6-14 可以看出，不同车型在各断面处的平均速度差异性较大，但各类车型在经过减速丘时车速的变化趋势基本一致：接近减速丘时车速下降，通过减速丘后车速反弹。减速丘的设置起到了明显的减速效果。

表 6-9　上坡方向机动车平均车速　　　　　　　　　　　单位：km/h

类型	断面 1	断面 2	断面 3	断面 4	断面 5
摩托车类	26.01	23.38	20.76	26.56	28.62
其他机动车类	31.02	26.61	21.41	24.36	27.06

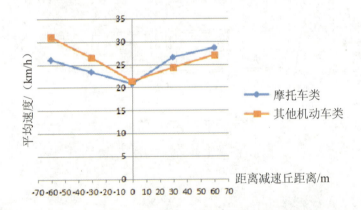

图 6-14　上坡方向机动车平均车速变化

进一步分析各车型在接近减速丘和离开减速丘的车速变化情况，见表 6-10。从表 6-10 可以看出，减速丘对摩托车类车辆的影响相对较小，这与摩托车的轴距较小有关。

表 6-10　上坡方向机动车平均车速变化

类型	到达减速丘时的降低量/km/h	越过减速丘时的增加量/km/h	到达减速丘时的降幅/%	越过减速丘时的升幅/%
摩托车类	5.25	7.86	20.18	37.86
其他机动车类	9.61	5.65	30.98	26.39

2）下坡方向速度变化分析。下坡方向各类车型经过减速丘时的速度情况如表 6-11 和图 6-15 所示，图 6-15 中横坐标为负值的表示尚未通过减速丘。从图 6-15 可以看出，各类车型在经过减速丘时车速的变化趋势基本一致：接近减速丘时，车速下降，而且越是接近，车辆减速越大，通过减速丘后车速开始增大。减速丘的设置起到了明显的减速效果。

表 6-11　下坡方向机动车平均车速　　　　　　　　　　　单位：km/h

类型	断面 1	断面 2	断面 3	断面 4	断面 5
摩托车类	29.94	28.67	22.34	23.97	24.55
其他机动车类	34.07	32.41	20.77	22.37	25.45

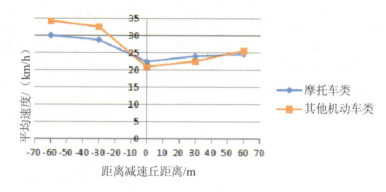

图 6-15　下坡方向机动车平均速度变化

进一步分析各车型在接近减速丘和离开减速丘的车速变化情况，见表 6-12。从表 6-12 可以看出，由于平曲线 1 的半径较小且弯道内侧被山体遮挡，车辆越过减速丘后的升幅远小于到达减速丘时的车速降幅。减速丘的设置有效地降低了车辆到达危险点的车速。

表 6-12　下坡方向机动车平均车速变化

类型	到达减速丘时的降低量/km/h	越过减速丘时的增加量/km/h	到达减速丘时的降幅/%	越过减速丘时的升幅/%
摩托车类	7.6	2.21	25.38	9.89
其他机动车类	13.3	4.68	39.04	22.53

通过上述分析可以看出，各类车辆在经过减速丘时，车速有所降低，车速的降低为驾驶员观测道路线形的变化以及其他各种异常情况赢得了充足的时间，因此，在事故多发路段设置减速丘是降低交通事故发生率的有效措施。

3）减速效果评价。受减速丘设置位置的影响，不同车辆在接近减速丘时的减速效果以及越过减速丘后的速度反弹程度均有所差异，但无论是在穿村路段，还是在事故多发路段，减速丘都表现出了较好的减速效果。因此，减速丘可以应用于通村公路上各类需要减速的路段。

6.3.3　块石路面效能分析与评价

块石路面属于物理减速路面的一种，设置块石路面的路段应设置路面不平的警告标志，如图 6-16 所示。

图 6-16　块石路面及其警告标志

　　块石路面的减速效果观测在一半径为 33m、纵坡度为 6% 的急弯陡坡且视距不良路段进行。该路段在弯道区域内间隔 40m 设置了 3 道块石路面，每道宽 10m。5 道气压管检测设备的布设如图 6-17 所示，第一道块石路面前后分别布设 3 号和 4 号设备（前后方向以下坡方向为准），3 号设备前 40m 和 80m 分别布设 2 号设备和 1 号设备，4 号设备后 30m 布设 5 号设备。观测现场如图 6-12 所示。

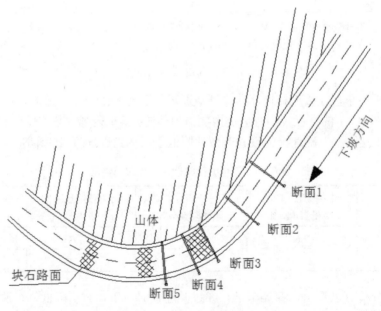

图 6-17　数据采集断面布设示意图

　　以下分析中，将断面 3 作为分析坐标原点，检测块石路面位于断面 3 与断面 4 之间。

　　（1）上坡方向速度变化分析。上坡方向进入检测块石路面时已经经过两道块石路面。各类车型经过检测块石路面时的速度情况如表 6-13 和图 6-18 所示，图 6-18 中横坐标为负值的表示尚未通过块石路面。从图 6-18 可以看出，各类车型在经过块石路面时车速的变化趋势基本一致：接近块石路面时，车速下降，在块石路面内缓慢行驶，通过块石路面后车速开始增大。块石路面的设置起到了明显的减速效果。

表 6-13　上坡方向机动车平均车速　　　　　　　　　　单位：km/h

类型	断面 1	断面 2	断面 3	断面 4	断面 5
摩托车类	23.27	22.22	18.93	26.12	28.47
其他机动车类	23.11	19.67	18	23.68	25.95

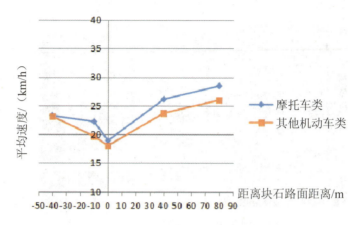

图 6-18　上坡方向机动车平均速度变化

（2）下坡方向速度变化分析。块石路面设置的最主要目的是降低下坡方向进入急弯陡坡车辆的车速。表 6-14 和图 6-19 表示了下坡方向 5 个断面上车速的变化情况，从图 6-19 可以看出，进入急弯陡坡路段前 80m 的距离内，车速降低了约 16km/h。

（3）减速效果评价。块石路面的设置有效地降低了急弯陡坡路段车辆的车速。因此，在通村公路上，一些需要减速的路段可以考虑设置块石路面。

表 6-14　下坡方向机动车平均车速　　　　　　　　　　单位：km/h

类型	断面 1	断面 2	断面 3	断面 4	断面 5
摩托车类	36.5	32.31	20.73	18.04	19.86
其他机动车类	36.28	30.19	19.15	14.73	18.75

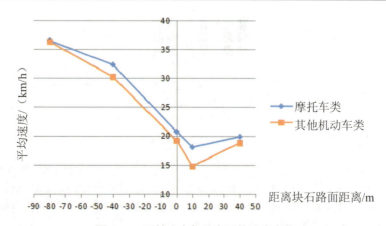

图 6-19　下坡方向机动车平均速度变化

6.3.4　减速振动标线效能分析与评价

振动减速标线（图 6-20）实施效果的评价在某通村公路两振动减速标线示范点（简称 A、B 点）进行，观测点 A、B 现场如图 6-21 和图 6-22 所示。上述两点均在长直线路段上，设施实施前后观测时间间隔为 1 年，观测交通环境等条件相似，可以认为影响驾驶行为的主要因素为振动减速标线。速度观测位置分别位于振动减速标线前、振动减速标线中和振动减速标线后。

图 6-20　振动减速标线

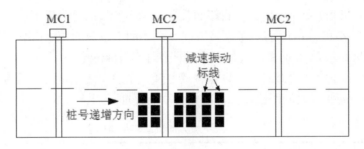

图 6-21　观测点 A 现场

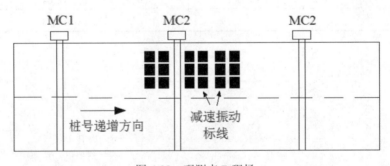

图 6-22　观测点 B 现场

（1）行驶速度分析。A、B 附近路段振动减速标线实施前后交通调查数据表明，小客车和摩托车是路段的主要交通组成部分，为此，主要从小客车和摩托车两方面进行实施效果的评价。对以上两点振动减速标线实施前后的三个断面的车辆行驶速度进行统计分析，运行速度、平均速度以及速度标准差计算结果见表 6-15 至表 6-18。

表 6-15 A 点实施前后观测断面速度指标对比 　　　　　　　　单位：km/h

类型			V_{15}	平均速度	V_{85}	标准差	$V_{85}-V_{15}$
断面 1	摩托车	实施前	36	45	54.1	8	18.1
		实施后	30.7	42.2	52.7	10.5	22
	小客车	实施前	39.3	52.7	63.8	12.4	24.5
		实施后	33.4	45.4	56.6	12.1	23.2
	所有车型	实施前	37.5	49.8	61.8	11.2	24.3
		实施后	30.3	45	56.7	12.6	26.4
		变化量	↓7.2	↓4.8	↓5.1	↑1.4	↑2.1
断面 2	摩托车	实施前	34.6	43.5	51.6	8.5	17
		实施后	35.7	50.2	64.3	13.2	28.6
	小客车	实施前	30.5	40.4	48	8.8	17.5
		实施后	35.2	47.6	60.6	12	25.4
	所有车型	实施前	27	39.2	49.3	10.3	22.3
		实施后	27	39.2	49.3	10.3	22.3
		变化量	↓8.3	↓8.3	↓11.2	↓1.7	↓2.9
断面 3	摩托车	实施前	33.4	43.2	52.6	9.2	19.2
		实施后	28.9	38.6	45.5	9.4	16.6
	小客车	实施前	36.5	48.8	63.4	12.5	25.9
		实施后	33.8	41.8	52.2	9.9	18.4
	所有车型	实施前	33.9	46.5	61.4	12.2	27.5
		实施后	33.4	40.8	49.3	9.5	15.9
		变化量	↓0.5	↓5.7	↓12.1	↓2.7	↓11.6

注 路段指标变化量为断面 3 与断面 1 相应指标的差。

表 6-16 A 点实施前后路段速度指标对比 　　　　　　　　　单位：km/h

类型		平均速度	V_{85}
摩托车	实施前	-1.8	-1.5
	实施后	-3.6	-7.2
小客车	实施前	-3.9	-1.4
	实施后	-3.6	-4.4
所有车型	实施前	-3.3	-0.4
	实施后	-4.2	-7.4

表 6-17 B 点实施前后观测断面速度指标对比 单位：km/h

类型			V_{15}	平均速度	V_{85}	标准差	$V_{85}-V_{15}$
断面 1	摩托车	实施前	29.8	37.4	45.2	9.3	15.4
		实施后	21	33.4	46.4	11.1	25.4
	小客车	实施前	31.1	46.5	58.7	11.5	27.6
		实施后	21.7	34.3	50.3	11.5	28.6
	所有车型	实施前	37.5	49.8	61.8	11.2	24.3
		实施后	30.3	45	56.7	12.6	26.4
		变化量	↓7.2	↓4.8	↓5.1	↑1.4	↑2.1
断面 2	摩托车	实施前	34.6	43.5	51.6	8.5	17
		实施后	35.7	50.2	64.3	13.2	28.6
	小客车	实施前	30.5	40.4	48	8.8	17.5
		实施后	35.2	47.6	60.6	12	25.4
	所有车型	实施前	27	39.2	49.3	10.3	22.3
		实施后	27	39.2	49.3	10.3	22.3
		变化量	↓8.3	↓8.3	↓11.2	↓1.7	↓2.9
断面 3	摩托车	实施前	33.4	43.2	52.6	9.2	19.2
		实施后	28.9	38.6	45.5	9.4	16.6
	小客车	实施前	36.5	48.8	63.4	12.5	25.9
		实施后	33.8	41.8	52.2	9.9	18.4
	所有车型	实施前	33.9	46.5	61.4	12.2	27.5
		实施后	33.4	40.8	49.3	9.5	15.9
		变化量	↓0.5	↓5.7	↓12.1	↓2.7	↓11.6

注 路段指标变化量为断面 3 与断面 1 相应指标的差。

表 6-18 B 点实施前后路段速度指标对比 单位：km/h

类型		平均速度	V_{85}
摩托车	实施前	0	0.1
	实施后	−0.3	−5.9
小客车	实施前	−1.4	−0.9
	实施后	2.6	−4.4
所有车型	实施前	−0.4	−0.6
	实施后	0.5	−3.4

可以看出，A、B 两点处振动减速标线实施后，各观测断面观测样本的平均速度、运行速度和速度标准差都有很显著的下降。其中两观测点断面 2（振动标线中部）观测数据都表明，标线中部机动车减速效果最为明显，运行速度减小幅度在 10km/h 左右。

此外，两观测点各断面的统计数据均表明，小客车运行速度的下降幅度高于摩托车。这说明振动减速标线对摩托车的影响比小客车小。

为直观表述交叉口减速标线实施后机动车的速度变化，项目组对各断面机动车运行速度分布进行了对比分析，如图 6-23 和图 6-24 所示。

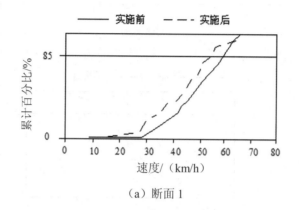

（a）断面 1

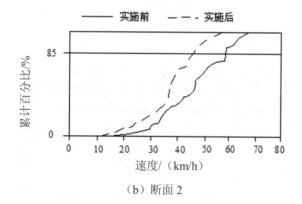

（b）断面 2

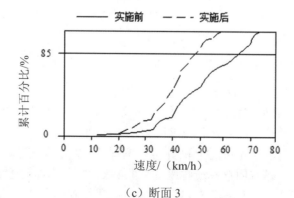

（c）断面 3

图 6-23　A 点实施前后各断面机动车速度累计比例分布

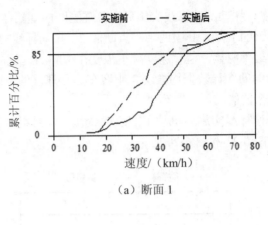

（a）断面 1

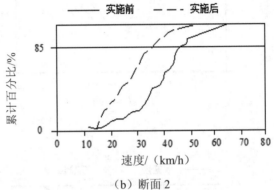

（b）断面 2

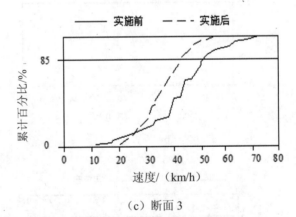

（c）断面 3

图 6-24　B 点实施前后各断面机动车速度累计比例分布

从图 6-23 和图 6-24 也可以看出：

1）振动减速标线实施后，路段机动车运行速度有所下降，其中，标线路段中部（断面 2）运行速度变化最显著，平均速度和运行速度降幅在 10km/h 左右。

2）驶入标线路段（图 6-24 断面 1 和图 6-25 断面 3）处，实施前后运行速度小于 30km/h 的机动车比例变化不大，这说明该标线对速度小于 30km/h 的机动车速度影响较小。

由以上分析结果可见，振动减速标线的实施对高速行驶的车辆有明显的速度降低作用，其对高于平均速度行驶的车辆的作用更明显，有利于减小速度差。振动减速标线对小客车的作用大于对摩托车的作用，中间断面的降速作用最强。

（2）减速效果评价。振动减速标线对机动车行驶速度有较大程度的影响，车辆在振动减速标线中间断面速度降低最多，下降约 10km/h；在驶出振动减速标线时会加速；高于平均速度行驶的车辆减速更明显；小客车的减速幅度明显大于摩托车。

振动减速标线适用于有减速需求的路段，推荐使用于村庄路段。

6.3.5 减速设施综合评价及设置建议

根据研究人员开展的设施效果评价工作，结合国内安保工程实施经验，总结国内外相关研究成果，综合上述各类设施的实施效果，得到了以下结论：

（1）交叉口减速标线。效能分析：交叉口减速标线实施前后两次交通调查观测数据表明，交叉口减速标线实施后，路段平均速度降低约6km/h，运行速度下降5～10km/h。其中，减速提示标线路段起点断面机动车运行速度下降约 11km/h，终点断面机动车运行速度下降约12km/h。该标线对提示机动车驾驶员注意路口、减速慢行有一定的作用。

综合评价：交叉口减速标线对靠近交叉口的机动车行驶速度有较为明显的减速作用。推荐应用于视距受阻的交叉口主路。其单次施工成本较低，养护成本较高，交通量大路段磨损严重，并且需要专门购买。

（2）减速丘。效能分析：无论是在穿村路段还是在事故多发路段，减速丘都表现出了较好的减速效果，平均速度降低约15km/h，具有较好的实用性。

综合评价：减速丘可以应用于通村公路上各类需要减速的路段，舒适性好于块石路面。其成本较高，需要专业设备，养护成本较低，仅需日常养护，但同样需要专门购买。

（3）块石路面。效能分析：块石路面的设置有效降低了急弯陡坡路段的车速，平均速度降低约16km/h。

综合评价：需要减速的特殊路段可以考虑设置块石路面。其成本较高，需要专业设备，养护成本较低，日常养护即可。

（4）振动减速标线。效能分析：振动减速标线对机动车行驶速度有较大程度的影响，车辆在振动减速标线中间断面速度降低最多，下降约 10km/h，平均速度降低约8km/h；在驶出振动减速标线时会加速；高于平均速度行驶的车辆减速更明显，小客车的减速幅度明显大于摩托车。

综合评价：振动减速标线适用于有减速需求的路段，推荐用于村庄路段，实际效果更好。

第7章　通村公路交通安全重点防控路段分级处治对策

通村公路安全保障工程分级处治对策是指根据相关技术指标，对安全保障工程重点实施路段按照危险程度进行分级，根据分级结果和可投入改造资金量，在多种安全保障工程组合对策中选择处治方案的一种技术。通村公路安全保障工程分级处治对策提供了安全保障效果从好到一般、造价从高到低的多种可选方案。在资金投入有限的情况下，最大限度地发挥各种安全保障设施的综合防护效果，推动通村公路安全保障工程的建设。

7.1　常用安全保障设施及编号

为便于进行安全保障设施的合理选用，将通村公路常用的安全保障技术或设施（统称措施）集中以图片带编号的方式进行汇总。其中涉及建议车速标志［编号（14）、（19）］和限速标志［编号（22）］，建议车速值或限速值大小应根据路段具体情况来确定。

7.1.1　路侧护栏设施

（1）缆索护栏　　　　　（2）混凝土护栏　　　　　（3）城墙式护栏

（4）示警墩　　　　　（5）网石拦挡　　　　　（6）油桶拦挡

（7）花台式拦挡　　　　　（8）示警桩　　　　　（9）土石拦挡

（10）栽石栏挡

（11）木质拦挡

7.1.2　交通标志标线

（12）急弯

（13）连续弯道

（14）急弯减速

（15）连续下坡

（16）陡坡

（17）急弯下坡减速

（18）急弯下坡减速

（19）建议速度

（20）T 形交叉

（21）减速丘

（22）限速

（23）慢行

（24）减速让行　　　（25）注意行人　　　（26）注意儿童

（27）前方村镇　　　（28）牲畜出入　　　（29）鸣笛

（30）白色单实线　　　　　　　　（31）白色单虚线

（32）双白实线　　　　　　　　　（33）双白虚线

（34）黄色单实线　　　　　　　　（35）黄色单虚线

（36）双黄实线　　　　　　　　　（37）人行横道

7.1.3　视线诱导设施

（38）震荡标线

（39）附着式诱导标

（40）柱式诱导标

（41）柱式轮廓标

7.1.4　路面减速设施

（42）混凝土预制块路面

（43）块石路面

（44）热熔式警示带

（45）块石减速带

（46）条石减速带

（47）鹅卵石减速带

（48）减速丘

（49）橡胶减速带

（50）沥青减速带

7.1.5　视距改良设施

（51）开挖视距台

（52）清理三角区

（53）凸面反光镜

7.1.6　其他安全设施

（54）加宽超高调整

（55）边沟加盖

（56）柱式道口桩

（57）油桶式道口桩

（58）路肩彩化处理

（59）避险车道

（60）错车道

7.2 单个急弯路段分级处治对策

7.2.1 隐患分析

小半径平曲线路段存在的代表性安全问题有：
（1）公路线形改变突然，易导致驾驶员因车速过快而冲出路侧。
（2）弯道内侧视距不良，易导致机动车发生迎面对撞事故。
（3）弯道超高设置不合理，易导致机动车发生侧翻。

7.2.2 指标分级

根据设计速度和弯道半径大小，按照技术指标相对的好与差，分为 3 个等级：

- 设计速度 40km/h $R{\leqslant}20m$ 差级
  $20m{<}R{\leqslant}40m$ 中级
  $40m{<}R{\leqslant}60m$ 良级
- 设计速度 30km/h $R{\leqslant}10m$ 差级
  $10m{<}R{\leqslant}20m$ 中级
  $20m{<}R{\leqslant}30m$ 良级
- 设计速度 20km/h $R{\leqslant}10m$ 差级
  $10m{<}R{\leqslant}15m$ 中级
  $15m{<}R{\leqslant}20m$ 良级

7.2.3 分级处治

对应于急弯路段差级、中级、良级 3 个技术指标等级，分别提出一类处治、二类处治和三类处治 3 种不同的综合处治对策与之对应（表 7-1～表 7-3）。如果某些路段事故多发，宜将处治对策提升一个等级或适当加强措施。

表 7-1 不同急弯路段类型下建议采取的综合处治对策（v=40km/h）

序号	组合对策	一类处治（对应差级）	二类处治（对应中级）	三类处治（对应良级）
1	设置交通标志	（12）；（22）（19）选一	（12）；（22）（19）选一	（12）；（22）（19）选一
2	设置交通标线	（34）	（34）	（34）
3	设置行车诱导	（39）（40）（41）选一	（39）（40）（41）选一	—
4	设置减速设施	（44）	（44）	（44）
5	行车视距改良	（51）或（52）	（52）或（53）	（52）或（53）
6	路侧防护设施	（1）或（2）	（1）或（2）	（1）或（2）
7	其他改良措施	（54）和（55）	（55）	—

注 表中处治对策中的数字为 7.1 节中各种措施的编号，下同。

表 7-2　不同急弯路段类型下建议采取的综合处治对策（v=30km/h）

序号	组合对策	一类处治（对应差级）	二类处治（对应中级）	三类处治（对应良级）
1	设置交通标志	（12）；（22）（19）选一	（12）；（22）（19）选一	（12）；（22）（加）选一
2	设置交通标线	（34）	（34）	（34）
3	设置行车诱导	（39）（40）（41）选一	—	—
4	设置减速设施	（42）（43）选一	（45）	（44）
5	行车视距改良	（51）或（52）	（52）或（53）	（52）或（53）
6	路侧防护设施	（1）或（2）	（1）或（2）	（2）或（3）
7	其他改良措施	（55）	（55）	

表 7-3　不同急弯路段类型下建议采取的综合处治对策（v=20km/h）

序号	组合对策	一类处治（对应差级）	二类处治（对应中级）	三类处治（对应良级）
1	设置交通标志	（12）	（12）	（12）
2	设置交通标线	（34）	（34）	（34）
3	设置行车诱导	（39）（40）（41）选一	—	—
4	设置减速设施	（46）（47）选一	（46）（47）选一	（46）（47）选一
5	行车视距改良	（52）或（53）	（52）或（53）	（52）或（53）
6	路侧防护设施	（1）或（2）	（3）或（4）	（3）或（4）
7	其他改良措施	（55）	—	—

表 7-1～表 7-3 中提出一类处治、二类处治、三类处治所涉及的具体对策，造价大体由高到低，相应的安全保障效果大体从好到一般，但均能不同程度地提升急弯路段的行车安全水平。实际应用中，应结合运行速度、交通量、道路线形和路侧环境等条件，在条件许可的情况下，优先采用安全保障效果好的组合对策。

7.2.4　处治案例

（1）处治案例一。某通村公路，设计速度为 40km/h，路面宽度为 7m，交通量较大。有一弯道路段半径实测为 18m，且存在视距不良现象，曾发生多起交通事故。根据单个急弯路段的指标分级标准，可判定该弯道为单个急弯路段中的差级，可按照表 7-1 中一类处治措施进行综合治理，如图 7-1 所示。选用措施如下：

1）设置交通标志：设置急弯减速标志［编号（14）］，提示驾驶员注意线形变化，同时警示驾驶员合理控制车速。

2）设置行车诱导：设置柱式诱导标［编号（40）］，引导驾驶员行车。

3）设置减速设施：选用热熔式警示带［编号（44）］，对驾驶员进行警示。

4）行车视距改良：开挖视距台［编号（51）］，改善视距，防止对向相撞事故。

其他改良措施：对内侧进行适当加宽［编号（54）］，边沟进行加盖［编号（55）］。

（2）处治案例二。某通村公路，设计速度为 30km/h，路面宽度为 7.5m，实测某一弯道半径为 16m。现场实测后知该弯道外侧设有混凝土护栏，内侧视距不良。根据单个急弯路段的指标分级标准，可判定该弯道为单个急弯路段中的中级，可按照表 7-2 中二类处治措施进行综合治理，如图 7-2 和图 7-3 所示。选用措施如下：

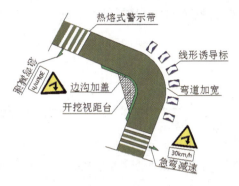

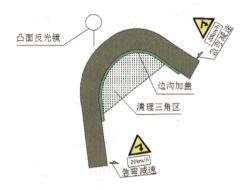

图 7-1　单个急弯路段处治案例一方案图　　　图 7-2　单个急弯路段处治案例二方案图

图 7-3　单个急弯路段处治案例二实施后现场效果图

　　1）设置交通标志：设置急弯警告标志［编号（12）］及建议速度标志［编号（19）］，提示驾驶员注意线形变化，同时提示驾驶员合理控制车速。

　　2）行车视距改良：设置凸面反光镜［编号（53）］，对驾驶员进行减速警示。

　　3）其他改良措施：对内侧边沟进行加盖［编号（55）］。

　　（3）处治案例三。某通村公路，设计速度为 20km/h，路面宽度为 7m，实测某一弯道半径为 16m。现场实测后知该弯道外侧设有混凝土护栏，内侧视距不良。根据单个急弯路段的指标分级标准，可判定该弯道为单个急弯路段中的良级，可按照表 7-3 中二类处治措施进行综合治理，如图 7-4 所示。选用措施如下：

图 7-4　单个急弯路段处治案例三实施后现场效果图

设置交通标志：设置急弯警告标志［编号（12）］及建议速度标志［编号（19）］，提示驾驶员注意线形变化，同时提示驾驶员合理控制车速。

7.3 连续急弯路段分级处治对策

7.3.1 隐患分析

连续急弯路段存在的典型安全问题有：

（1）连续急弯伴随视距不良，易引发擦剐和迎面相撞交通事故。

（2）连续急弯伴随陡坡、悬崖，易引发坠车和迎面相撞交通事故。

（3）连续急弯易导致车辆在较高车速状态下发生冲出路外的交通事故。

7.3.2 指标分级

连续急弯路段是指有 3 个或 3 个以上连续小于下列半径（R）的平曲线，且各平曲线间的直线长小于下列长度的路段：

- 设计速度 40km/h，$R<60$m，$L<50$m
- 设计速度 30km/h，$R<30$m，$L<35$m
- 设计速度 20km/h，$R<20$m，$L<25$m

根据设计速度、连续急弯的个数和急弯半径大小，按照技术指标相对的好与差，分为 3 个等级：

- 设计速度 40km/h $R≤60$m 的半径个数 $n≥2$ 个   差级

                               $R≤60$m 的半径个数 $n=1$ 个   中级

                               $R≤60$m 的半径个数 $n=0$ 个   良级

- 设计速度 30km/h $R≤30$m 的半径个数 $n≥2$ 个   差级

                               $R≤30$m 的半径个数 $n=1$ 个   中级

                               $R≤30$m 的半径个数 $n=0$ 个   良级

- 设计速度 20km/h $R≤20$m 的半径个数 $n≥2$ 个   差级

                               $R≤20$m 的半径个数 $n=1$ 个   中级

                               $R≤20$m 的半径个数 $n=0$ 个   良级

7.3.3 分级处治

对应于连续急弯路段差级、中级、良级 3 个技术指标等级，分别提出一类处治、二类处治和三类处治 3 种不同的综合处治对策。如果某些路段事故多发，宜将处治对策提升一个等级或适当加强措施（表 7-4～表 7-6）。

表 7-4 不同急弯路段类型下建议采取的综合处治对策（v=40km/h）

序号	组合对策	一类处治（对应差级）	二类处治（对应中级）	三类处治（对应良级）
1	设置交通标志	（13）；（22）（19）选一	（13）；（22）（20）选一	（13）；（22）（19）选一
2	设置交通标线	（34）	（34）	（34）

序号	组合对策	一类处治（对应差级）	二类处治（对应中级）	三类处治（对应良级）
3	设置行车诱导	（39）（40）（41）选一	（39）（40）（41）选一	—
4	设置减速设施	（44）	（44）	（44）
5	行车视距改良	（51）或（52）	（52）或（53）	（52）或（53）
6	路侧防护设施	（1）或（2）	（1）或（2）	（1）或（2）
7	其他改良措施	（54）和（55）	（55）	—

表 7-5　不同急弯路段类型下建议采取的综合处治对策（v=30km/h）

序号	组合对策	一类处治（对应差级）	二类处治（对应中级）	三类处治（对应良级）
1	设置交通标志	（13）（22）（19）选一	（13）；（22）（19）选一	（13）；（22）（19）选一
2	设置交通标线	（34）	（34）	（34）
3	设置行车诱导	（39）（40）（41）选一	—	—
4	设置减速设施	（42）（43）选一	（45）	（44）
5	行车视距改良	（51）或（52）	（52）或（53）	（52）或（53）
6	路侧防护设施	（1）或（2）	（1）或（2）	（2）或（3）
7	其他改良措施	（55）	（55）	—

表 7-6　不同急弯路段类型下建议采取的综合处治对策（v=20km/h）

序号	组合对策	一类处治（对应差级）	二类处治（对应中级）	三类处治（对应良级）
1	设置交通标志	（13）	（13）	（13）
2	设置交通标线	（34）	（34）	（34）
3	设置行车诱导	（39）（40）（41）选一	—	—
4	设置减速设施	（46）（47）选一	（46）（47）选一	（46）（47）选一
5	行车视距改良	（52）或（53）	（52）或（53）	（52）或（53）
6	路侧防护设施	（1）或（2）	（1）或（2）	（2）或（3）
7	其他改良措施	（55）	—	—

7.3.4　处治案例

某通村公路，设计速度为 30km/h，地形复杂，全线急弯陡坡线形较多，交通量较大，有一路段由 3 个连续弯道组成，实测最小弯道半径分别为 18m、35m、25m，相邻弯道直线距离分别为 25m、0m。根据连续急弯路段的指标分级标准，判定该弯道为连续急弯路段中的中级，可按照表 7-5 中二类处治措施进行综合治理，如图 7-5 所示。选用措施如下：

图 7-5　连续急弯路段处治案例一方案图

（1）设置交通标志：设置连续弯道标志［编号（13）］和限速标志［编号（22）］。
（2）设置减速设施：设置块石减速带［编号（45）］。
（3）行车视距改良：清理视距三角区［编号（52）］。
（4）其他改良措施：急弯路段内侧边沟加盖［编号（55）］。

7.4　陡坡路段分级处治对策

7.4.1　隐患分析

陡坡路段存在的典型安全问题有：
（1）陡坡一般伴随有陡坎、山崖、河流，易导致车辆发生坠车交通事故。
（2）陡坡一般伴随有急弯、视距不良，易导致车辆迎面相撞交通事故。
（3）陡坡一般伴随有长下坡，易导致车辆制动失控而诱发交通事故。

7.4.2　指标分级

根据设计车速、坡度（$i\%$）大小，在坡长（L）满足规范要求的前提下，按照技术指标相对的好与差，分为 3 个等级（坡长不满足规范要求按照差级处理）。

- 设计速度 40km/h　　$i>8$　　　　　　　　　　　　　　　　差级
　　　　　　　　　　　$7<i\leqslant8$　　$120m\leqslant L\leqslant300m$　　　中级
　　　　　　　　　　　$i=7$　　　　$120m\leqslant L\leqslant500m$　　　良级

- 设计速度 30km/h　　$i>9$　　　　　　　　　　　　　　　　差级
　　　　　　　　　　　$8<i\leqslant9$　　$60m\leqslant L\leqslant200m$　　　中级
　　　　　　　　　　　$i=8$　　　　$60m\leqslant L\leqslant300m$　　　良级

- 设计速度 20km/h　　$i>10$　　　　　　　　　　　　　　　差级
　　　　　　　　　　　$9<i\leqslant10$　　$100m\leqslant L\leqslant200m$　　中级
　　　　　　　　　　　$i=9$　　　　$100m\leqslant L\leqslant300m$　　良级

7.4.3　分级处治

对应于陡坡路段差级、中级、良级 3 个技术指标等级，分别提出一类处治、二类处治和三类处治 3 种不同的综合处治对策（表 7-7）。如果某些路段事故多发，宜将处治对策提升一个等级或适当加强措施。

表 7-7　不同陡坡路段类型下建议采取的综合处治对策（*v*=40、30、20km/h）

序号	组合对策	一类处治（对应差级）	二类处治（对应中级）	三类处治（对应良级）
1	设置交通标志	（16）	（16）	（16）
2	设置减速设施	（49）	（45）（46）（47）选一	（44）
3	路侧防护设施	（1）或（2）	（1）或（2）	（2）或（3）

7.4.4　处治案例

某通村公路，设计速度为 20km/h，地形复杂，有一路段坡度为 9.3%、坡长为 180m。按照 3.2 节陡坡路段的判断标准，判断该路段为陡坡路段。按照陡坡路段的指标分级标准，判定该路段为陡坡路段的中级，可按照表 7-7 中二类处治措施进行综合治理，如图 7-6 所示。选用措施如下：

图 7-6　陡坡路段处治案例方案图

（1）设置交通标志：设置陡坡标志［编号（16）］。
（2）设置减速设施：间隔式设置热熔式警示带［编号（44）］。

7.5　陡坡急弯路段分级处治对策

7.5.1　隐患分析

陡坡与急弯路段的线形组合极不利于车辆行驶安全。尤其是急弯路段一侧临水临崖时，极易引起车毁人亡的交通事故，属安全保障工程建设中需要引起高度关注的路段。

7.5.2　指标分级

根据设计车速、坡度（*i*%）和半径（*R*）大小，按照技术指标相对的好与差，分为 3 个等级。
- 设计速度 40km/h　$i \geqslant 7$　$R \leqslant 20m$　　　差级
　　　　　　　　　　　$i \geqslant 7$　$20m < R \leqslant 40m$　中级
　　　　　　　　　　　$i \geqslant 7$　$40m < R \leqslant 60m$　良级
- 设计速度 30km/h　$i \geqslant 8$　$R \leqslant 10m$　　　差级
　　　　　　　　　　　$i \geqslant 8$　$10m < R \leqslant 20m$　中级
　　　　　　　　　　　$i \geqslant 8$　$20m < R \leqslant 30m$　良级

● 设计速度 20km/h $i \geqslant 9$ $R \leqslant 10m$ 差级

$i \geqslant 9$ $10m < R \leqslant 15m$ 中级

$i \geqslant 9$ $15m < R \leqslant 20m$ 良级

7.5.3 分级处治

对应于陡坡急弯路段差级、中级、良级 3 个技术指标等级，分别提出一类处治、二类处治和三类处治 3 种不同的综合处治对策（表 7-8～表 7-10）。如果某些路段事故多发，宜将处治对策提升一个等级或适当加强措施。

表 7-8 不同陡坡急弯路段分级类型下建议采取的综合处治对策（v=40km/h）

序号	组合对策	一类处治（对应差级）	二类处治（对应中级）	三类处治（对应良级）
1	设置交通标志	（18）；（19）（22）选一	（18）；（29）（22）选一	（18）
2	设置交通标线	（34）	（34）	（34）
3	设置行车诱导	（39）（40）（41）选一	—	—
4	设置减速设施	（44）	（44）	（44）
5	行车视距改良	（51）或（52）	（52）或（53）	（52）或（53）
6	路侧防护设施	（1）或（2）或	（1）或（2）	（1）或（2）
7	其他改良措施	（54）和（55）	（55）	（55）

表 7-9 不同陡坡急弯路段分级类型下建议采取的综合处治对策（v=30km/h）

序号	组合对策	一类处治（对应差级）	二类处治（对应中级）	三类处治（对应良级）
1	设置交通标志	（18）	（18）	（17）
2	设置交通标线	（34）	（34）	（34）
3	设置行车诱导	（39）（40）（41）选一	—	—
4	设置减速设施	（42）（43）（45）（47）选一	（42）（43）（47）选一	（44）
5	行车视距改良	（51）或（52）	（52）或（53）	（52）或（53）
6	路侧防护设施	（1）或（2）	（1）或（2）	（1）或（2）
7	其他改良措施	（54）和（55）	（55）	（55）

表 7-10 不同陡坡急弯路段分级类型下建议采取的综合处治对策（v=20km/h）

序号	组合对策	一类处治（对应差级）	二类处治（对应中级）	三类处治（对应良级）
1	设置交通标志	（18）	（16）和（12）	（16）和（12）
2	设置交通标线	（34）	（34）	（34）
3	设置行车诱导	（39）（40）（41）选一	—	—
4	设置减速设施	（42）（43）选一	（46）（47）（49）选一	（46）（47）（49）选一
5	行车视距改良	（52）或（53）	（52）或（53）	（52）或（53）
6	路测防护措施	（1）或（2）	（2）或（3）	（2）或（3）
7	其他改良措施	（55）	—	—

7.5.4 处治案例

（1）处治案例一。某通村公路有一下坡接小半径弯道路段，水泥路面，路面宽度为 6m，设计速度为 20km/h，现场实测知该路段坡度为 9.1%，弯道半径为 18m，公路的两侧分布有民房，弯道内侧建有民房，可通视，弯道的末端有一所小学。按照陡坡急弯路段的指标分级标准，判定该路段为陡坡急弯路段的良级，应该按照表 7-10 中三类处治措施进行综合治理，如图 7-7 所示。选用措施如下：

图 7-7　陡坡急弯路段处治案例一方案图

1）设置交通标志：设置急弯下坡减速标志［编号（18）］和注意儿童标志［编号（26）］。

2）设置减速设施：设置鹅卵石减速带［编号（47）］和橡胶减速带［编号（49）］。

3）行车视距改良：设置凸面反光镜［编号（53）］。

陡坡急弯处治前后对比情况如图 7-8 所示。

图 7-8　陡坡急弯路段案例一实施前后现场图

（2）处治案例二。在某双车道通村公路路面宽度为 5.5m，运行速度为 34km/h。某下坡路段有一急弯，半径为 21m，坡度为 4.3%～5.2%，按照陡坡路段的指标分级标准，判定该路段为陡坡路段的良级，可按照表 7-7 中三类处治措施进行综合治理，如图 7-9 所示。选用措施如下：

1）设置交通标志：设置陡坡标志［编号（16）］。

2）设置减速设施：设置减速丘［编号（48）］。

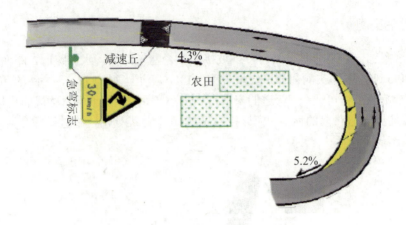

图 7-9　陡坡急弯路段处治案例二方案图

7.6　连续下坡路段分级处治对策

7.6.1　隐患分析

连续下坡路段是指连续设置两个及两个以上的下坡路段。车辆在连续下坡路段行驶，频繁制动往往引起制动鼓过热导致制动效能减弱或丧失，进而使车辆失控引发交通事故。

7.6.2　指标分级

连续下坡的长度是诱发交通事故发生的主要因素。根据连续下坡的长度（L）和平均纵坡度（$i\%$），按照技术指标相对的好与差，分为 3 个等级。

- $7 < i \leqslant 8$　　$L \geqslant 2700\text{m}$　　　　　　　差级
　　　　　　　　$2100\text{m} \leqslant L < 2700\text{m}$　　中级
　　　　　　　　$1700\text{m} \leqslant L < 2100\text{m}$　　良级
- $8 < i \leqslant 9$　　$L \geqslant 2300\text{m}$　　　　　　　差级
　　　　　　　　$1800\text{m} \leqslant L < 2300\text{m}$　　中级
　　　　　　　　$1500\text{m} \leqslant L < 1800\text{m}$　　良级
- $i \geqslant 8$　　　$L \geqslant 2000\text{m}$　　　　　　　差级
　　　　　　　　$1500\text{m} \leqslant L < 2000\text{m}$　　中级
　　　　　　　　$1300\text{m} \leqslant L < 1500\text{m}$　　良级

7.6.3　分级处治

对应于连续下坡路段差级、中级、良级 3 个技术指标等级，分别提出一类处治、二类处治和三类处治 3 种不同的综合处治对策（表 7-11）。如果某些路段事故多发，宜将处治对策提升一个等级或适当加强措施。

表 7-11   不同连续下坡路段分级类型下建议采取的综合处治对策（v=40、30、20km/h）

序号	组合对策	一类处治（对应差级）	二类处治（对应中级）	三类处治（对应良级）
1	设置交通标志	（15）	（15）	（15）
2	设置减速设施	（45）（47）选一	（44）（45）（47）选一	——

7.6.4   处治案例

（1）处治案例一。某通村公路，设计速度为 30km/h，现有一连续下坡路段，平均纵坡度为 5.5%，下坡路段长度为 2550m。根据连续下坡路段技术指标分级标准可知，该路段为连续下坡路段，且为指标分级里面的中级，按照表 7-11 中二类处治措施进行综合治理，如图 7-10 所示。选用措施如下：

1）设置交通标志：在坡顶设置连续下坡标志［编号（15）］。

2）设置减速设施：间隔设置热熔式警示带［编号（44）］，警示驾驶员减速。

（2）处治案例二。某通村公路，设计速度为 20km/h，有一下坡路段，实测平均纵坡度为 7.3%，坡长 2680m。根据连续下坡路段判定标准与连续下坡路段技术指标分级标准可知，该路段为连续下坡路段，且为指标分级里面的差级，可按照表 7-11 中一类处治措施进行综合治理，如图 7-11 所示。选用措施如下：

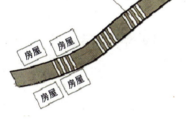
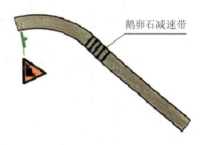

图 7-10   连续下坡路段处治案例一方案图   图 7-11   连续下坡路段处治案例二方案图

1）设置交通标志：在坡顶设置连续下坡标志［编号（15）］。

2）设置减速设施：间隔式设置鹅卵石减速带［编号（47）］。

道路处治前后对比情况如图 7-12 所示。

图 7-12   连续下坡路段处治案例二实施情况前后对比图

（3）处治案例三。某县道存在一连续下坡路段，平均纵坡度为 7%，最大纵坡度为 15%，超过标准规范的技术指标，坡底是村民的住宅。路面硬化后成为通村公路客运路线，客车比例较高。连续下坡路段处治案例三方案图如图 7-13 所示。

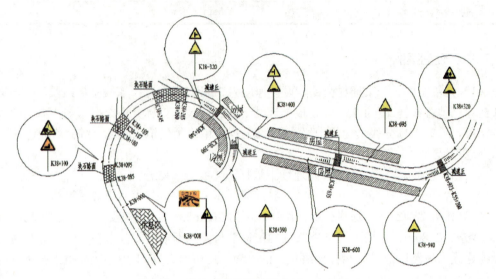

图 7-13　连续下坡路段处治案例三方案图

1）设置交通标志：在坡顶设置连续下坡标志［编号（15）］。
2）设置减速设施：间隔式设置鹅卵石减速带［编号（43）］。
3）设置防护措施：在弯道外侧危险路段设置混凝土护栏［编号（2）］。

7.7　桥头接小半径平曲线路段分级处治对策

7.7.1　隐患分析

受地形条件限制，通村公路上有比较多的桥头接小半径曲线路段，极易诱发碰撞桥头构筑物和冲到桥下的交通事故，一旦发生，事故烈度较大，属于安全保障工程建设中需要引起高度关注的路段。

7.7.2　指标分级

桥头接小半径曲线路段存在的安全隐患与单个急弯类似，借鉴单个急弯路段的技术分级标准，按照技术指标相对的好与差，分为 3 个等级（详见 7.2.2 节）。

7.7.3　分级处治

桥头接小半径曲线路段的分级处治对策借鉴单个急弯路段的分级处治对策执行标准，应按表 7-1 至表 7-3 的建议进行处治。因桥头接小半径曲线路段的特殊性，一般交通事故烈度较大，除了采取单个急弯路段的分级处治对策外，还应选取以下单项或多项措施进行处治：

（1）桥头接小半径平曲线外侧应设置护栏和视线诱导设施，并与桥梁护栏良好过渡，必须对护栏端头进行光滑处理,护栏间衔接缝隙不宜过长,防止车辆与未经处理的护栏端头相掩,导致护栏刺穿车辆。

（2）桥面上设置路面标线，与单个急弯路段的标线一致。

（3）桥头接小半径平曲线外侧若存在悬崖、陡坎等复杂地形，必须设置波形护栏［编号（1）］或混凝土护栏［编号（3）］。

（4）进入小半径平曲线前设置减速设施［编号（47）］。

7.7.4　处治案例

某通村公路，设计速度为 30km/h，现有一桥梁末端接一小半径（R=18m）弯道路段，桥上纵坡度为 3%。桥梁路段已经设有混凝土护栏。根据桥头接小半径弯道路段技术指标分级标准可知，该路段为中级，可以参考单个急弯路段按照表 7-2 中二类处治措施进行综合治理，如图 7-14 所示。选用措施如下：

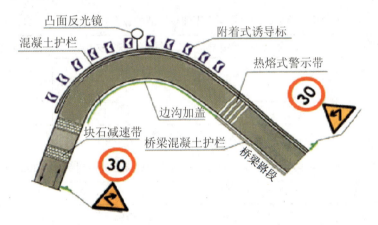

图 7-14　桥头接小半径弯道路段处治案例方案图

（1）设置交通标志：设置急弯标志［编号（12）］和限速标志［编号（23）］。

（2）设置减速设施：桥梁路段设置热熔式警示带［编号（44）］，弯道路段设置块石减速带［编号（45）］。

（3）行车视距改良：设置凸面反光镜［编号（53）］。

（4）设置行车诱导：设置柱式诱导标［编号（40）］。

（5）设置路侧护栏：在弯道外侧设置混凝土护栏［编号（2）］。

（6）其他改良措施：弯道内侧边沟加盖［编号（55）］。

7.8　路侧险要路段分级处治对策

7.8.1　隐患分析

路侧险要路段是指公路两侧或一侧分布有陡坎、高大结构物、临崖、临河、临湖的路段。路侧险要路段常伴随急弯、陡坡、视距不良现象。通村公路多依山傍水、临水临崖，高陡路堤多,极易发生群死群伤的重特大交通事故,属于安全保障工程建设中需要引起高度关注的路段。

7.8.2 指标分级

依据路侧险要路段路肩外 3m 范围内分布的陡坎、结构物、临崖、临河、临湖平均垂直高差（H），将路侧险要路段分为 3 个等级：

- $H>20m$　　　　差级
- $6m<H≤20m$　　中级
- $4m<H≤6m$　　　良级

7.8.3 分级处治

对应于路侧险要路段差级、中级、良级 3 个技术指标等级，分别提出一类处治、二类处治和三类处治 3 种不同的综合处治对策（表 7-12～表 7-14）。如果某些路段事故多发，宜将处治对策提升一个等级或适当加强措施。

表 7-12　不同路侧险要路段分级类型下建议采取的综合处治对策（v=40km/h）

序号	组合对策	一类处治（对应差级）	二类处治（对应中级）	三类处治（对应良级）
1	设置交通标志	（22）（19）选一	（22）（19）选一	（22）（19）选一
2	设置减速设施	（44）		
3	路侧防护设施	（1）或（2）	（3）或（4）	（4）

注　如果属于陡坡急弯临崖组合的险要路段，弯道临崖侧要求选用混凝土护栏。

表 7-13　不同路侧险要路段分级类型下建议采取的综合处治对策（v=30km/h）

序号	组合对策	一类处治（对应差级）	二类处治（对应中级）	三类处治（对应良级）
1	设置交通标志	（22）（19）选一	（22）（19）选一	—
2	设置减速设施	（47）	—	—
3	路侧防护设施	（1）或（2）	（4）或（5）	（5）

注　如果属于陡坡急弯临崖组合的险要路段，弯道临崖侧要求选用混凝土护栏。

表 7-14　不同路侧险要路段分级类型下建议采取的综合处治对策（v=20km/h）

序号	组合对策	一类处治（对应差级）	二类处治（对应中级）	二类处治（对应良级）
1	设置交通标志	（22）（19）选一	—	—
2	设置减速设施	（44）		
3	路侧防护设施	（4）或（5）	（6）或（7）	（8）

注　如果属于陡坡急弯临崖组合的险要路段，弯道临崖侧要求选用混凝土护栏。

7.8.4 处治案例

（1）处治案例一。某通村公路，设计速度为 20km/h，地形陡峭。某平直路段右侧 3m 区域内平均垂直高差为 7m，路侧有 2～3m 的净宽。根据路侧险要路段指标分级判定标准，确定该路段为中级，可按照表 7-14 选用二类措施进行综合治理，如图 7-15 所示。选用措施如下：

路侧防护设施：设置油桶护栏［编号（7）］。

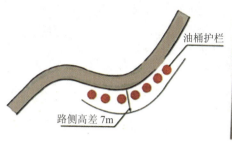

图 7-15 路侧险要路段处治案例一方案图和实施效果图

（2）处治案例二。某通村公路，设计速度为 40km/h，路侧 3m 内平均高差为 25m，路侧有 2～3m 的净宽。根据路侧险要路段指标分级判定标准，确定该路段为差级，可按照表 7-12 选用一类措施进行综合治理，如图 7-16 所示。选用措施如下：

1）设置交通标志：设置限速标志［编号（22）］。

2）设置减速设施：设置热熔式警示带［编号（44）］。

3）路侧防护设施：设置混凝土护栏［编号（2）］。

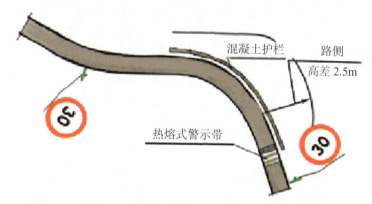

图 7-16 路侧险要路段处治案例二方案图

7.9 平面交叉路口分级处治对策

7.9.1 隐患分析

通村公路平面交叉路口（含各种类型的支路口）数量多，主线与支路接入线位高差大，支路坡陡，通视情况普遍较差，易诱发撞击行人、侧面冲撞等交通事故。

7.9.2 指标分级

依据设计车速和停车视距（S_T）大小，将平面交叉口路段分为 3 个等级：

- 设计速度 40km/h $S_T \leqslant 20m$ 差级

                          $20m < S_T \leqslant 30m$ 中级

                          $30m < S_T \leqslant 40m$ 良级

- 设计速度 30km/h $S_T \leqslant 10m$ 差级

                                    $10m < S_T \leqslant 20m$ 中级

                                    $20m < S_T \leqslant 30m$ 良级

- 设计速度 20km/h $S_T \leqslant 10m$ 差级

                                    $10m < S_T \leqslant 15m$ 中级

                                    $15m < S_T \leqslant 20m$ 良级

7.9.3 分级处治

对应于平面交叉口差级、中级、良级 3 个技术指标等级，分别提出一类处治、二类处治和三类处治 3 种不同的综合处治对策（表 7-15～表 7-17）。如果某些路段事故多发，宜将处治对策提升一个等级或适当加强措施。

表 7-15 不同平面交叉口分级类型下建议采取的综合处治对策（v=40km/h）

序号	组合对策	一类处治（对应差级）	二类处治（对应中级）	三类处治（对应良级）
1	设置交通标志	主线：（20）（22）和（23） 支线：（21）和（22）	主线：（20）和（23） 支线：（21）和（22）	主线：（20） 支线：（24）
2	设置交通标线	支线：（33）	支线：（33）	—
3	设置减速设施	主线：（44） 支线：（48）或（49）	主线：（44） 支线：（49）	—
4	行车视距改良	主线：（51）或（52） 支线：（52）	主线：（52） 支线：—	—
5	其他改良措施	主线：（56）或（57） 支线：（56）	主线：（56）或（57） 支线：—	主线：（56）或（57） 支线：—

注 当两交叉公路为同等级时，建议全部按主线要求进行设置，并增设指路标志。

表 7-16 不同平面交叉口分级类型下建议采取的综合处治对策（v=30km/h）

序号	组合对策	一类处治（对应差级）	二类处治（对应中级）	三类处治（对应良级）
1	设置交通标志	主线：（20）（23） 支线：（21）或（22）或（24）	主线：（20） 支线：（23）	主线：（20） 支线：—
2	设置减速设施	主线：（44） 支线：（45）或（46）或（48）	主线：（44） 支线：（46）	—
3	行车视距改良	主线：（51）或（52） 支线：（52）	主线：（52） 支线：—	—
4	其他改良措施	主线：（56）或（57） 支线：（56）	主线：（56）或（57） 支线：—	主线：（56）或（57） 支线：—

表 7-17   不同平面交叉口分级类型下建议采取的综合处治对策（v=20km/h）

序号	组合对策	一类处治（对应差级）	二类处治（对应中级）	三类处治（对应良级）
1	设置交通标志	主线：（20） 支线：（23）或（24）	主线：（20） 支线：—	主线：（20） 支线：—
2	设置减速设施	主线：（44） 支线：（46）	主线：（44） 支线：—	
3	行车视距改良	主线：— 支线：（53）	主线：— 支线：—	
4	其他改良措施	主线：（56）或（57） 支线：—	主线：（56）或（57） 支线：—	主线：（56）或（57） 支线：—

7.9.4 处治案例

（1）处治案例一。某两条通村公路交叉口，交叉角度为 45°，主线设计车速为 30km/h，路面宽 7.5m，停车视距为 30m；支线设计车速为 20km/h，路面宽 6m，停车视距为 20m。参照判定标准可知为中级，可按照表 7-16 选用二类措施进行综合治理，如图 7-17 所示。选用措施如下：

1）设置交通标志。
● 主线：设计交叉口标志［编号（20）］。
● 支线：设置慢行标志［编号（23）］。
2）设置减速设施。
● 主线：设置热熔式警示带［编号（44）］。
● 支线：设置条石减速带［编号（46）］。
3）行车视距改良。
主线：清理三角区障碍物［编号（52）］。
4）其他改良措施。
主线：在主线接入口位置设置油桶式道口桩［编号（57）］。
图 7-18 是处治后的效果图。

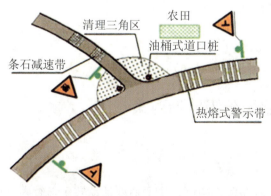

图 7-17   平面交叉口处治案例一方案图

图 7-18   平面交叉口处治案例一实施效果图

（2）处治案例二。某一通村公路，设计车速为 40km/h，有一支路接入主线，设计车速为 20km/h，支路宽度为 6m，平交路口处视距不良，主线停车视距为 40m，支线停车视距为 20m。参照判定标准为差级，可参考表 7-16 选用一类措施进行综合治理，如图 7-19 所示。选用措施如下：

图 7-19　平面交叉路口处治案例二方案图

1）设置交通标志。
- 主线：设置交叉口标志、限速标志、慢行标志［编号（20）、（22）、（23）］。
- 支线：设置减速丘标志［编号（21）］和限速标志［编号（22）］。

2）设置交通标线。

支线：设置双白虚线［编号（33）］。

3）设置减速设施。
- 主线：设置热熔式警示带［编号（44）］。
- 支线：设置橡胶减速带［编号（49）］。

4）行车视距改良。
- 主线：清理三角区障碍物［编号（52）］。
- 支线：清理三角区障碍物［编号（52）］。

5）其他改良措施。
- 主线：在主线接入口位置设置油桶式道口桩［编号（57）］。
- 支线：在支线接入口位置设置柱式道口桩［编号（56）］。

7.10　行人集中路段分级处治对策

7.10.1　隐患分析

穿越村庄、城镇、学校、企业等的通村公路路段，两侧居民和商业活动较多，行人过街频繁，交通干扰大，易诱发各类型的交通事故。

7.10.2　指标分级

按照行车速度和穿越路段的类型，将行人集中路段分为 3 个等级：

- 设计速度 40km/h　穿越学校和村庄　差级

　　　　　　　　　　穿越城镇和企业　中级

　　　　　　　　　　其他　　　　　　良级

- 设计速度 30km/h　穿越学校和村庄　差级

　　　　　　　　　　穿越城镇和企业　中级

　　　　　　　　　　其他　　　　　　良级

- 设计速度 20km/h　穿越学校和村庄　差级

　　　　　　　　　　穿越城镇和企业　中级

　　　　　　　　　　其他　　　　　　良级

7.10.3　分级处治

对行人集中路段差级、中级、良级 3 个技术指标等级，相应提出一类处治、二类处治和三类处治 3 种不同的综合处治对策（表 7-18～表 7-20）。如果某些路段事故多发，宜将处治对策提升一个等级，以便采取更有效的措施进行处理。

表 7-18　不同行人集中路段分级类型下建议采取的综合处治对策（v=40km/h）

序号	组合对策	一类处治（对应差级）	二类处治（对应中级）	三类处治（对应良级）
1	设置交通标志	（27）或（26），（22）	（23）和（25）	（23）
2	设置减速设施	（42）或（43）或（48）	（49）	（44）
3	其他改良措施	（58）	—	—

表 7-19　不同行人集中路段分级类型下建议采取的综合处治对策（v=30km/h）

序号	组合对策	一类处治（对应差级）	二类处治（对应中级）	三类处治（对应良级）
1	设置交通标志	（23）或（22），（26）或（27）	（23）	（23）
2	设置减速设施	（42）或（43）	（49）	—
3	其他改良措施	（58）	—	—

表 7-20　不同行人集中路段分级类型下建议采取的综合处治对策（v=20km/h）

序号	组合对策	一类处治（对应差级）	二类处治（对应中级）	三类处治（对应良级）
1	设置交通标志	（23）或（22），（26）或（27）	（23）	（23）
2	设置减速设施	（45）或（46）或（47）	（49）或（50）	—
3	其他改良措施	（58）	—	—

7.10.4　处治案例

（1）处治案例一。某通村公路设计车速为 30km/h，沿线分布有民房，日常交通量较大，行人横穿道路及占道行为较多，存在较大安全隐患。参照判定标准可知为差级，可参考表 7-19 选用一类措施进行综合治理，如图 7-20 所示。选用措施如下：

1）设置交通标志：设置注意儿童标志［编号（26）］和限速标志［编号（22）］。

2）设置减速设施：设置混凝土预制块路面［编号（42）］。

3）其他改良措施：路肩彩化处理［编号（58）］。

（2）处治案例二。某通村公路设计车速为 40km/h，沿线分布一所小学，日常交通量较大，行人横穿道路及占道行为较多，存在较大安全隐患。参照判定标准可知为差级，参考表 7-18 选用一类措施进行综合治理，如图 7-21 所示。选用措施如下：

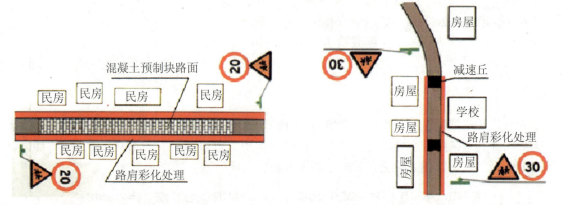

图 7-20 行人集中路段处治案例一方案图   图 7-21 行人集中路段处治案例二方案图

1）设置交通标志：设置注意儿童标志［编号（26）］和限速标志［编号（22）］。

2）设置减速设施：设置减速丘［编号（48）］。

3）其他改良措施：路肩彩化处理［编号（58）］。

图 7-22 是处治前后对比图。

图 7-22 行人集中路段处治前后对比图

（3）处治案例三。某乡道村镇路段，路侧有一所小学，道路交通量较大，行人横穿道路及占道行为较多，存在较大的安全隐患。参照判定标准可知为差级，参考表 7-8 选用一类措施进行综合治理，如图 7-23 所示。选用措施如下：

1）设置交通标志：设置注意儿童标志［编号（26）］和限速标志［编号（22）］。

2）设置减速设施：设置块石路面［编号（45）］。

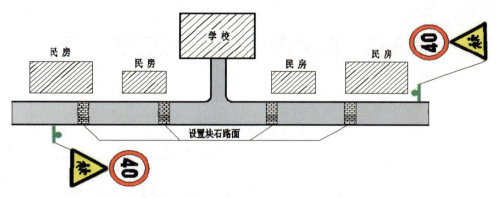

图 7-23　行人集中路段处治案例三方案图

第8章 蓝关古道交通安全改善工程

8.1 项目概况

蓝关古道位于蓝田县城东南，起于大寨乡薛家村，止于蓝桥乡 312 国道，途经薛家山、白家坪、风门子、北曲、六郎关、大坡脑、兰桥河等村庄，路线全长 16.3 公里。

蓝关古道为 3.5m 单车道水泥路面，全程线形蜿蜒曲折，为典型的越岭线、山脊线构成的山区道路。目前路面状况较好，但全线急弯路段、陡坡路段、视距不良路段和路侧险要路段较多，存在许多安全隐患。蓝关古道除周末和节假日外，交通量较小，多为农用车辆；周末和节假日多为自驾车辆，以旅游为目的。

为改善该路段的行车安全情况，以"保证效益、降低投资"为原则，结合陕西省交通科技项目"陕西省通村公路安全设施设置技术研究"的成果，西安市公路勘察设计院与长安大学合作，于 2014 年 4 月和 5 月两次对蓝关古道进行了现场调查，完成了蓝关古道通村公路安全保障工程方案设计报告，提出了蓝关古道沿线安全隐患点安全保障方案以及通村公路低造价安全设施设置方法。

8.2 工作依据

8.2.1 相关标准和规范

（1）《公路工程技术标准》（JTG B01—2014），以下简称《标准》

（2）《公路路线设计规范》（JTG D20—2006），以下简称《规范》

（3）《公路项目安全性评价指南》（JTG/T B05—2004），以下简称《指南》

（4）《道路交通标志和标线》（GB 5768—2009）

（5）《公路交通安全设施设计技术规范》（JTG D81—2006）

（6）《公路交通标志和标线设置规范》（JTG D82—2009）

（7）《公路交通安全设施设计细则》（JTG/T D81—2006）

（8）《公路安全保障工程实施技术指南》，交通部

（9）《陕西省通村公路安保设施设置指导意见》，陕西省公路局，2014

（10）《陕西省公路安全保障工程实施技术指导意见》（试行），陕西省公路局，2005

8.2.2 相关参考文献

（1）重庆公路局，重庆大学. 山区通村公路安全保障工程实施技术指南. 北京：人民交通出版社，2013.

（2）安徽省质量技术监督局．通村公路交通安全设施实施技术指南．合肥：合肥工业大学出版社，2009．

（3）浙江省公路管理局．浙江省通村公路安全设施设置技术指南（试行），2009．

（4）福建省公路管理局．福建省通村公路安保工程实施技术指南（试行），2012．

（5）江苏省交通厅．江苏省公路安全保障工程实施指导手册（试行），2005．

（6）济源市通村公路管理处．济源市通村公路安全保障工程实施意见（暂行）．2012．

8.3 通村公路安全保障工程设计原则及策略

8.3.1 通村公路安全保障工程主导思想

由于通村公路的里程长、资金短缺，其安保工程最主要的实施原则就是"保证效益、降低投资"。为保证"保证效益、降低投资"原则的落实，要从"突出重点、分类实施"和"因地制宜、简约实用"两方面着手。

投资成本高的安保工程处治技术不适合乡村公路，没有应用推广的价值，因此通村公路安保的核心问题是：采用安保工程低成本有效处置技术，即从处治技术及安保方案方面、材料选择方面、结构形式选择方面进行考虑。

8.3.2 蓝关古道通村公路安全保障工程实施原则

蓝关古道通村公路主要承担沿线村庄居民出行以及节假日自驾出行的交通功能，除节假日外，交通量不大，交通组成以小汽车和农用车为主。道路使用者对道路环境熟悉，宜采用易于维护且造价低廉、主动引导的综合处置措施。因此，蓝关古道通村公路安全保障工程实施原则如下：

（1）根据旧路平、纵指标及路侧环境状况，充分考虑蓝关古道交通现状，按照"安全、经济、有效"的技术指导思想，确定蓝关古道安保工程设计方案。

（2）注重实际，因地制宜，就地取材，体现特色，简约实用。结合蓝关古道目前路侧环境情况及沿线土石分布状况，灵活布置护栏、示警设施、交通标志等安全设施，不要求全线整齐划一。充分发挥设计创造性，采取实用性和安全性结合的原则，以提高通村公路的安全水平为准则。

（3）突出重点，分类实施。突出对重点隐患路段的处理，不同路段采取不同的处置策略。对于重点隐患路段，采取主动诱导和被动防护相结合的措施。对于一般路段，则采取诱导、警示为主的原则，其中路侧防护设施多采用新型经济型挡墙，以诱导、警示为主；交通标志"路面化"，以降低造价，提高警示效果；交通标线以示廓、诱导为主；减速设施以实用、降低养护成本且具有一定舒适性（考虑旅游车辆的需求）为主。

8.3.3 蓝关古道主要安全隐患及处置对策

（1）急弯陡坡路段。蓝关古道沿线以越岭线、山腰线（山脊线）为主，越岭路段平纵线形指标较低，最小平曲线半径为 10m 左右，最大纵坡度超过 12%，且存在连续下坡路段，如图 8-1 所示。

对于陡坡或连续下坡的情况，由于蓝关古道交通组成主要为小客车及部分农用车，长大下坡路段存在的超载大货车刹车失灵的情况则不会出现，存在的安全隐患主要在于下坡路段小客车超速行驶。因而采取的安全处置对策应以控制速度为主。

对于急弯路段（图 8-2），如果下坡路段小客车运行速度过快，则车辆极易冲出路外，导致交通事故的发生，因此曲线外侧应根据路侧环境情况，设置相应的防护措施。同时，暗弯路段导致的视距不良，易造成对向车辆相撞，应采取视距改善措施。

图 8-1　越岭线急弯陡坡路段

图 8-2　越岭线回头曲线路段

（2）路侧险要路段。蓝关古道路侧险要路段分为两种情况：山脊线路段双侧险要路段及一般路段单侧险要路段。

山脊线路段双侧险要路段如图 8-3 所示。蓝关古道为 3.5m 单车道水泥路面，山脊线路段两侧横坡较陡，在未设置任何防护措施的情况下，驾驶员容易紧张，对车辆两侧侧向距离判断易产生偏差。山脊线路段线形较好、视线开阔，是其有利因素。因此，山脊线路段安全保障措施应以示廓、引导为主。

一般路段单侧险要路段如图 8-4 所示。设计时，对于线形较好、视距良好的路段（一般危险路段），路侧安全设施设置以诱导、警示为主；而对于视距不良、路基高度大于 4m 的路段（可能造成重大伤害的路段），则采取安全防护措施。

图 8-3　山脊线路段双侧险要路段

图 8-4　山腰线单侧险要路段

（3）经过村庄路段。蓝关古道沿线所经村庄规模不大，出行车辆和人员不多，如图 8-5 和图 8-6 所示。安全保障措施以警示和控制车速为主。

图 8-5　单侧险要路段

图 8-6　穿越村庄路段

8.4　蓝关古道安全保障工程设计方案

8.4.1　蓝关古道危险路段处治方案

根据蓝关古道沿线线形和地形情况，可将蓝关古道危险路段分为越岭线急弯陡坡路段、山腰线急弯路段、路侧险要路段、穿村镇路段分别考虑，综合提出处置方案。

蓝关古道山腰线纵坡较为平缓，但平曲线半径较小，因此区别于越岭线急弯陡坡路段，单独考虑处治方案。路侧险要路段是指非急弯路段、路侧存在悬崖和深沟的情况，需单独考虑处治方案。

（1）越岭线急弯陡坡路段。蓝关古道越岭线急弯陡坡路段可分两种情况考虑：①全挖方路段，路侧为挖方边坡的情况（图 8-7）；②半填半挖，一侧为悬崖和深沟的情况（图 8-8），这种情况较为常见。

图 8-7　急弯陡坡路段全挖路段

图 8-8　急弯陡坡路段半填半挖路段

1）第一种情况存在的安全隐患主要是超速与视距不良，容易导致对向车辆相撞，综合处置方案如图 8-7 所示。

2）第二种情况根据平面线形可分为暗弯处的危险路段、直线及明弯处的一般路段。暗弯处的危险路段应采取防护措施，直线及明弯处的一般路段则以诱导警示为主。同时，暗弯处危险路段应根据路基高度分别采取不同等级的防护措施。需要设置护栏的路段路侧有一定宽度净区的，可设置堆土防撞墙并绿化；无堆土条件的，可根据实际情况设置墙式护栏等。综合处治方案如图 8-8 所示。

（2）山腰（或山脊）线路段。蓝关古道主要由越岭线、山腰线与山脊线组成。

山腰线路段纵坡不大，但平面线形较差，半径较小（图 8-9），受平纵线形的综合制约，汽车运行速度较小。因此，安全改善方案以改善视距、诱导警示为主，部分路段路基高度较高且路侧净区宽度较窄时，考虑防护措施。山腰线暗弯处综合安全处治方案如图 8-9 所示。蓝关古道存在多处山脊线，线形良好、视线开阔，但两侧地形险要，其处治措施以示廓、诱导为主，如图 8-10 所示。

图 8-9　山腰线暗弯处处治措施

图 8-10　山脊线处治措施

（3）穿村镇路段。蓝关古道穿村镇路段处治措施如图 8-11 所示。

图 8-11　穿村镇路段处治措施

8.4.2　蓝关古道安全设施选型与设计

蓝关古道安全设施选型以"因地制宜、经济实用"为原则，其主要安全设施包括护栏、交通标志、视线诱导设施、减速设施等。

（1）护栏选型与设计。与普通公路相比，通村公路对安全防护设施的防撞性能要求较低。在通村公路上按照国省道干线或高速公路的标准设置护栏，势必造成安全性能和投资的巨大浪费。

《公路交通安全设施设计规范》（JTG D81—2006）中 8.4.0.2 条规定："在综合分析公路线形、设计速度、运行速度、交通量和车辆构成等因素的基础上，需要采用的护栏碰撞能量低于 70kJ 或高于 520kJ 时，应进行特殊设计。"通村公路防护设施设置可以分以下两种情况：①交通量大，重载车辆多，车速快的通村公路，参照现行标准设置较高等级的护栏；②以当地交通为主，小型车、农用车为主的通村公路，根据通村公路特点，因地制宜，开发或采用新形式护栏。

1）通村公路护栏防撞等级。设置在通村公路上的护栏，可根据实际情况选择防撞能力由高到低排序的 A、B、C、D 四个等级的护栏。通村公路护栏防撞等级见表 8-1。

表 8-1　通村公路护栏防撞等级

等级	碰撞车速/（km/h）	车辆质量/t	碰撞角度/°	最大碰撞能量/kJ	备注
D	30	2	25	12 以上	1.5t 的机动三轮以 35km/h 速度行驶，以 25° 的角度与防护设施碰撞，防护设施能够拦截
C	35	6	25	50 以上	6t 的 19 座中巴以 35km/h 速度行驶，以 25° 的角度与防护设施碰撞，防护设施能够拦截
B	40	10	20	70 以上	
A	60	10	20	160 以上	

通村公路护栏适用条件见表 8-2。

表 8-2　通村公路护栏适用条件

公路等级路	85%运行车速	适用护栏等级		
		一般区间	有可能造成重大伤害的区间	和铁路、高速公路相交的区间、桥梁段
四级及以下通村公路	45km/h 及以上	C	C 或 B	A
	30km/h 及以下	D		
三级及以上通村公路	护栏适用条件参照《公路安保工程技术指南》			

2）常见护栏形式及适用性。通村公路常见护栏形式及适用性见表 8-3。

表 8-3　通村公路常见护栏形式及适用性

设施种类	图示	材质	适用条件	备注
混凝土护栏		强度等级不低于 C25 的混凝土，配筋	主要设置于路侧特别危险的跨河大桥、悬崖、临河、急弯、连续急弯等路段。不宜设置在村庄、学校及对景观要求较高的路段	施工容易，防撞性能好，具有较好的视线诱导效果，可有效避免二次事故的发生。但是通透性较差，景观效果不好。维护工作工序复杂，同时排水效果不佳

设施种类	图示	材质	适用条件	备注
木制护栏		木材	多用于环境景观要求较高的路段，可就地取材，安装容易、造价适中	在山区景区公路上，木材丰富地区，可使用木质护栏，木质护栏能与自然景观较好协调，但防撞强度较低
示警墩		C20 混凝土，片石，油漆	通常设于路侧危险程度较低且视觉良好的路段，造价较低	具有一定防撞功能和较好的视线诱导功能，施工、维护简单
示警桩		预制混凝土、油漆、反光膜	一般设置于运行车速较低、路侧危险度不大、车辆冲出路外时不会产生伤亡的路段，造价低	示警桩不具备防撞能力，仅具有一定的示警能力和视线诱导功能
城墙式护栏		C25 混凝土、片石、块石、油漆	造价低，适用于有景观要求的通村公路	防撞性能好，施工方便，可就地取材，景观效果好，城墙式外观在起到防护作用的同时降低行车压抑感
网石拦挡		钢筋笼、碎石	体积较大，主要用于土路肩宽度大于 1m 的路侧危险路段，造价低	防撞性能较好，发生撞击后对车辆及驾乘人员的损害较小，该护栏制作简单，施工方便
油桶拦挡		废旧沥青桶、汽油桶、沙石	占地面积较大，适用于路侧边坡较为平缓，土路肩大于 1.5m 的路段，工程造价低	具有一定的防撞功能和较好的视线诱导功能，具有一定的缓冲功能，发生碰撞后对车辆损坏较小。该设施制作简单，施工方便
花台式拦挡		砖石、土、中间可种植树木或花草	适用于路侧宽度大于 1.2m，有景观要求的路段，造价低	具有一定防撞功能，施工方便，景观效果好。对路侧宽度要求较高

续表

设施种类	图示	材质	适用条件	备注
栽石拦挡		废弃石块、有条件可贴反光膜	适用于运行车速较低、危险度不大的通村公路，造价低	防护能力较低，主要起警示作用，制作简单，施工方便，可就地取材，可用于取材方便的一般危险地段
土石拦挡		土、石	适用于线形较好，路侧 3m 内高差为 2～4m 的路段，造价低	利用堆砌的土堆防护，起到路侧示警与防护的作用，施工容易，可就地取材

3）蓝关古道路侧护栏选型。蓝关古道车辆组成以小汽车为主，根据现场调查的结果，除部分直线路段外，汽车运行速度在 30km/h 以下。因此，在一般区间以 D 级防护为主，可能造成重大伤害的区间以 C 级防护和 D 级防护为主，见表 8-4。

表 8-4　不同防撞等级护栏形式

护栏级别	材料类别	规格
D	砌石	未设置基础，厚度为 52cm，设置长度为 10m，高为 81cm
		砌石埋入地面下 20cm，厚度为 52cm，设置长度为 7m，高为 81cm
	示警桩	设置长度为 75cm，基座厚为 6.0mm，柱壁厚度为 2.0mm
	土堆	高度为 1.0～1.5m，上部宽度为 30～50cm，下部宽度为 1500～2500cm
C	砌石（可将示警墩改成护栏）	总高度为 80cm，其中地面以上 60cm，地下至少埋入 20cm。长为 6m，宽为 40cm。可在中间打入 2m 长，直径为 25 的螺纹钢筋，间距为 60cm，一共 3 根。混凝土 30#
	薄壁钢筋混凝土护栏	护栏埋深为 25cm，露出路面的高度为 81cm

蓝关古道沿线石料较为丰富，也可采用网石护栏，如图 8-12 所示。

（2）交通标志布设。蓝关古道交通标志布设应充分考虑交通组成和交通出行的特点，以警告标志为主，本着经济有效的原则，材料和结构形式选择因地制宜，灵活应用。

1）交通标志尺寸。蓝关古道车辆运行速度基本在 30km/h 以下，交通标志以满足识认性为主。三角形标志边长为 70cm、圆形标志直径为 60cm、村名标志牌为 120cm×80cm 的面板，指路标志牌为 100cm×200cm 面板。交通标志采用的字体、大小必须符合《道路交通标志和标线》（GB 5768—2009）的要求。

2）交通标志设置方式。交通标志的布设应充分利用沿线地形和地物进行布设，采取路面标志和简易支撑结构相结合的方式。

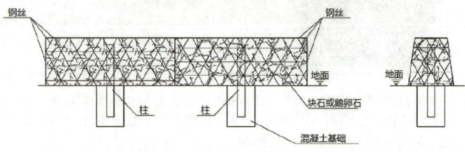

图 8-12　网石护栏

A. 暗弯路段，可采取路面标志与路侧岩壁标志（图 8-13）相结合的方式，内侧车道采用路侧岩壁标志、外侧车道警告采用路面标志（图 8-14）。

图 8-13　路侧岩壁标志

图 8-14　外侧车道警告标志

B. 外侧车道有树木、杆柱可以利用时，可将交通标志牌或凸面镜等布设于树木杆柱之上，如图 8-15 所示。

图 8-15　外侧标志布设于杆柱之上

C. 条件允许时，有平整的岩壁（土壁）和挡墙可以利用时，可将标志喷涂于岩壁之上。

D. 蓝关古道三角形、圆形交通标志宜采用玻璃钢材料，村名和指路标志采用铝合金面板，立柱采用相应管径的镀锌钢管。在路侧条件受限制时，可采用路面标志。

（3）减速带。蓝关古道承担一定的旅游功能，因而减速带应满足一定舒适性的要求。减速带采用高为 3cm，宽为 150cm 的钢筋砼构造，减速带迎车面均采用圆弧线形平滑过渡，既能有效控制车流速度，又能有效降低行车的不适感；为了增加驾驶人员夜间视认效果，用热熔标线涂料并喷洒玻璃珠将其涂成黄色。

（4）交通标线。蓝关古道路面宽度为 3.5m，仅施画白色车道边缘线，采用冷漆划设，并具有反光效果，线宽 15cm。在平交道口、有车辆出入道路的田间路口等白实线要断开或施画虚线。有行人穿越的村镇路段则施画人行横道线。

（5）凸面镜。凸面反光镜镜面材料根据实际情况选用聚碳酸酯树脂（PC）、聚甲基丙烯酸甲酯（亚克力）或不锈钢，镜背材料为玻璃纤维增强材料（玻璃钢），紧固件材料为碳素结构钢，镜面及镜背边缘用橡胶软垫封装。

采用镜面直径为 600mm 的凸面反光镜，设置于小半径弯道外侧或视距受限处。

8.5　蓝关古道安全保障建议

根据旧路平、纵面指标，充分考虑蓝关古道的交通现状，按照"安全、经济、有效"的技术指导思想，依据《公路工程技术标准》JTG B01—2014 的规定，确定总体设计思路是针对公路平纵面指标低、设施简单、交通量小、车速低的特点，充分利用有限资金，解决影响古道安全行车的主要矛盾，并针对具体情况提出以下对策：

（1）对行车存在安全隐患的路段采用交通工程与日常养护相结合的方法。

（2）以标志、标线为主要引导手段，完善警告、禁令标志。

（3）考虑到通村公路安保工程的资金限制，宜采用安全有效的低成本措施，路侧防护措施宜以"示警为主，防护为辅"的设计原则。对路侧危险路段设置示警桩、示警墩、墙式护栏、堆土防撞墙。

1）一般危险路段：暗急弯外侧路基较低，自然坡面较平缓或路侧高度较高，但路线平面线形较好的路段可设置示警桩、示警墩，以警示作用为主。

2）特别危险路段：暗急弯外侧路基较高，自然坡面陡峻的路段设置墙式护栏、堆土防撞墙，部分特别危险路段外侧树木茂密，能起到一定阻挡作用的，也可设置示警桩和示警墩。

（4）需要设置护栏路段路侧有一定宽度净区的，即暗急弯外侧有 2.5 米及以上路侧宽度，可设置堆土防撞墙并绿化；无堆土条件的，曲线范围设置示警桩、示警墩、墙式护栏。

（5）穿越村庄路段设置村庄警告标志或注意行人警告标志。易超速路段可以设置强制减速设施。

（6）急弯陡坡路段，容易因车速过快、视距不足发生车辆侧翻、对撞或冲出路外事故。设计时，区别情况采用以下单一或综合措施：

1）在急弯前的直线路段宜设置限速标志，适当设置其他减速设施，逐步控制车速，使车辆能以较安全的车速通过小半径曲线。

2）路侧危险且事故较多处，可设置护栏及强制减速措施。

（7）视距不足路段易发生车辆占用对向车道而对撞的事故，设置凸面反光镜。

（8）农村公路安保工程，积极采用"新工艺、新产品、新材料"。标志标线的布设，应因地制宜、合理布设、科学实施，不断完善农村公路防护设施。考虑到蓝关古道的旅游性质，在安全设施的布设中要做到经济、舒适、美观，并与周围环境相协调。农村公路安全设施的布设要以人为本，在设计过程中充分考虑到人、车、路的互动，做到人、车、路的协调统一。

第9章 结论与建议

9.1 主要成果和结论

通村公路的建设对于解决"三农"问题，建设小康社会具有重要意义。通村公路的快速发展，使路面状况得到了改善，通行条件得到了提高。由于通村公路存在机非混行、驾驶员安全素质不高、线形指标较低、交通安全设施不完善等问题，交通事故频发，安全水平不高。本项目在对陕西省通村公路路况特征、交通安全特征进行调查和分析的基础上，对通村公路重点防控路段判别指标和方法、通村公路路侧简易防护设施和主动安全设施设置方法、通村公路安全设施综合设置方法进行了研究，取得的研究成果和主要结论如下：

（1）对陕西省典型地区通村公路技术特征、交通特性、交通事故特征进行了调查和分析。通村公路交通特征表现在：交通量不大，机非混行，小客车和摩托车为主要车型，运行速度大部分为 20～40km/h。通村公路技术特征表现在：路面硬化程度较高，线形指标不高，存在急弯、陡坡、路侧险要路段等安全隐患路段。通村公路交通事故特征表现在：正面相撞和侧面相撞事故是通村公路事故的主要形态，事故的发生与线形指标较低、安全设施缺失有一定关系。

（2）将急弯、陡坡、路侧险要、视距不良、交叉口、行人集中路段作为通村公路重点防控路段，提出了相应的判别标准。

1）基于道路车辆仿真软件（Trucksim/Carsim），建立了通村公路急弯路段仿真模型，定量确定了急弯、连续急弯判别标准。

2）修正建立了载重车刹车毂温度预测模型，开发了连续下坡刹车毂温度预测仿真程序，确定了通村公路长大下坡判别标准。

3）界定了通村公路路侧安全影响因素，划分了通村公路路侧安全等级，建立了通村公路路侧安全评估指标体系。

（3）基于有限元仿真软件（HyperMesh 和 LS-DYNA）建立了通村公路汽车－护栏碰撞仿真系统模型，通过建立通村公路常见间隔式、墙垛式、油桶式、硬土石堆护栏模型，仿真分析了小汽车、小客车、小货车在不同工况下的碰撞状态，确定了通村公路常见护栏的设置参数，为科学合理设置通村公路简易护栏提供了依据。

（4）确定通村公路交通安全设施的设置原则为"保证效益、降低投资""突出重点、分类实施""因地制宜、简约实用"。提出了通村公路简易交通标志、视线诱导设施设置方法，对通村公路交通标线、视线改善设施、减速设施、路面有效宽度增加设施等主动安全设施的设置方法进行了系统的分析，提出了适用性良好的设置方法。

（5）对通村公路常用减速设施进行了现场实验观测，分析了橡胶减速带、减速丘、块石路面等减速设施对汽车运行速度的影响，为通村公路合理设置减速设施提供了参考和依据。

（6）针对通村公路重点防控路段的路况特点、交通特点，提出进行分级防控，针对不同安全等级采用综合处治对策的思想。对通村公路单个急弯、连续急弯、陡坡、急弯陡坡、连续下坡、桥头接小半径、路侧险要、平面交叉口、行人集中等重点防控路段进行了安全分级，提出了综合处治对策和处治案例，有利于指导通村公路安全保障工程的实施。

（7）结合蓝关古道安全保障工程，提出了蓝关古道交通安全保障工程设计策略和工程设计方案，对本项目提出的原则、方法进行了验证。

9.2 建议和进一步研究的问题

（1）通村公路交通事故的发生是驾驶员、车辆、道路与环境共同作用的结果，加强对农村驾驶员及车辆的管理是解决交通事故频发问题的主要途径，而交通安全设施的完善对减少交通事故、提高安全水平也起着重要作用。

（2）通村公路存在资金缺乏、线形指标较低、改造困难等问题，而线形指标的改善对于提高安全水平具有根本性作用，建议在通村公路安全保障工程实施中综合考虑线形改善与安全设施完善的关系。

（3）本研究项目提出的实用简易型安全保障措施需要在通村公路安全保障工程实践中进行进一步验证、完善和补充。

参考文献

[1] 中华人民共和国行业标准. 公路路线设计规范（JTG D20—2006）[S]. 北京：人民交通出版社，2006.

[2] 中华人民共和国行业标准. 公路工程技术标准（JTG B01—2014）[S]. 北京：人民交通出版社，2014.

[3] 中华人民共和国交通部. 农村公路建设管理办法[Z]. 2006.

[4] 中华人民共和国交通部. 高速公路护栏安全性能评价标准（JTG/T F83—01）[S]. 北京：人民交通出版社，2006.

[5] 中华人民共和国行业标准. 公路交通安全设施设计规范（JTG D81—2006）[S]. 北京：人民交通出版社，2006.

[6] 中华人民共和国行业标准. 公路路线设计细则（JTG/T D20—200X）[S]. 北京：人民交通出版社，2008.

[7] 中华人民共和国公安部. 道路交通事故现场信息代码[S]. 北京：中国标准出版社，2010.

[8] 公安部交通管理局. 中华人民共和国道路交通事故统计年报[N]. 北京：人民交通出版社，2013.

[9] 交通部公路安全保障工程技术组. 公路安全保障工程实施技术指南[M]. 北京：人民交通出版社，2007.

[10] 杨少伟. 道路勘测设计[M]. 3版. 北京：人民交通出版社，2009.

[11] 孙家驷. 道路勘测设计[M]. 2版. 北京：人民交通出版社，2005.

[12] 张金水，张廷楷. 道路勘测与设计[M]. 上海：同济大学出版社，2005.

[13] 裴玉龙. 道路勘测设计[M]. 哈尔滨：哈尔滨工业大学出版社，2005.

[14] 蒋枫. 农村公路交通安全设施适用性研究[D]. 西安：长安大学，2005.

[15] 孙传姣，高建刚. 农村公路事故特征研究[J]. 公路，2010（1）：93-97.

[16] 肖殿良，柳孟松，蒋枫. 农村公路交通安全设施的选用与设置[J]. 公路，2008（5）：119-123.

[17] Federal Office of Road Safety, Australia. Australia's rural road safety action plan[R]. 1996.

[18] 刘运通. 道路交通安全指南[M]. 北京：人民交通出版社，2004.

[19] 中华人民共和国行业推荐性标准. 公路项目安全性评价指南（JTG/T B05—2004）[S]. 北京：人民交通出版社，2004.

[20] Federal Office of Road Safety, Australia. Australia's rural road safety action plan[R]. 1996.

[21] Kevin Hamilton, Janet Kennedy. Rural road safety, A literature review[R]. 2005.

[22] 西安市公路勘察设计院，长安大学. 蓝关古道通村公路安全保障工程方案设计[R]. 2014.

[23] 吴文静. 交通警告标志设置有效性研究[D]. 吉林：吉林大学，2006.

[24] 杜志刚，潘晓东，郭雪斌. 交通指路标志信息量与视认性关系[J]. 交通运输工程学报，2008，8（1）：118-122.

[25] 王晶. 浅谈山区公路交通安全标志标线的设置[J]. 华东交通大学学报, 2007, 24 (5): 70-73.

[26] 冯浩. 山区双车道公路交通标志标线设置研究[D]. 吉林: 吉林大学, 2007.

[27] 钟小明, 李长城, 唐琤琤, 等. 双车道公路路侧安全设计理念[J]. 公路交通科技, 2004, 21 (11): 82-84.

[28] 许金良, 周育名, 杨宏志. 山区农村公路路侧安全保障技术[J]. 长安大学学报, 2011, 3 (3): 1-6.

[29] 重庆公路局, 重庆大学. 山区通村公路安全保障工程实施技术指南[M]. 北京: 人民交通出版社, 2013.

[30] 安徽省质量技术监督局. 通村公路交通安全设施实施技术指南[M]. 合肥: 合肥工业大学出版社, 2009.

[31] 浙江省公路管理局. 浙江省农村通村公路安全设施设置技术指南 (试行). 2009.

[32] 福建省公路管理局. 福建省通村公路安保工程实施技术指南 (试行). 2012.

[33] 济源市通村公路管理处. 济源市通村公路安全保障工程实施意见 (暂行). 2012.

[34] 高海龙、李长城等. 路侧安全设计指南[M]. 北京: 人民交通出版社, 2008.

[35] 唐琤琤, 贡锁白. 路侧护栏设计[J]. 公路交通科技, 2001, 18 (3): 75-78.

[36] 杨锡武, 刘克, 杨大田. 道路减速垄布置设计新方法[J]. 上海工程技术大学学报, 2008, 22 (2): 109-112.

[37] 高涛. 通村公路典型路段交通安全仿真评价与安全保障对策研究[D]. 西安: 长安大学, 2015.

[38] KRAMMES R A, BRACKETT R A, SHAFER M. Horizontal Alinement Design Consistency for Rural Two-Lane Highway[J]. Geometric Design, 1994.

[39] FHWA, USA.Manual on Uniform Traffic Devices(Millennium Edition) [S]. 2000.

[40] Federal Highway Administration. Signalized intersections: informational guide[S]. U.S.

[41] Oregon Farm Bureau.Rural road safety: Share the road safely[R]. 2005.

[42] Environment, Resources and Development Committee, Parliament of South Australia.South Australia rural road safety strategy[R]. 1998.

[43] United State, General Accounting Office. Highway safety, federal and state efforts to address rural road safety challenges[R]. 2004.

[44] 周蔚吾. 道路交通安全问题初步分析与加拿大比较研究[J]. 中国公路, 2004, 21 (5): 130-135.

[45] 吴文静, 隽志才, 贾洪飞. 倒计时信号交叉口处的驾驶员行为决策[J]. 系统工程理论与实践, 2009, 29 (7): 160-165.

[46] 李杏元, 李江, 冯浩, 等. 山区双车道公路驾驶员疲劳特性研究[J]. 交通标准化, 2007, (5): 86-91.

[47] 唐琤琤, 吴凡. 标志设置的路侧安全性考虑及对策[J]. 公路交通科技, 2005, 22 (9): 127-132.

[48] 陈荫三, 魏朗. 公路强制控速安全措施研究[J]. 公路交通科技, 2005, 22 (10): 335-341.

[49] 江龙进. 农村公路安全设计研究[D]. 西安: 长安大学, 2009.

[50] 陈春. 农村公路安保技术研究[D]. 西安：长安大学，2010.

[51] 苏澎，唐伯明，刘唐志，等. 山区农村公路交叉口交通安全问题分析及对策[J]. 公路，2009，（07）：52-59.

[52] 陈朝阳. 连续长下坡路段避险车道设置原则研究[D]. 合肥：合肥工业大学，2005.

[53] 刘国富. 青海省长大下坡工程安全改善对策与措施研究[D]. 西安：长安大学，2007.

[54] 王俊华，方守恩，陈雨人，等. 高速公路特大交通事故预防技术研究及示范研究：长大下坡路段事故预防技术[M]. 上海：同济大学出版社，2011.

[55] 吴京梅，何勇. 公路连续长大下坡安全处置技术[M]. 北京：人民交通出版社，2008.

[56] EICHHOM L，CORINCHOCK D. 汽车制动系统[M]. 叶淑贞，管山，江乃谦，等译. 北京：机械工业出版社，1998.

[57] 裴玉龙. 道路交通事故道路条件成因分析及预防对策研究[J]. 中国公路学报，2003，16（4）：55-64.

[58] 朱立峰. 关于城市大客车后桥制动蹄片早期磨损及制动鼓爆裂现象的研究[D]. 上海：上海交通大学，2004.

[59] 吴迎学. 汽车鼓式刹车器的模糊优化设计[J]. 中南林学院学报，2000，15（4）：66-71.

[60] 周荣贵. 公路纵坡坡度与坡长限制的研究[D]. 北京：北京工业大学，2004.

[61] 赵桂娟. 低交通量道路技术标准与路面结构研究[D]. 西安：长安大学，2005.

[62] 梁国华. 农村公路工程项目绩效评价理论与方法研究[D]. 西安：长安大学，2008.

[63] 刘伟明. 农村公路交通安全的设计探讨[J]. 工程建设与管理，2007（8）：157-160.

[64] 马英忠. 基于新农村视角的西部农村公路发展研究[D]. 西安：长安大学，2010.

[65] 邢恩辉. 基于汽车行驶性能的公路纵坡设计指标研究[D]. 哈尔滨：哈尔滨工业大学，2008.

[66] 袁伟，付锐，郭应时. 考虑坡长因素的纵坡坡度对交通事故的影响分析[J]. 公路交通科技，2008，25（5）：132-137.

[67] 安学武. 农村公路交通发展的系统工程研究[D]. 西安：长安大学，2008.

[68] 冯红运，姜攀，张恒海. 连续下坡路段交通安全的改善措施[J]. 道路交通与安全，2006，6（9）：38-42.

[69] 王艳丰. 农村公路技术标准研究[D]. 西安：长安大学，2007.

[70] 吴毅洲，史寿山，黎新华，等. 农村公路交通发展的系统工程研究[J]. 公路，2007（11）：135-137.

[71] 余强，陈荫三，马建，等. 客车下坡制动能力研究[J]. 客车技术与研究，2005，12（3）：4-6.

[72] BOWMAN B L. Grade Severity Rating System Users Manual [R]. U.S.: The U.S. Federal Highway Administration, 1989.

[73] 交通运输部公路局. 农村公路安全保障工程实施技术指南[S]. 北京：人民交通出版社，2006.

[74] Asibility of Grade Severity Rating System.Prepared for Federal Highway Adminstration Offices of Research & Development Environment Division Washington, D.C 20590.

[75] 长安大学. "十一五"农村公路建设成效评估专题报告[R]. 2011.

[76] 吴德华，方守恩. 路侧安全对策分析[J]. 武汉：交通科技，2004（5）：75-78.

[77] 秦丽辉. 路侧净区计算方法及路侧安全保障技术研究[J]. 长春工程学院学报（自然科学版），2005（3）：18-21.

[78] 李长城，汤筠筠，阚伟生. 公路路侧安全设计理念与案例[J]. 交通科技，2007（2）：61-64.

[79] 白玉凤，宋扬. 山区公路路侧安全性研究及对策[J]. 黑龙江交通科技，2008（1）：42-43.

[80] AASHTO. Roadside Design Guide. American Association of State Highway and Transportion Official, Washington, 2010.

[81] 葛书芳. 防撞垫及其在高速公路中的应用[J]. 公路交通科，2003，20（1）：147-149.

[82] 雷正保. 大力开展半刚性护栏碰撞新机理的研究[J]. 振动与冲击，2002，21（1）：1-6.

[83] 交通部公路科学研究院. 高速公路护栏实车碰撞试验方法研究[R]. 2002.

[84] 沈伟明，卢文胜. 型钢立柱波形梁护栏撞击实验研究[J]. 结构工程师，2000（4）：33-37.

[85] 张秀丽. 三跨缩比护栏系统的冲击试验研究[D]. 广州：华南理工大学，2004.

[86] 雷正保，杨兆. 三波护栏的耐撞性研究[J]. 公路交通科技，2006，23（7）：130-136.

[87] 雷正保，杨兆. 汽车撞击护栏时乘员的安全性研究[J]. 上海：振动与冲击，2006，25（02）.

[88] 雷正保，钟志华，李岳林. 汽车碰撞过程中乘员冲击响应的分析方法及应用[J]. 中国公路学报，2001，14（2）：115-119.

[89] 雷正保，杨兆. 汽车－护栏碰撞系统的安全性研究[J]. 汽车工程，2006，28（2）：52-58，80.

[90] 周志刚，王奕屏，龙科军. 基于运行速度的公路交通安全性评价方法[J]. 交通科学与工程，2009，25（1）：91-95.

[91] 钟云华，黄小清，汤立群. 高速公路半刚性护栏静态缩比实验研究[J]. 华南理工大学学报（自然科学版），2000，28（6）：19-23.

[92] 雷正保，周屏艳，颜海棋，等. 汽车－护栏碰撞系统耐撞性研究的有限元模型[J]. 中国安全科学学报，2006，16（8）：9-16.

[93] AASHTO. Traffic Highway Design and Operational Practices Related to Highway Safety. 1967.

[94] AASHTO. Guide for selecting, Locating and Designing Traffic Barriers. 1977.

[95] Liqun Tang, Xiaoqing Huang, Yiping Liu, Jiajian Zhao, Jinmei Tiana, Experimental Study of Highway Guardrailsunder Static and Impact Loads.2001.

[96] Jagadish Guria, Joanne Lung An Evaluation of a Supplementary Road Safety Package.

[97] AUSTROADS. Rural Road Design[R]. 2003.

[98] 吴立新，张宝南，李江，等. 低等级公路交通安全设施存在的问题及实例[J]. 公路交通科技，2006（2）：83-85.

[99] 曹申义，宋文慧. 乡村公路应完善交通标识[J]. 山西农业（致富科技），2006（24）：43.

[100] 高健刚，陈磊，许诺. 农村公路交通安全矛盾分析[J]. 公路，2008，6（6）：119-126.

[101] 石茂清. 道路交通安全设施设计研究[D]. 成都：西南交通大学，2003.

[102] 桂林. 当前农村道路交通事故多发的原因及对策[J]. 现代交通管理，1999（10）：9.

[103] BS EN 1317. Road Restraint Systems[S]. 1998.

[104] America. Menual for Assessing Safety Hardware[S]. 2009.